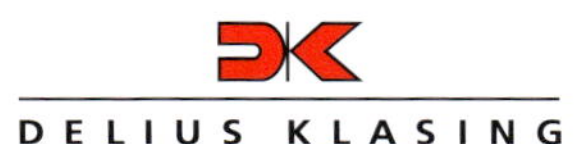
DELIUS KLASING

WILFRIED KRUSEKOPF

Segeln in Gezeitengewässern

Theorie und Praxis der Tidennavigation

Delius Klasing Verlag

Inhalt

Vorwort

Viele Segler wagen es nicht, oder zögern zumindest, einen Törn in Gewässern mit Gezeiteneinfluss zu segeln. Manche Ostsee- und Mittelmeer-Segler halten das Segeln in Tidengewässern für zu risikoreich. In der Tat kann ein Törn in Tidengewässern bei schlechter Vorbereitung in Problemsituationen führen und manchmal sogar mit einer Havarie enden. Ziel dieses Buches ist es, tidenunerfahrenen Seglern den Schritt in die für sie neue Welt der Gezeitengewässer zu erleichtern, sodass sie in die Lage versetzt werden, den durch Ebbe und Flut geprägten Törn sicher, entspannt und mit Freude zu segeln. Alle im Zusammenhang mit Gezeiten beim Segeln häufig auftretenden Situationen werden in diesem Buch praxisnah, somit törnorientiert abgehandelt. Der physikalische Hintergrund der Gezeiten wird einleitend behandelt, doch steht er hier nicht im Vordergrund. Das vorliegende Buch zielt in erster Linie pragmatisch auf den Einsatz von Kenntnissen über die Gezeiten in häufig auftretenden Situationen während eines Segeltörns im Tidengewässer. Es werden darum die physikalischen Zusammenhänge nur in der Breite beschrieben, wie es für den Segler zum Verständnis, zur Törnplanung und zur Durchführung des Törns von Bedeutung ist. Für ein tieferes physikalisches Verständnis eignet sich die im Anhang genannte weiterführende Literatur.
In Europa sind die Küsten der Nordsee, der Britischen Inseln und Frankreichs in besonderer Weise durch Gezeiten geprägt. Die größten durch Ebbe und Flut hervorgerufenen Wasserstandsunterschiede werden mit bis zu 13 Metern in Saint-Malo in der Bretagne gemessen. Die stärksten Tidenströme Europas treten in Nordschottland und zwischen den englischen Kanalinseln auf mit bis zu 8 Knoten Strom. Das Hauptaugenmerk dieses Buches liegt nicht nur auf dem Befahren der Wattengewässer. Ziel ist es, dem Fahrtensegler, unabhängig vom gewählten Segelrevier, auch auf Langfahrt eine Hilfe für die Törnplanung zu geben. Der geografische Schwerpunkt der Beispiele liegt im Bereich Westeuropas zwischen Cuxhaven und Lissabon.
Zweifellos ist die Planung und Durchführung eines Törns im Tidenrevier aufwendiger als das Segeln im tidenfreien Gewässer. Aber ist es nicht gerade die Auseinandersetzung mit den Kräften der Natur, die den Reiz des Segelns ausmacht? Die Gezeiten bringen eine weitere Variable in dieses Spiel mit vielen Parametern. Für Segler in Westeuropa sind die Tiden »das Salz in der Suppe«. Für weltweites Segeln gar sind gute Kenntnisse über die Zusammenhänge der Gezeiten unabdingbar.

1. Entstehung der Gezeiten und ihre Einflussvariablen, Begriffsbestimmungen

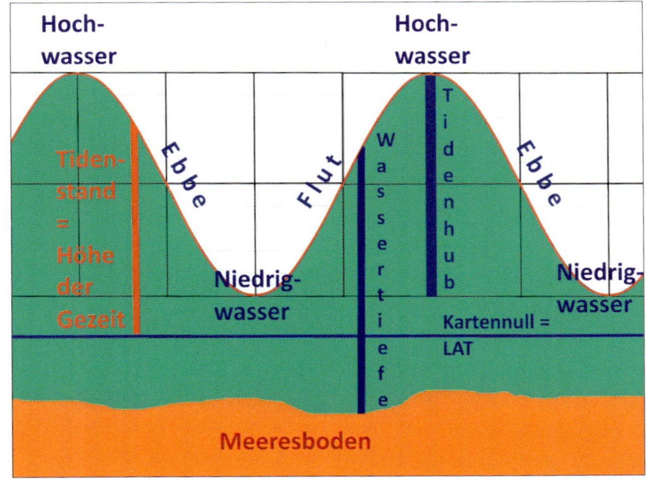

Eine Tide.

1.1 Grundbegriffe

Vorab sollen die fünf wichtigsten Begriffe der Gezeitenbeschreibung geklärt werden: **Ebbe, Flut, Hochwasser, Niedrigwasser und Tidenhub.** Unter Nicht-Seefahrern ist es üblich, den tidenbedingt höchsten Wasserstand als Flut und den niedrigsten als Ebbe zu bezeichnen. Dies entspricht weder der nautischen, noch der ozeanografischen Definition. Mit Flut wird der in Europa etwa 6 ¼ Stunden dauernde Vorgang des ansteigenden Wassers beschrieben, von seinem niedrigsten Stand hinauf zu seinem höchsten Stand. Es ist also ein Prozess und kein Zustand. Dementsprechend wird im Folgenden der Begriff »Ebbe« als Vorgang des tidenbedingten Abfließens des Wassers vom höchsten zum niedrigsten Niveau benutzt. Der Zustand des niedrigsten Wasserstandes wird Niedrigwasser (NW) genannt und der Zustand des höchsten Niveaus wird begrifflich als Hochwasser (HW) definiert. Der Wasserstandsunterschied zwischen aufeinanderfolgendem Hochwasser und Niedrigwasser trägt den Namen Tidenhub.

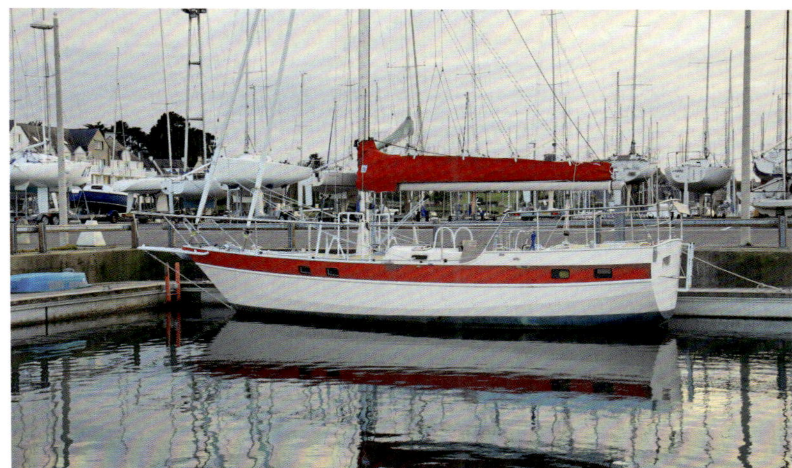

Yacht bei HW.

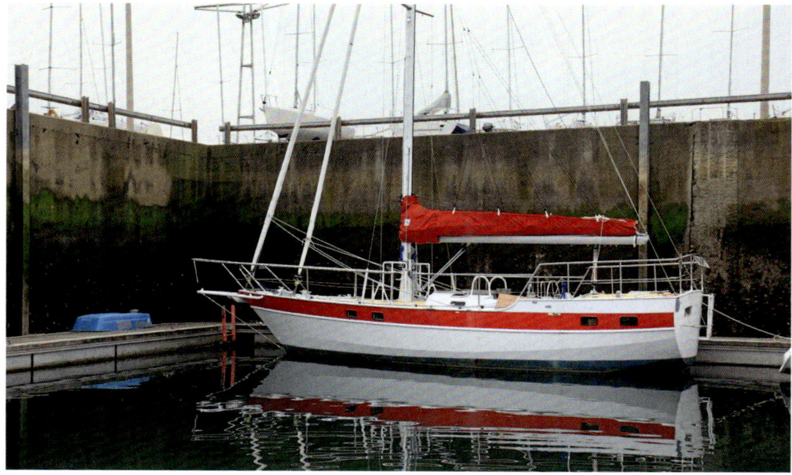

Yacht bei NW.

Die Tiefenangaben in einer Seekarte (Kartentiefen) müssen einheitlich auf einen eindeutig definierten Pegel bezogen sein (Kartennull). Auf allen neueren europäischen Seekarten sind die Tiefenangaben einheitlich auf das gezeitenbedingt niedrigstmögliche Niedrigwasser bezogen. Gezeitenbedingt bedeutet astronomisch verursacht, was erklärt, warum auf Englisch dieses Referenzniveau als **Lowest Astronomical Tide** bezeichnet wird, abgekürzt LAT. Aber Vorsicht: Dies ist nicht identisch mit dem absolut

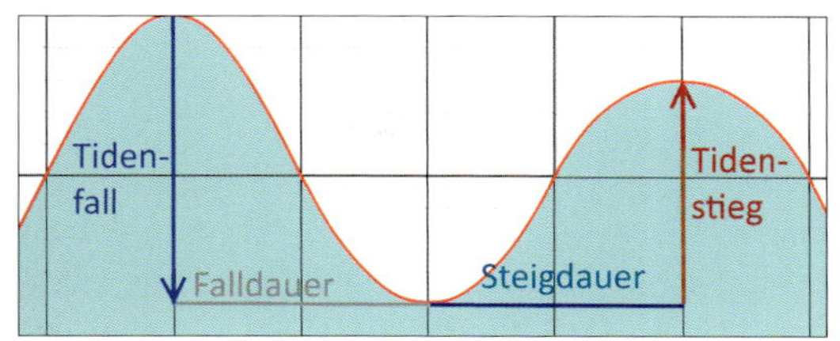

Sinuskurve mit Tidenstieg, Tidenfall, Steigdauer, Falldauer.

niedrigstmöglichen Wasserstand, denn durch den Einfluss von ablandigem Wind und hohem Luftdruck kann sich die Wassertiefe weiter verringern. Details dazu s. u.

Dass der Mond mit seiner Gravitationskraft auf die Wassermassen der Erdoberfläche wirkt und damit die Hauptursache für das Entstehen von Ebbe und Flut darstellt, lernen Kinder schon in der Grundschule. Doch schaut man sich das Phänomen der Gezeiten etwas genauer an, so stellt man fest, dass vieles gar nicht so einfach zu durchschauen ist. Einige Beispiele:

- Warum gibt es nicht einmal, sondern zweimal täglich Hochwasser? Die Erde dreht sich doch in 24 Stunden nur einmal, nicht zweimal, und der Mond steht immer auf einer Seite.
- Warum verschiebt sich der Zeitpunkt des Niedrigwassers von Tag zu Tag? Und warum ist diese Verschiebung nicht regelmäßig?
- Warum ist der Wasserstandsunterschied zwischen höchstem und niedrigstem Stand, genannt Tidenhub, nicht immer gleich im Laufe eines Monats bzw. eines Jahres?
- Warum ist der Tidenhub in manchen französischen und englischen Häfen doppelt, ja dreimal so hoch wie in Deutschland? Der Mond ist schließlich am gleichen Tag in ganz Europa derselbe.

Aufeinanderfolgende Wasserstandsdifferenzen zwischen Hochwasser und Niedrigwasser sind in der Regel nicht gleich hoch, der Tidenhub ist nicht konstant. Darum liegt es nahe, den Begriff Tidenhub zu zerlegen in die beiden Begriffe Tidenstieg und Tidenfall. Der Tidenstieg beschreibt die Höhendifferenz zwischen Niedrigwasser und folgendem Hochwasser, während der Tidenfall als Höhendifferenz zwischen Hochwasser und anschließendem Niedrigwasser zu verstehen ist (s. Zeichnung). Die zugehörigen Zeitmaße heißen Steigdauer und Falldauer. Die Gesamt-Wassertiefe zu einem beliebigen Zeitpunkt setzt sich zusammen aus dem Tidenstand und der Kartentiefe, somit: WT = KT + TS. Der Tidenstand wird auch als Höhe der Gezeit bezeichnet (s. Zeichnung S. 7).

1.2 Kräfte zwischen Erde, Mond und Sonne

Vorbemerkung

In den folgenden Darstellungen zum System Erde-Mond-Sonne werden bewusst einige für Wissenschaftler sicherlich wichtige, für den aktiven Segler aber pragmatisch vernachlässigbare Aspekte nicht behandelt. Wie in der Physik grundsätzlich üblich, wird mit Verständnismodellen gearbeitet, deren Vereinfachungsgrad immer diskutierbar bleibt. Für eine vertiefte Beschäftigung verweise ich auf den Anhang S. 159.

Das Gravitationsgesetz

Die Erkenntnis, dass es im Wesentlichen Gravitationskräfte und Rotationskräfte sind, die die Gezeiten entstehen lassen, wurde erstmalig von dem deutschen Naturphilosophen, Mathematiker und Astronomen Johannes Kepler im Jahre 1609 formuliert. Ein knappes Jahrhundert später gelang es Isaac Newton im Jahre 1687 diese Kräfte zu quantifizieren. Das von ihm entdeckte und mathematisch formulierte Gravitationsgesetz erlaubte es erstmalig, Anziehungskräfte zu berechnen. Das Gesetz besagt, dass sich zwei Massen m_1 und m_2 gegenseitig mit einer Kraft anziehen, die direkt proportional zu ihren Massen und umgekehrt proportional zum Quadrat des Abstandes ihrer Mittelpunkte ist. Anders formuliert: Je größer die sich anziehenden Massen sind, umso größer ist auch ihre gegenseitige Anziehungskraft, wobei eine Verdopplung der Massen auch eine Verdopplung der Anziehungskraft zur Folge hat. Darüber hinaus wirkt sich der Abstand zwischen den Mittelpunkten der beiden Massen in der Weise aus, dass die Anziehungskraft umso größer wird, je kleiner der Abstand ist. Und zwar in einer Weise, bei der eine Halbierung des Abstandes eine Vervierfachung der Anziehungskraft zur Folge hat.

Der Wert G in der Zeichnung beschreibt die sogenannte Gravitationskonstante, eine Naturkonstante, die einen Wert von

$$6{,}67 \times 10^{-11} \frac{m^3}{kg \times s^2}$$ hat.

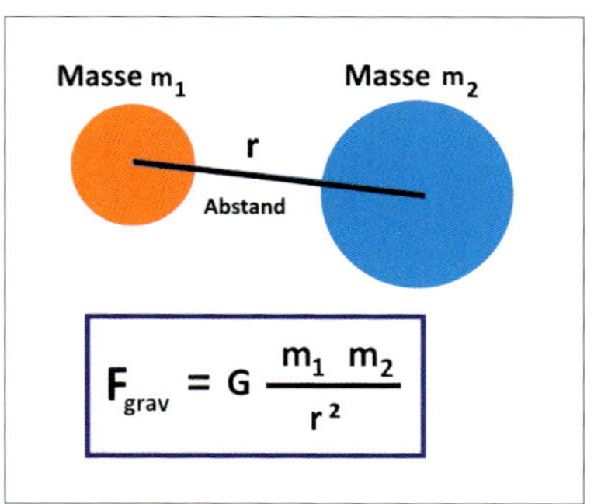

Das Gravitationsgesetz.

Es heißt »Der Mond kreist um die Erde«, doch ist dies stark vereinfacht, denn der Mond bewegt sich nicht auf einer Kreisbahn, sondern auf einer Ellipse um die Erde. Somit ist der Abstand Erde–Mond mal größer, mal kleiner. Minimal be-

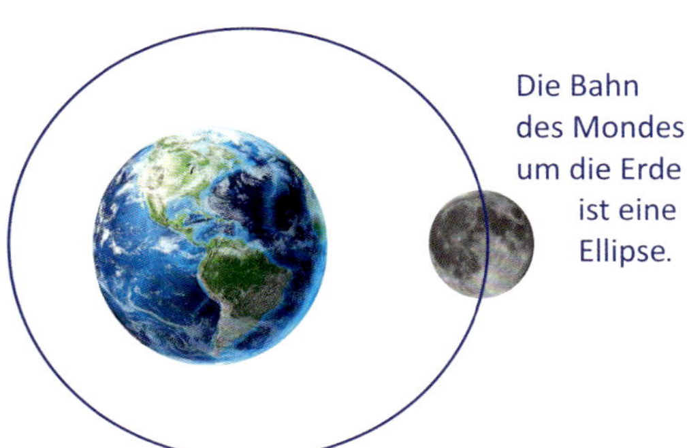

Die Bahn des Mondes um die Erde ist eine Ellipse.

trägt der Abstand etwa 370 000 km, maximal etwa 407 000 km. Somit ist auch die gegenseitige Anziehungskraft (Gravitation) mal größer, mal kleiner, denn sie vergrößert sich mit kleiner werdendem Abstand. Diese Anziehungskraft bewirkt eine in Richtung und Stärke wechselnde Verlagerung der an der Erdoberfläche beweglichen Wassermassen. Der Wechsel der Kräfte folgt dem nicht ganz regelmäßig wiederkehrenden Zeitraum von etwa 29 Tagen, die der Mond für eine Erdumdrehung braucht, um auch zur Sonne wieder im gleichen Winkel zu stehen („synodischer Monat"). Zwar ist der mittlere Abstand Erde–Sonne etwa 375-mal größer als der mittlere Abstand Erde–Mond, doch beträgt andererseits die Masse der Sonne etwa das 27-millionenfache der Masse des Mondes. Aufgrund dieser Größenverhältnisse wirkt die Gravitationskraft der Sonne trotz ihres – im Vergleich zum Mond – extrem großen Abstands zur Erde dennoch beachtlich. Die Wirkung der Anziehungskraft der Sonne auf die Gezeiten beträgt etwa 40 % der des Mondes, ist also immerhin knapp halb so stark wie der Einfluss des Mondes. Der Vollständigkeit halber sei erwähnt, dass der Einfluss der Planeten auf die Gezeiten vernachlässigbar ist.

Mondphasen

Aufgrund der Bewegung des Mondes um die Erde wird dieser von der Sonne in unterschiedlichen Winkeln beleuchtet. Die nebenstehende Zeichnung verdeutlicht die vier Mondphasen im Laufe eines Mond-Monats: Vollmond, abnehmender Halbmond, Neumond, zunehmender Halbmond. In erster, etwas simpler Betrachtung der beschriebenen Verhältnisse wären nun zwei Schlussfolgerungen naheliegend: Erstens: Da sich die Erde bekanntlich in 24 Stun-

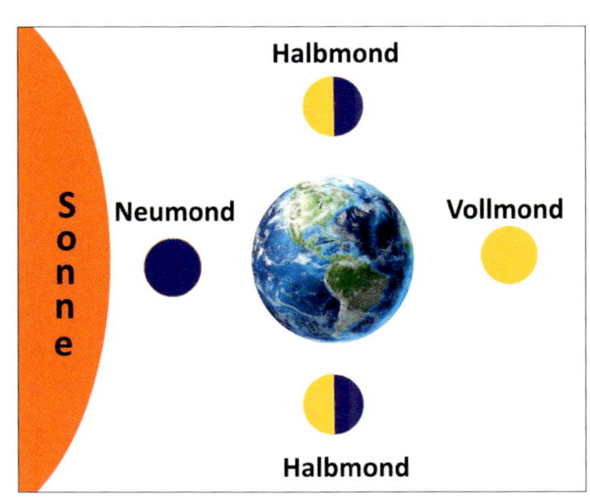

den nur einmal dreht, dürfte es in 24 Stunden nur ein Hochwasser und ein Niedrigwasser geben.
Zweitens: Bei Neumond müssten sich die Gravitationskräfte von Sonne und Mond maximal addieren, also einen maximalen Tidenhub verursachen, da sie ja in gleicher Richtung gemeinsam wirken, was durchaus der Realität entspricht. ABER bei Vollmond müssten sie sich gegenseitig abschwächen, da sie ja in entgegengesetzten Richtungen auf die Erde wirken. Somit müsste diese Konstellation einen deutlich geringeren Tidenhub verursachen als bei Neumond. Beobachtet man jedoch die reale Natur am Meeresufer, so stellt man fest, dass beide Schlussfolgerungen falsch sind. Offensichtlich berücksichtigt unsere Betrachtungsweise nicht alle Einflussvariablen. Was fehlt?

Das Rotationssystem Erde-Mond hat einen gemeinsamen Schwerpunkt

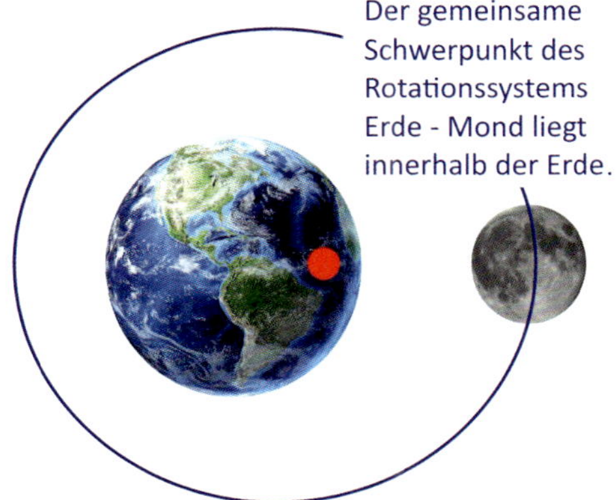

Bei jeder Rotation entstehen radial nach außen gerichtete Kräfte, genannt Fliehkräfte. Die Erde rotiert in 24 Stunden einmal um sich selbst, der Mond in 29 Tagen einmal um die Erde und das kombinierte »Rotationsduo« Erde-Mond dreht sich in etwa 365 Tagen einmal um die Sonne. Statt jede dieser Drehbewegungen isoliert für sich zu betrachten, ist es zum Verständnis unabdinglich, die wechselseitige Überlagerung der Gravitationskräfte und der Fliehkräfte dreidimensional im Gesamtzusammenhang zu sehen. Es ist nicht ganz leicht, sich die Abläufe ohne umfassende physikalische Vorbildung zu verdeutlichen. Ein dreidimensionales Modell würde das Verständnis erleichtern, doch müssen wir uns hier mit Zeichnungen begnügen. Der entscheidende, neu hinzukommende Gesichtspunkt ist die Tatsache, dass das Rotationsduo Erde-Mond sich weder um den Mittelpunkt der Erde noch um den Mittelpunkt des Mondes, sondern um einen gemeinsamen Schwer-

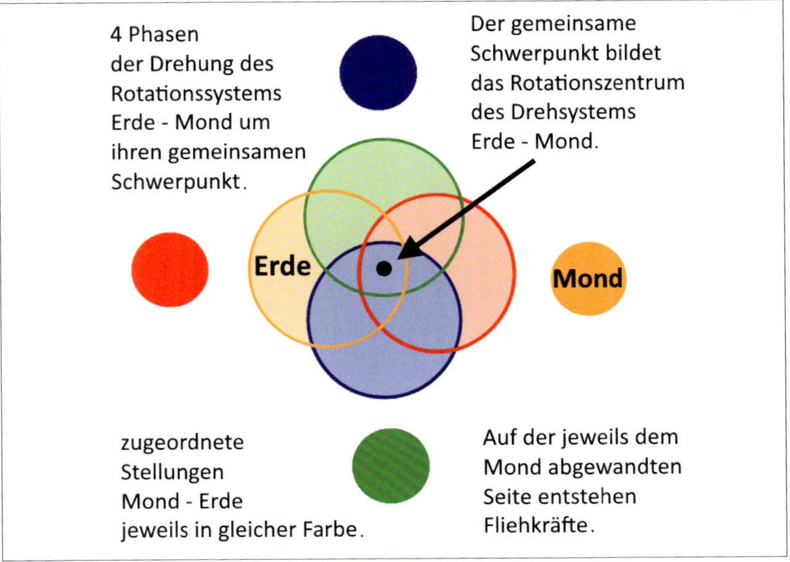

punkt dreht, der sich zwar innerhalb der Erde, jedoch nahe der Oberfläche in Richtung Mond befindet. Etwas simpel formuliert dreht sich also nicht nur der Mond um die Erde, sondern die Erde »eiert« auch ein wenig um sich selbst. Die Bewegung ist vergleichbar mit der Körperbewegung eines Hammerwerfers, der in der Drehung mit seiner Körperbeugung nach hinten die Fliehkraft des Hammers ausgleichen muss. Die obenstehende Zeichnung soll die Zusammenhänge verdeutlichen.

Zwei Flutberge pro Tag

Auf der dem Mond zugewandten Seite der Erde werden die Wassermassen gravitationsbedingt angezogen. Es entsteht ein sogenannter Gravitations-Flutberg. Auf der dem Mond abgewandten Seite der Erde entsteht allerdings auch ein Wasserberg, der aber nicht durch Gravitationskräfte verursacht wird, sondern durch die Fliehkraft aus der Drehung der Erde um den gemeinsamen Schwerpunkt Erde-Mond. Man könnte diesem Wasserberg den Namen Fliehkraft-Flutberg geben. Die Anziehungskraft zum Mond hin und die Fliehkraft vom Mond weg sind gleich groß und halten sich gegenseitig im Gleichgewicht. Zu beachten ist hierbei, dass sich diese Bewegungen auf den Mond-Monat von etwa 29 Tagen beziehen!
Wenn man sich diese Zusammenhänge klarmacht, wird verständlich, warum die Flut während der 24-stündigen Erddrehung nicht nur ein einziges Mal, sondern zweimal auftritt.

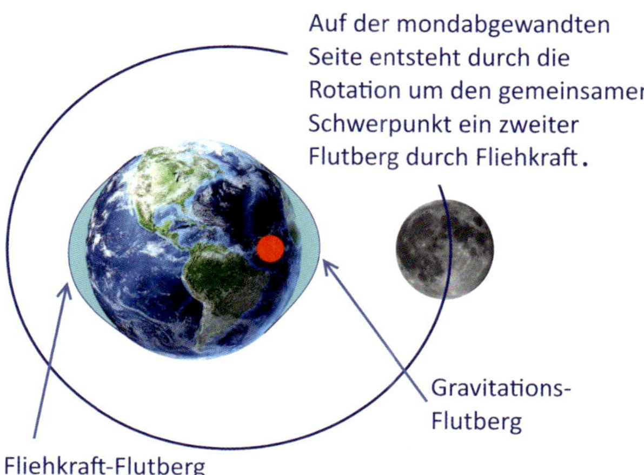

Nun müssten nach den bisherigen Überlegungen die Zeitintervalle zwischen zwei aufeinanderfolgenden Hochwassern jeweils etwa zwölf Stunden betragen. Schaut man sich die Gezeitentafeln unter diesem Gesichtspunkt genauer an, so stellt man fest, dass dies keineswegs der Fall ist.

In der nebenstehenden Abbildung sind Hoch- und Niedrigwasserzeiten und -höhen ausschnittsweise für Brest in der Bretagne dargestellt. Die rot umrandeten Felder zeigen aufeinanderfolgende Daten für Hochwasser.

BREST			**Janvier 2015**		
	Heures h min	Haut. m		Heures h min	Haut. m
1	1 39	6,00	**16**	0 49	5,50
	8 3	2,25		7 10	2,75
Jeu	14 10	6,10	Ven	13 22	5,60
	20 30	2,15		19 46	2,55
2	2 40	6,20	**17**	1 56	5,85
	9 4	2,00		8 17	2,40
Ven	15 7	6,30	Sam	14 26	5,95
	21 26	1,90		20 47	2,20
3	3 32	6,50	**18**	2 54	6,25
	9 56	1,75		9 15	1,95
Sam	15 56	6,50	Dim	15 21	6,35
	22 14	1,75		21 40	1,75

Gezeitentabelle.

Oft sind es etwa 12 Stunden 25 Minuten, aber es gibt Tage, an denen der zeitliche Abstand zwischen zwei aufeinanderfolgenden Hochwassern nur um die 12 Stunden, an anderen Tagen um die 13 Stunden beträgt. Wie ist das möglich?

Der Mond benötigt – wie oben schon beschrieben – etwa 29 Tage für eine Erdumdrehung. Daraus folgt, dass er während eines Tages etwa den 29sten Teil seiner Gesamtlaufbahn um die Erde durchläuft. Wenn man die jeweilige Tagesposition des Mondes auf seiner Bahn in Winkelgraden zwischen 0° und 360 ° darstellt, beträgt ein Tagesabschnitt dabei 360° : 29 =

12,4°. Aber Vorsicht: Diese Zahl ist ein Mittelwert, denn die Bahn des Mondes um die Erde ist ja keine regelmäßige Kreisbahn! Die neue Mondposition hat also nach einer Tagesdrehung der Erde (24 Stunden) eine Winkeldifferenz von etwa 12,4° zur zurückliegenden Tagesposition. Dies müsste sich in Form einer stetigen täglichen Verspätung zwischen aufeinanderfolgenden Mondauf- und Monduntergängen zeigen, was ja auch unserer realen Beobachtung entspricht.
Wie bei der Erde lassen sich diese Winkeldifferenzen auch beim Mond in Zeitdifferenzen umrechnen: Die Erde dreht sich in 24 Stunden um 360°, folglich in einer Stunde um den 24sten Teil von 360° = 15°. Wenn sich also die Mondauf- und Monduntergangszeit täglich in 24 Stunden etwa um 12,4° verschieben, so entspricht dies proportional gerechnet dem Verhältnis von 12,4° zu 15°, was den Wert 0,83 ergibt. Der Mond geht also jeden Tag etwa 0,83 Stunden später auf als am Vortag. 0,83 Stunden entsprechen etwa 50 Minuten.
Schaut man sich nun aber einmal konkret eine Tabelle der aufeinanderfolgenden Mondaufgangs- und Monduntergangszeiten an, stellt man fest, dass diese 50-minütige Differenz nur selten der Wirklichkeit entspricht. Gleiches müsste entsprechend für das Eintreten des Hoch- und Niedrigwassers gelten. Ein Blick in die Gezeitentabellen bestätigt die Vermutung. Tatsächlich verschieben sich die Hochwasserzeiten (und entsprechend auch die Niedrigwasserzeiten) über das Jahr gesehen manchmal nur um wenige Minuten, manchmal um bis zu zwei Stunden. Unser oben beschriebenes Modell mit Gravitations-Flutberg einerseits und Fliehkraft-Flutberg andererseits ist offensichtlich nicht ausreichend, um die zeitlichen Unregelmäßigkeiten des Auftretens von Hoch- und Niedrigwasser zu erklären.
Es gibt im Wesentlichen zwei Ursachen für diese Unregelmäßigkeit: Die Hauptursache liegt in der elliptischen Bahn des Mondes um die Erde begründet. Zwar legt der Mond seine Erdumdrehung in etwa 29 Tagen zurück, doch ist dabei seine Bahngeschwindigkeit keineswegs konstant. Befindet sich der Mond auf seiner Ellipsenbahn näher an der Erde, so beschleunigt er. Bewegt er sich hingegen eher mit Maximalabstand zur Erde, so ist seine Bahngeschwindigkeit verlangsamt. Somit kann die Winkeldifferenz der täglich in 24 Stunden aufeinanderfolgenden Mondpositionen keineswegs konstant 12,4° sein. Tatsächlich kann sie etwa zwischen 10° und 14° variieren.
Eine weitere Ursache für die Unregelmäßigkeiten in der täglichen Verspätung der Hoch- und Niedrigwasserzeiten liegt im Einfluss der Sonne, deren Gravitationswirkung ja etwa 40 % der des Mondes ausmacht. Eine detaillierte Beschreibung der Überlagerung des Gravitationseinflusses von Mond und Sonne würde aber den Rahmen dieses Buches sprengen.
Es sei an dieser Stelle nebenbei darauf hingewiesen, dass es an manchen Küsten unserer Erde, bedingt durch oft komplizierte Überlagerungseffekte,

starke Abweichungen gibt von diesem uns vertrauten Auftreten von zwei Flutbergen pro Tag. In der Tat gibt es Küstenabschnitte im Roten Meer und im Pazifik, wo die oben beschriebenen Zusammenhänge überlagert werden von weiteren Variablen (Resonanzschwingungen und andere Überlagerungen von großräumigen Wellensystemen), die dazu führen, dass dort die Zeiten des Eintretens von Hoch- und Niedrigwasser nicht so einfach zu berechnen sind wie an vielen Orten in Europa. Große Flussmündungen und große trichterförmige Buchten können ebenfalls die Regelmäßigkeiten der Gezeiten stören. Überraschenderweise gibt es sogar Orte im Pazifik, an denen sich nicht zweimal, sondern nur einmal in 24 Stunden ein Flutberg bildet. Die konkrete Ausbildung der Gezeiten wird auf den Ozeanen und in Randmeeren wie der Nordsee auch wesentlich von der meist unregelmäßigen Form des Meeresbeckens und des Küstenverlaufs beeinflusst. Aber Vorsicht: Diese Darstellung ist lediglich ein Modell und dient nur dem groben, ersten „Verständnis". Wäre die Erdoberfläche vollständig von Wasser bedeckt und die realen Verhältnisse so einfach, müssten theoretisch die beschriebenen beiden Flutberge am Äquator mit knapp 1700 km/h um die Erde schießen, was nicht der Realität entspricht. Tatsächlich verursachen die unregelmäßigen Küstenformen der Kontinente in allen Ozeanen und Meeren Ablenkungen und Reflexionen. Es kommt zu Überlagerungserscheinungen (Interferenzen) verschiedener Flutberge. Unter dem Einfluss der Erddrehung (Corioliskraft) rotieren diese Hochwasser-Wellenfronten um sogenannte Knotenpunkte (Amphidromien), wo der Tidenhub auf hoher See praktisch Null ist. Eine ausführliche Erklärung dieser Zusammenhänge würde allerdings den Rahmen dieses Buches sprengen. Näheres dazu s. Literaturanhang: A. Defant.

Springzeit und Nippzeit

Bisher wurden lediglich zeitliche Aspekte von Hoch- und Niedrigwasser beschrieben. Die Beobachtung der Wasserstände in Tidengewässern lehrt aber, dass es auch extreme Unterschiede geben kann im Hinblick auf die Höhe des aufgelaufenen und abgelaufenen Wassers. Am gleichen Ort kann sich der Tidenhub, je nach Mondphase und Jahreszeit, um das Doppelte, ja Dreifache verändern.

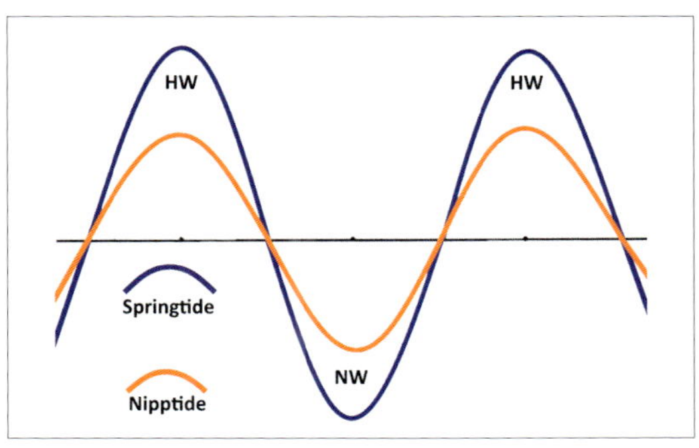

Tidenkurven Springzeit–Nippzeit.

Ort	Datum	Höhe NW	Höhe HW	Tidenhub
Helgoland	22.3.2015	0,10 m	3,10 m	3,00 m
	23.9.2015	1,10 m	2,80 m	1,70 m
Brest	1.1.2015	2,25 m	6,10 m	3,85 m
	21.3.2015	0,40 m	7,90 m	7,50 m
Saint-Malo	22.3.2015	0,50 m	13,45 m	12,95 m
	23.9.2015	4,85 m	8,75 m	3,90 m

Einige Beispiele:
Die Ursachen für diese erheblichen Differenzen im Tidenhub versteht man, wenn man sich die Überlagerung der Gravitationskräfte von Mond und Sonne auf die Wassermassen der Erdoberfläche detaillierter anschaut.
Für das bessere Verständnis der Überlagerung der Gravitationskräfte von Mond und Sonne ist ein kurzer allgemeiner Exkurs in die Addition von Vektoren sinnvoll. Für unsere Zwecke vereinfachen wir den Begriff »Vektor« im Sinne eines Kraftpfeils, also einem Wert mit Richtung und Stärke. Es geht hier darum, in zeichnerischer Form das Resultat der Überlagerung von zwei Kräften im Raum zu bestimmen. Für unsere Anwendung sind vier Fälle von Interesse:

a) Vektor A und Vektor B, verschiedener Größe, wirken parallel in die gleiche Richtung.
b) Vektor A und Vektor B, verschiedener Größe, wirken parallel, aber in entgegengesetzter Richtung.
c) Vektor A und Vektor B, verschiedener Größe, wirken senkrecht zueinander.
d) Vektor A und Vektor B, verschiedener Größe, wirken in einem beliebigen Winkel zueinander.

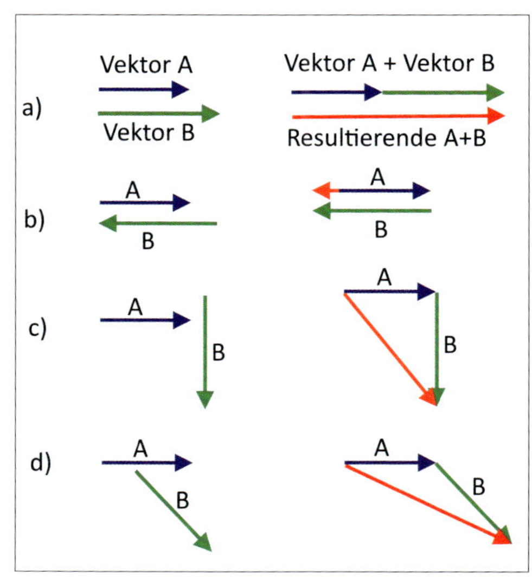

a b c d zu den o. g. Fällen, Vektorüberlagerung.

Das Überlagerungsergebnis der beiden Vektoren A und B wird per Zeichnung dadurch gefunden, dass man den Anfang des einen Vektors an die Spitze des anderen schiebt. Der resultierende Vektor ist die Verbindung des Startpunktes des ersten Vektors mit der Spitze des zweiten Vektors. Es entstehen in den vier Fällen der Überlagerung dann folgende resultierende Vektoren:

a) Das Überlagerungsergebnis, die Resultierende, ist die direkte Addition der beiden Vektoren A und B in Größe und Richtung.
b) Der resultierende Vektor hat die Größe der Differenz der beiden Vektoren A und B und die Richtung des größeren Vektors.

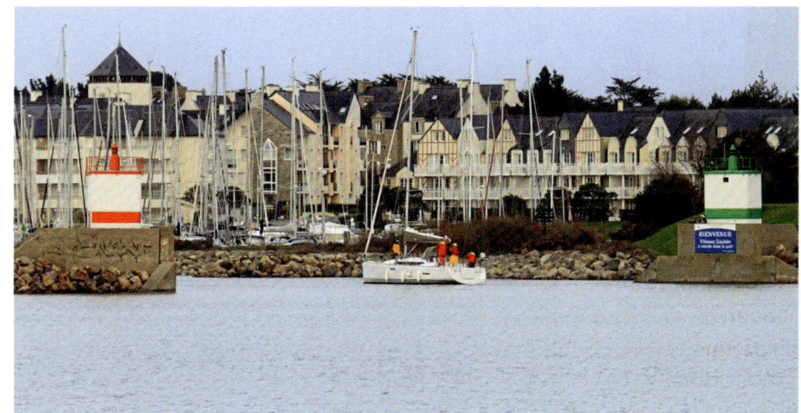

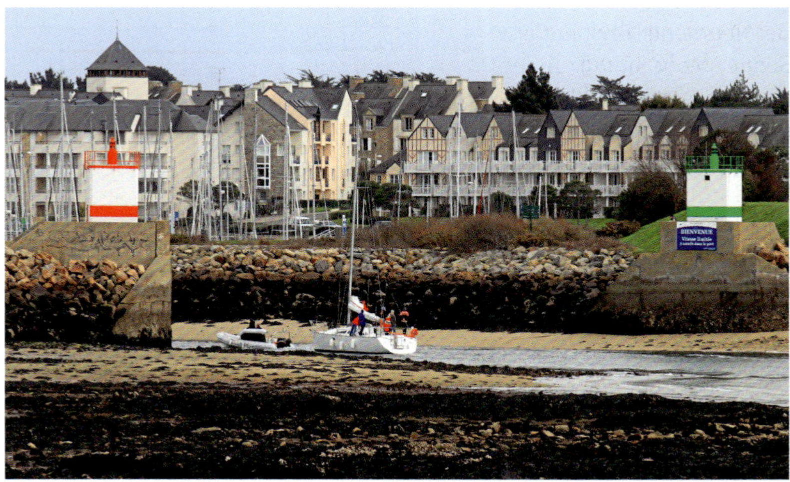

Hafeneinfahrt bei HW und bei NW.

c) und d) Der resultierende Vektor steht schräg zu den ersten beiden und ist umso größer, je mehr sich die Richtungen von A und B der Parallelen in gleicher Richtung nähern.

Mondphasen zur Spring- und Nippzeit

Unser Verständnis von Vektorüberlagerungen soll nun auf die Gezeitensituation in den vier Mondphasen angewendet werden:

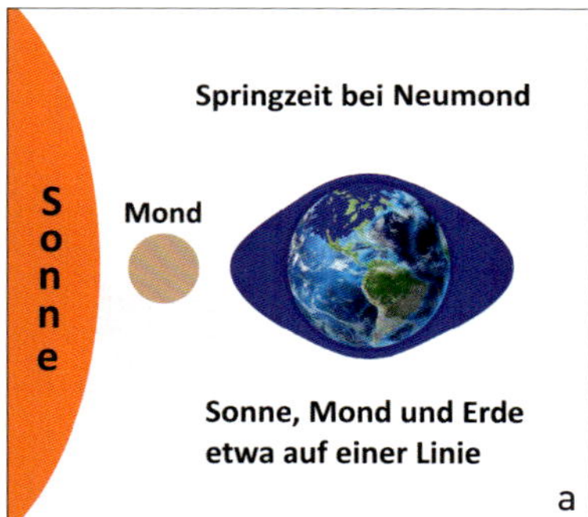

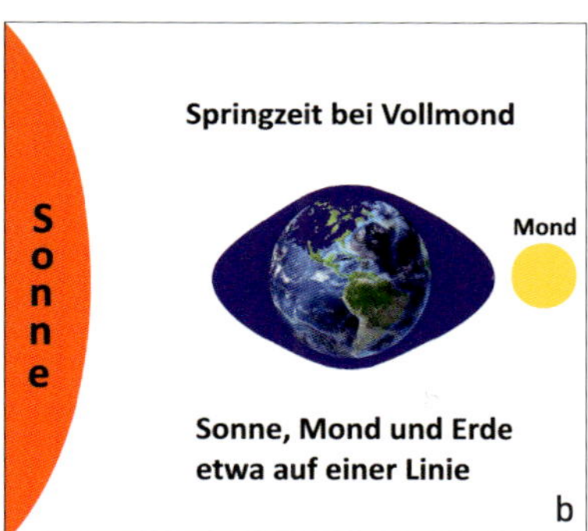

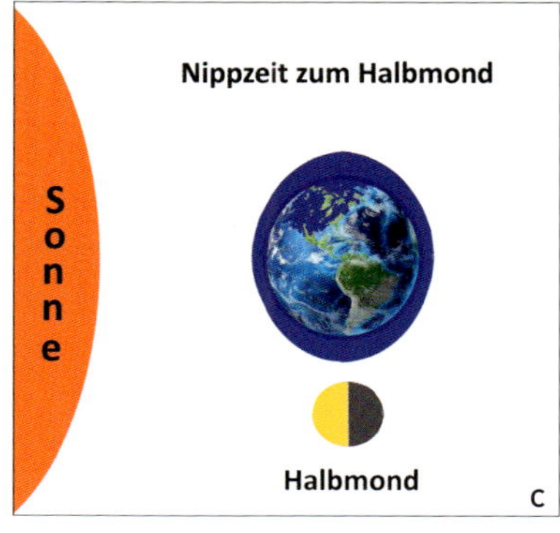

Man beachte, dass in den Zeichnungen die Größen- und Abstandsverhältnisse der Himmelskörper den grafischen Notwendigkeiten angepasst wurden und in keiner Weise der Realität entsprechen.
Bei Neumond (Zeichnung a) stehen Sonne, Mond und Erde im Weltall nahe an der geradlinigen Verbindung ihrer Mittelpunkte. Stehen sie exakt auf dieser Geraden, so ist der Mond von der Erde aus nicht mehr sichtbar. Er erscheint einem Beobachter in diesem Fall auf der Erde nur noch als Abdunkelung eines Teils der Sonne (manchmal auch der gesamten Sonne), denn von der Erde schaut der Beobachter auf die abgeschattete Mondseite. Diese besondere Situation wird auch als partielle oder vollständige Sonnenfinsternis bezeichnet. Dies ist also ein Sonderfall der Neumondsituation.
Die Gravitationskräfte von Sonne und Mond addieren sich in dieser Konstellation maximal, sodass es bei der Verteilung der Wassermassen auf der Erdoberfläche zu besonders hohen Hochwassern und besonders niedrigen Niedrigwassern kommt. Es herrscht **Springzeit**.

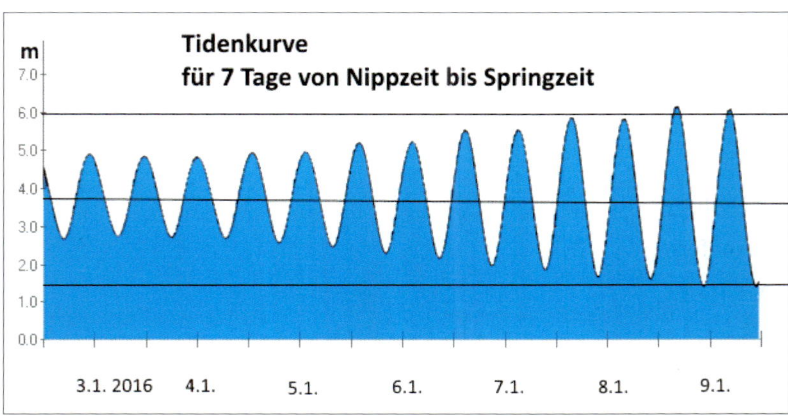

Auch bei Vollmond (Zeichnung b) stehen Sonne, Mond und Erde im Weltall nahe an der geradlinigen Verbindung ihrer Mittelpunkte, jedoch in anderer Folge. Stehen die drei Himmelskörper exakt auf einer Geraden, so verschwindet der Mond im Schatten der Erde und ist dann nicht mehr sichtbar, was man als Mondfinsternis bezeichnet. Dies ist ein Sonderfall aller möglichen Vollmondsituationen. Nun ließe sich auf den ersten Blick bei dieser Konstellation vermuten, dass sich eher eine Abschwächung als eine Verstärkung der Tiden ergeben müsste, denn die Gravitationskräfte von Sonne und Mond sind ja einander entgegengerichtet. Dies ist jedoch ein Trugschluss, denn es gibt ja zwei Flutberge auf der Erdoberfläche, die beide den Gravitationskräften unterliegen. Somit bildet auch diese Konstellation eine Springzeit.

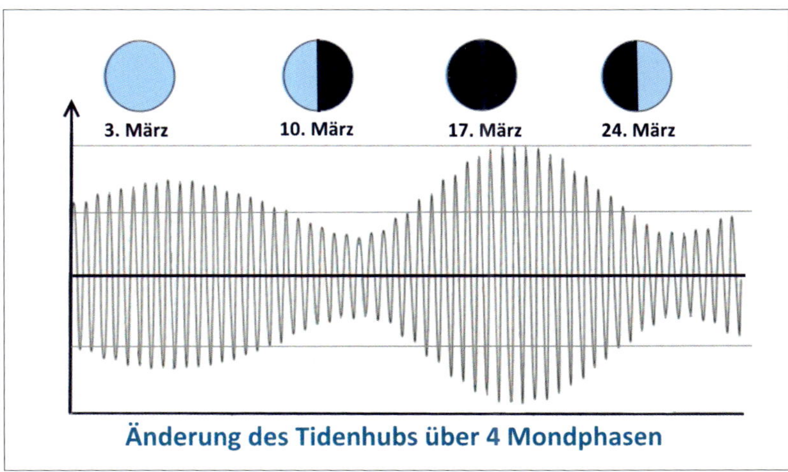

Änderung des Tidenhubs über 4 Mondphasen

Beispiele für den Tidenhub zur Springzeit in einigen europäischen Häfen			
Göteborg	0,5 m	Edinburgh	5 m
Esbjerg	1 m	Cherbourg	5,5 m
List auf Sylt	2,5 m	St. Peter Port	10 m
Cuxhafen	3,5 m	Saint-Malo	13 m
Den Helder	2 m	Brest	8 m
Dover	7 m	La Rochelle	5,5 m
Plymouth	5 m	La Coruña	4 m
Dublin	4 m	Lissabon	3,5 m

Betrachtet man nun die Halbmond-Himmelskonstellation (Zeichnung c), so wird deutlich, dass die Gravitationsvektoren von Sonne und Mond senkrecht zueinanderstehen, was bedeutet, dass der resultierende Gravitationsvektor kleiner ist als die einfache (geradlinig gedachte) Überlagerung der beiden Vektoren. Vereinfacht formuliert: 3 + 4 ist nicht 7, sondern nur 5. Im Hinblick auf die sich an der Erdoberfläche bewegenden Wassermassen bedeutet dies, dass die **Hochwasser etwas niedriger** und die **Niedrigwasser etwas höher** sind als bei Vollmond oder Neumond. Es herrscht **Nippzeit**. Es ist unmittelbar einleuchtend, dass diese Überlegungen für den zunehmenden Halbmond in gleicher Weise gelten wie für den abnehmenden. Aus der abgebildeten Zeichnung wird ersichtlich, dass sich der Tidenhub

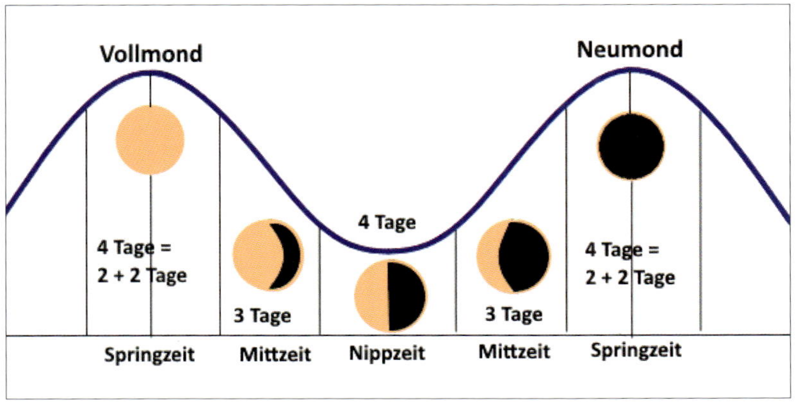

Alter der Gezeit.

innerhalb des Monats zwar stetig verändert, aber im Laufe vieler Wochen periodisch in seiner unterschiedlichen Ausprägung wiederholt.
Auch in der Ostsee und im Mittelmeer gibt es Gezeiten, doch beträgt der Tidenhub im Mittel weniger als einen halben Meter, was beim Segeln in der Regel vernachlässigt wird.
Der größte auf unserer Erde vorkommende Tidenhub wird in der Bay of Fundy an der kanadischen Atlantikküste mit etwa 17 Metern gemessen.
In deutschen Gezeitenkalendern – nicht in englischen und französischen – wird für drei Tage zwischen Springzeit und Nippzeit ein dritter Begriff eingeführt: die **Mittzeit**. So verteilen sich dann die Tage zwischen Vollmond und Neumond auf
4 Tage Springzeit + 3 Tage Mittzeit + 4 Tage Nippzeit + 3 Tage Mittzeit + 4 Tage Springzeit. Man spricht auch vom **»Alter der Gezeit«**.

Springverspätung

Physiker benutzen Modelle zum Verstehen und Beschreiben ihrer Beobachtungen. Modelle sind aber immer Vereinfachungen der Wirklichkeit. Der die Natur aufmerksam beobachtende Segler wird an dieser Stelle mit Recht darauf hinweisen, dass unsere obigen Darstellungen sich nicht exakt mit den Beobachtungen am Meeresufer decken. Er wird feststellen, dass es bei genauem Messen der Hochwasserstände im Laufe eines Monats keineswegs so ist, dass die maximalen Wasserstände exakt zum Vollmond und zum Neumond auftreten. In Europa ist es tatsächlich so, dass der tidenbedingt maximale Hochwasserstand und minimale Niedrigwasserstand etwa eineinhalb, zwei, ja an manchen Küsten bis zu drei Tage nach Vollmond oder Neumond auftritt. In Westeuropa beträgt diese

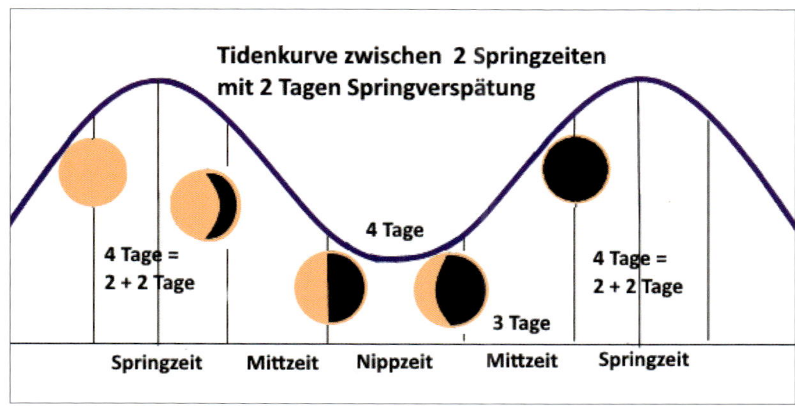

Alter der Gezeit mit Springverspätung.

Verspätung, genannt Springverspätung, etwa zwei Tage. **Es soll in diesem Buch bei allen Rechnungen von zwei Tagen Springverspätung ausgegangen werden.** Die Ursache dieser Verzögerung liegt in der Tatsache begründet, dass jede Masse mit einer gewissen Trägheit auf Beschleunigungen reagiert, also auch das Wasser an der Erdoberfläche. Hinzu kommen Einflüsse topologischer Besonderheiten in der Form des Küstenverlaufs. Schließlich sollen unsere Betrachtungen noch um einen weiteren Gesichtspunkt erweitert werden:

Jährliche periodische Änderungen, Extremsituationen zur Tagundnachtgleiche, Äquinoktialtiden

Wie schon beschrieben, verläuft die Drehbewegung des Mondes um die Erde und auch die des Rotationspaars Erde-Mond um die Sonne nicht auf kreisförmigen Bahnen, sondern auf Ellipsen. Somit verändert sich also die Größe und Richtung der sich überlagernden Gravitationskräfte stetig im Laufe des Jahres. Bei minimalem Abstand wirkt die Gravitation stärker, bei maximalem Abstand schwächer.

Hieraus ergibt sich unmittelbar, dass die Ausprägung der Gezeiten sich im Laufe des Jahres von Tag zu Tag verändern muss. Theoretisch ist ein absolut maximaler Tidenhub genau dann zu erwarten, wenn drei Bedingungen erfüllt sind:

- Der Mond muss besonders nah an der Erde stehen.
- Das Rotationspaar Erde-Mond muss besonders dicht an der Sonne sein.
- Die drei Himmelkörper Sonne, Mond und Erde müssen sich nah an der geradlinigen Verbindung ihrer Mittelpunkte befinden.

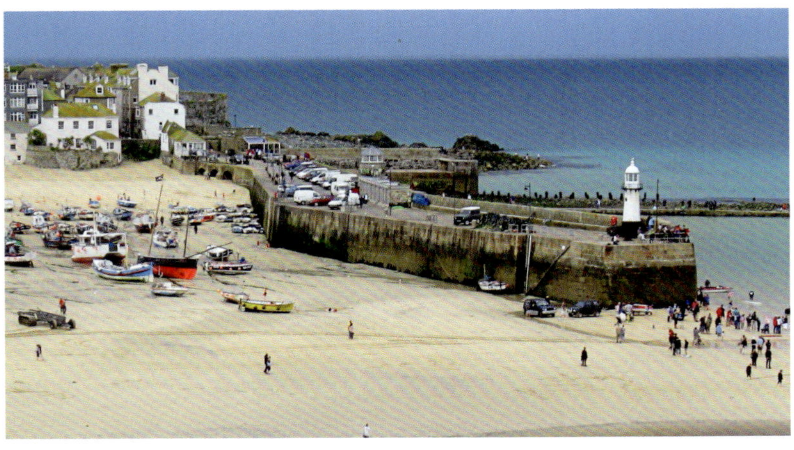

Springzeit-Ebbe.

Tatsächlich ist dies zweimal im Jahr der Fall: im März und im September. Zum Zeitpunkt der Tagundnachtgleichen (auch Äquinoktien genannt) am 21. März (Frühlingsanfang) und am 23. September (Herbstanfang) sind die ersten beiden der o. g. Bedingungen in der Regel erfüllt. Doch ist es nur sehr selten so, dass auch ein Voll- oder Neumond (dritte Bedingung) genau auf den 21.3. oder 23.9. fällt. Dennoch treten die jährlich höchstmöglichen Spring-Hochwasser / Spring-Niedrigwasser in der Nähe von Frühlings- und Herbstanfang auf, denn im Laufe von spätestens einer Woche erreichen die drei Himmelskörper ja in jedem Monat eine Stellung nahe an ihrer geradlinigen Verbindung. Somit kommt es zweimal im Jahr – jeweils im März (selten auch im April) und im September (selten auch im Oktober) – zu absoluten Höchst-Hochwassern und Niedrigst-Niedrigwassern, den sogenannten **Äquinoktial-Springtiden**. Die Küstenbewohner sprechen bei besonders großem Tidenhub von einer Springflut.
Nun kommen für den Segler allerdings noch zwei meteorologische Gesichtspunkte hinzu: Windeinfluss und Luftdruckeinfluss.

1.3 Einfluss des Windes auf den Wasserstand

Die typischen Wetterlagen ändern sich – statistisch gesehen – besonders häufig im Frühjahr und im Herbst. Jeder Segler kennt irgendeine Geschichte von einem Schiff in einem Frühjahrs- oder Herbststurm ...
Nicht selten schickt der Wettergott im März/April oder im September/Oktober in der Phase der Äquinoktialtiden einige Starkwind-Tiefs oder manchmal gar einen ausgewachsenen Sturm über die Küste. Da bei uns in West- und Nordeuropa die meisten Tiefs grob von West nach Ost ziehen, kommt es dann an trichterförmigen Küstenstrichen wie der Deutschen Bucht zu einem Tiden-Staueffekt. Kräftiger, länger andauernder, auflandiger Wind kann insbesondere in Flachwassergebieten wie der Nordsee den Wasserstand dann um zwei bis drei Meter, in Extremfällen bis zu vier Meter höher als nach Tiden berechnet steigen lassen, denn der Wind drückt das Wasser gemeinsam mit der Flut auf die Küste. Die Ebbe hingegen wird durch den entgegenblasenden Wind gehemmt, das Wasser kann also nicht ungehemmt abfließen. Dieses als Sturmflut bezeichnete Phänomen ist zwar vorhersehbar, aber quantitativ nur mit Erfahrungswerten erfassbar. Das BSH (Bundesamt für Seeschifffahrt und Hydrographie) bietet dazu einen speziellen Sturmflutwarndienst, der auch im Internet über www.sturmflutwarndienst.de abrufbar ist.
Im Februar 1962 kam es in der Elbe durch ein solches Zusammentreffen von Springtide und Sturmtief zu katastrophalen Überschwemmungen.

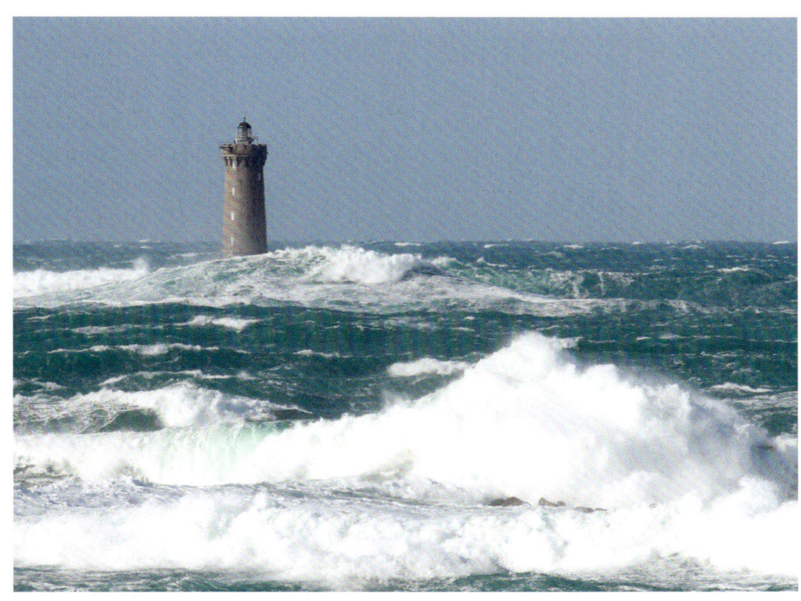

Sturmflut vor der Westküste Frankreichs.

Hamburg wurde zu großen Teilen überflutet. Stürmische westliche Winde aus einem Tiefdruckgebiet von 952 Hektopascal drückten das Wasser der Elbe mit der Flut damals auf 5,7 Meter über den mittleren Wasserstand. Grundsätzlich die gleiche Wirkung, aber im entgegengesetzten Sinn, kann bei lang anhaltendem, kräftigem ablandigem Wind auftreten. Je nach Seegebiet kann ein mehrere Tage andauernder ablandiger Wind den Wasserstand unabhängig von der Tide um einen oder zwei, in der Deutschen Bucht bis zu drei Meter absenken. Wenn beispielsweise an der französischen Atlantikküste ein Wind von Bft 7 drei Tage lang von NE – also ablandig – bläst, so liegen die Niedrigwasserstände nur etwa einen halben Meter unterhalb der nach Gezeitentafeln berechneten Werte. An der englischen Ostküste hingegen senkt sich der Meeresspiegel bei lang anhaltendem Starkwind von Südwest bis zu zwei Meter ab.
Leider gibt es keine präzisen Berechnungsmethoden, um die windbedingte Wasserstandsdifferenz hinreichend genau auszurechnen. Die Vorhersagen dazu sind ortsabhängige Erfahrungswerte. Für den Segler im Gezeitenrevier sind Kenntnisse über diese Zusammenhänge aber von großer Bedeutung, denn beim Ankern über Nacht oder zum Passieren einer Sandbarre muss eine minimal akzeptable Wassertiefe in der Planung berücksichtigt werden. Mehr dazu im Kapitel 4.

1.4 Einfluss des Luftdrucks auf den Wasserstand

Das oben genannte Beispiel der Sturmflut in Hamburg 1962 ist aber noch unter einem weiteren Aspekt interessant: Der mittlere Luftdruck in Meereshöhe beträgt in Mitteleuropa etwa 1013 Hektopascal. Das damalige Sturmtief hatte einen Kerndruck von 952 Hektopascal, also 61 Hektopascal unter dem Mittelwert.

Zwar hat ein Liter Luft nur die Masse von 1,3 Gramm, aber unsere Atmosphäre ist einige Kilometer dick. Bei mittlerem Luftdruck lasten etwa 10.000 Kilogramm auf einem Quadratmeter Erdoberfläche. Höherer Luftdruck bedeutet also mehr Gewichtskraft der auf der Wasseroberfläche lastenden Luftmasse, was dazu führt, dass der Wasserstand bei NW auch unter LAT-Niveau sinken kann.

Die folgende Tabelle zeigt die quantitativen Auswirkungen unterhalb und oberhalb des mittleren Luftdrucks von 1013 Hektopascal.

Wie man der Tabelle entnehmen kann, drückt die Luftmasse bei einer Hochdrucklage von 1043 Hektopascal das Wasser etwa 30 Zentimeter tiefer als bei 1013 Hektopascal Normaldruck. Hingegen steigt der Meeresspiegel in einem Tiefdruckgebiet wie damals in Hamburg von 952 Hekto-

Luftdruck in hPa	963	973	983	993	1003	1013	1023	1033	1043
Korrekturwert in cm	+50	+40	+30	+20	+10	0	–10	–20	–30

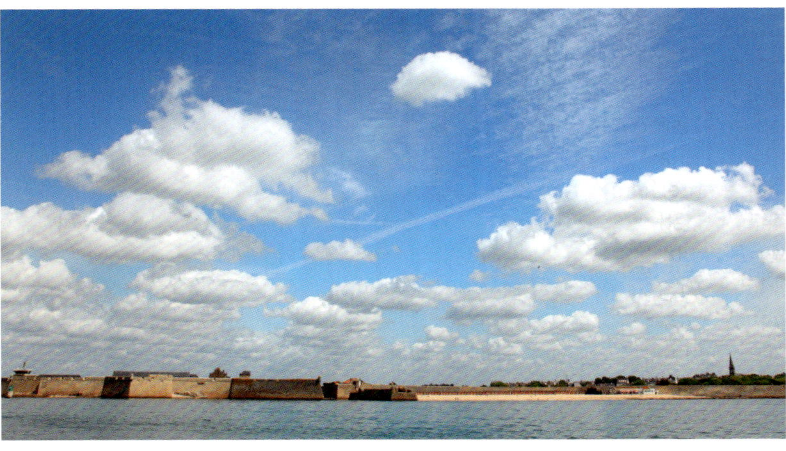

Schönwetterlage bei hohem Luftdruck.

pascal etwa 60 Zentimeter höher als durch normale Tidenrechnung vorhergesagt.
(Bemerkung: Die früher übliche Einheit zur Messung des Luftdrucks Millibar (mbar) wurde vor längerer Zeit ersetzt durch die Einheit Hektopascal (hPa). Es gilt 1 hPa = 1 mbar = 100 N/m²).

1.5 Gezeitenströme

Dort, wo sich der Wasserstand gezeitenbedingt vergrößert und verkleinert, entstehen infolge des Druckausgleichs Strömungen, und zwar nicht nur an der Meeresoberfläche, sondern auch in größerer Tiefe. Diese Gezeitenströme sind in Richtung und Stärke natürlich einerseits abhängig von der Größe der ausgetauschten Wassermassen (Tidenhub), andererseits aber auch stark veränderlich durch die Topologie der Küste und des Meeresbodens. So wie Flüsse ihre Geschwindigkeit in Engstellen vergrößern, so nehmen auch die Gezeitenströme zwischen nah beieinanderliegenden Inseln und an herausragenden Kaps vor der Küste deutlich zu. Je geringer die Meerestiefe an diesen Stellen ist, umso ausgeprägter ist die Zunahme der Strömungsgeschwindigkeit. So erreichen die Gezeitenströme beispielsweise im Pentland Firth zwischen der schottischen Küste und den Orkneyinseln bis zu 9 Knoten. Hingegen sind die Gezeitenströme auf der offenen See eher schwach. Im Bereich um Helgoland beträgt der Tidenstrom bei Nippzeit nur etwa 0,5 Knoten, und bei Springzeit sind es selten mehr als 1,5 Knoten. Aber auch bei größerem Tidenhub wie an der französischen Atlantikküste bei La Rochelle mit bis zu fünf Meter Differenz zwischen Hoch- und Niedrigwasser beträgt der Gezeitenstrom 50 Seemeilen vor der Küste in der Biskaya nur noch 1 Knoten. Andererseits drückt der Gezeitenstrom im Golfe du Morbihan in der Südbretagne bei nur etwa vier Meter Tidenhub zwischen einigen Inseln mit bis zu 8 Knoten.
Besondere Beachtung verdient der Tidenstrom in Flussmündungen, wo der Fluss die Ebbe begünstigt, während die Flut durch das entgegenlaufende Flusswasser gehemmt wird. So kommt es in der Elbmündung bei Brunsbüttel während der Ebbe zu maximal etwa 4,5 Knoten, während der Flutstrom nur gut 3 Knoten beträgt.
Auch der Wind kann die Richtung des Tidenstroms beeinflussen. Ein länger andauernder, kräftiger Wind aus konstanter Richtung kann die Richtung der Gezeitenströme an der Meeresoberfläche um bis zu 30° verändern. Der Segler darf sich also nicht zu blauäugig auf die Angaben in Strömungsatlanten verlassen. Mehr dazu im nächsten Kapitel.

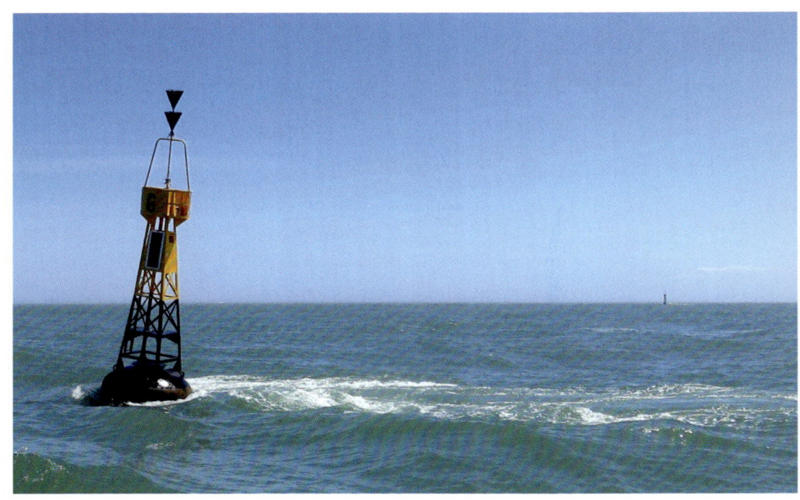

Tonne im Gezeitenstrom.

Kurskorrekturen unter Stromeinfluss

Der Einfluss der Strömung auf den zu segelnden Kurs ist heutzutage leicht mit jedem GPS zu überprüfen. Es reicht, im GPS den anzusteuernden Wegpunkt einzugeben, um anschließend den Stromeinfluss als Versatz auf dem Bildschirm zu sehen und dann entsprechend zu kompensieren. Interessant sind allerdings die Schadensstatistiken der Yachtversicherer, die belegen, dass die Zahl der schweren Havarien durch Grundberührung sich in den letzten fünf Jahren etwa verdoppelt hat. Und das trotz GPS? Nein, wegen GPS! Denn in fast allen dokumentierten Fällen wurde der Schaden dadurch verursacht, dass der Skipper durchaus richtig den Zielpunkt als Wegpunkt eingegeben hatte, dann aber nur noch stur nach der Kursanweisung der GPS-Anzeige gefahren ist. Bei Nichtbeachtung einer seitwärts versetzenden Strömung fährt das Schiff zwar den Wegpunkt an, allerdings nicht auf der anfangs geplanten geraden Linie, sondern auf einer Kurve – auch Hundekurve genannt – auf der dann vielleicht ein Stein liegt. Dass sich dabei der Kurs zum Wegpunkt stetig ändert, wird – gerade bei bestem Sommerwetter und entsprechender Entspannung im Cockpit – manchmal übersehen.
Heutzutage zeichnet kaum noch ein Segler Stromdreiecke, wenn es darum geht, den Einfluss des Tidenstroms auf den Kurs zu beurteilen. Unter dem Gesichtspunkt des Erhalts traditioneller Navigationstechniken sollen im Folgenden dennoch kurz die beiden wichtigsten Strömungsaufgaben als Anwendung der Vektoraddition (s. Kap. 1.2) behandelt werden.

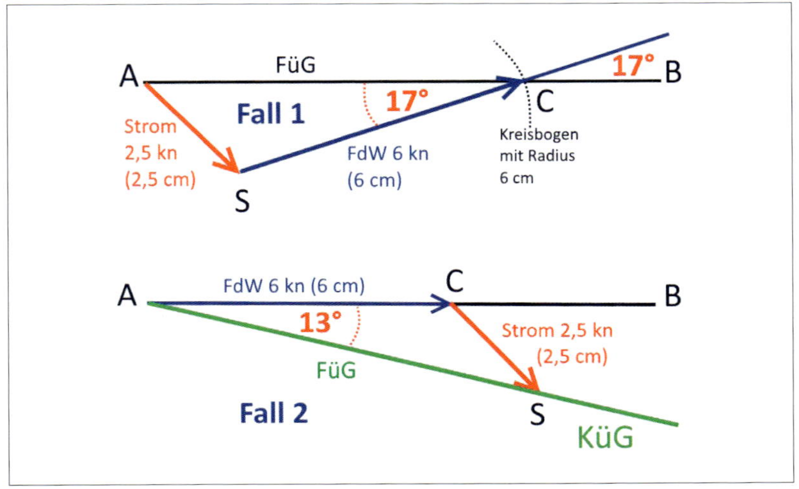

Fall 1: Bekannt sind der gewünschte Kurs über Grund (KüG) um von A nach B zu kommen, die eigene Fahrt durchs Wasser (FdW) sowie der Gezeitenstrom nach Richtung und Stärke. Gesucht wird der Korrekturwinkel, um den Stromeinfluss auszugleichen.

Die Lösung findet sich am leichtesten über eine maßstabsgetreue Zeichnung mit den zugehörigen Vektoren (s. nebenstehende Abbildung). Vereinfachend sollen hierbei Missweisung, Deviation und Windeinfluss vernachlässigt werden.

Unser Ziel ist es, möglichst gradlinig vom Punkt A zum Punkt B zu kommen (schwarz). B liege genau östlich von A. Auf der Position A wird der momentan herrschende Strom als Vektor (rot) eingezeichnet. Bei beispielsweise 2,5 Knoten Strom in Richtung SE also ein 2,5 Zentimeter langer Pfeil in Richtung 135°. Die Spitze dieses Stromvektors sei mit S bezeichnet. Nun wird die dem Skipper bekannte und für das Schiff typische Fahrt durchs Wasser (in der Zeichnung 6 Zentimeter entsprechend 6 Knoten) in den Zirkel genommen und mit diesem Radius um den Punkt S ein Kreisbogen auf die Verbindungslinie A–B geschlagen. Der entstehende Schnittpunkt sei mit C bezeichnet. Der Punkt S wird nun mit dem Punkt C verbunden und die Linie etwas verlängert (blau). Der Winkel zwischen der Verbindungslinie A–B und der Verlängerung von S–C ist der gesuchte Korrekturwinkel. In diesem Fall beträgt er etwa 17°. Der Skipper muss also 17° nach Backbord gegenhalten, um den Stromeinfluss auszugleichen.

Fall 2: Ein solches Vektordreieck lässt sich auch benutzen, um eine andere Fragestellung zu bearbeiten: Wohin wird die Yacht durch den Gezeitenstrom versetzt, wenn der Skipper den Tidenstrom nicht kompensiert? Die nebenstehende Abbildung zeigt den Sachverhalt. B liege wieder genau östlich von A. Die Yacht habe wieder eine FdW von 6 Knoten und der Gezeitenstrom betrage abermals 2,5 Knoten in Richtung SE. Statt nun den Strom mit einem Kurskorrekturwinkel auszugleichen, steuert der Skipper den Kartenkurs von A nach B unkompensiert als Kurs durchs Wasser (KdW). Wohin und in welchem Winkel wird die Yacht versetzt?

Die Verbindungslinie A–B sei der Kartenkurs, den der Skipper als KdW steuert. Die FdW der Yacht (6 Knoten) wird als 6 Zentimeter langer Pfeil von A aus eingetragen. Die Spitze dieses Pfeiles sei mit C bezeichnet. Der Strömungsvektor (rot) wird an den Punkt C mit 2,5 Zentimeter Länge in Richtung 135° abgetragen und seine Spitze mit S bezeichnet. Nun wird ausgehend von A die geradlinige Verbindung zu S eingezeichnet (grün) und etwas verlängert. Die Richtung der Verbindungslinie A–S beschreibt den Kurs über Grund (KüG) der Yacht unter Strömungseinfluss. Der Winkel zwischen A–B und A–S ist der Winkel der strömungsbedingten Abdrift. In diesem Fall beträgt er etwa 13°. Der Punkt S kennzeichnet die Position der Yacht nach einer Stunde konstanten Strömungseinflusses. Man beachte, dass der Korrekturwinkel im Fall 1 keineswegs gleich dem Versatzwinkel im Fall 2 ist!

In der Praxis darf allerdings nicht vergessen werden, dass der Einfluss des Tidenstroms auf den Kurs über Grund sich stetig ändert und somit die Bestimmung des Korrekturwinkels theoretisch stetig, in der Praxis aber etwa stündlich erneuert werden muss. Darüber hinaus darf natürlich auch die Abdrift des Bootes unter dem Einfluss des Windes nicht unberücksichtigt bleiben.

2. Informationsquellen, technische Hilfsmittel

Für eine detaillierte Törnplanung und eine zuverlässige Navigation in Gezeitengewässern werden umfangreiche Informationen benötigt. Insbesondere möchte der Segler natürlich für möglichst viele Häfen im zu besegelnden Revier die Zeiten für Hochwasser und Niedrigwasser sowie die zugehörigen Wasserstände kennen. Darüber hinaus sind für eine gute Törnplanung Kenntnisse über Stärke und Richtung des Tidenstroms unabdinglich.

Inzwischen sind auf den meisten seegehenden Yachten Kartenplotter mit Navigationssoftware und zugehörigen Karten installiert. Für Smartphones gibt es verschiedene Apps mit Gezeitenprogrammen. Eine zunehmende Zahl von Seglern verlässt sich in der Praxis auf See mehr und mehr auf diese elektronischen Hilfsmittel. Der Laptop gehört neben dem Plotter zur selbstverständlichen Grundausrüstung. Moderne Navigationssoftware beinhaltet Informationen über den Stand der Tide und die Richtung des Gezeitenstroms an einem frei wählbaren Ort und zu einer beliebigen Zeit. Es

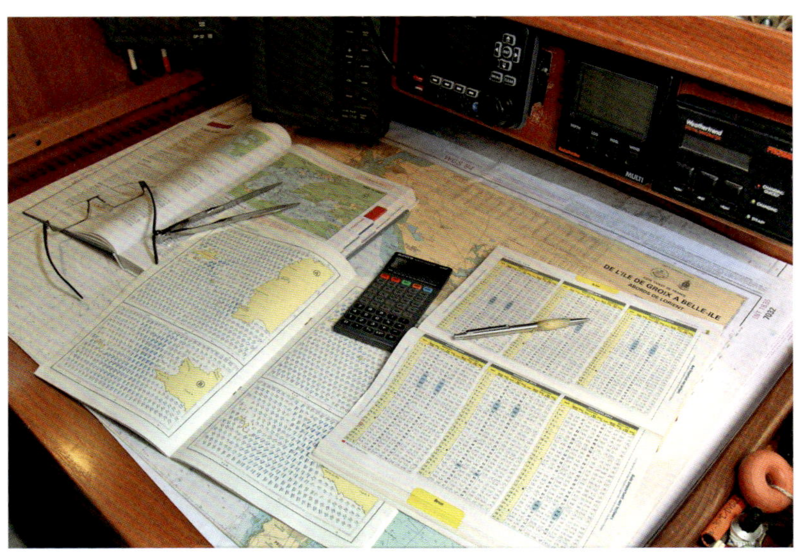

muss allerdings die Frage gestellt werden, ob bei dem heutzutage »bibelähnlichen« Umfang der Handbücher zur Navigationselektronik tatsächlich jeder Skipper die Bedienung seiner Geräte auch in einer Stresssituation beherrscht.

Prinzipiell entscheidet jeder Skipper für sich, ob er in erster Linie der Elektronik vertrauen will oder ob er lieber Bücher liest, seine eigenen fünf Sinne einsetzt und dadurch näher an der Natur segelt. Den einen reizt in erster Linie der Einsatz moderner Technik, der andere versucht möglichst naturnah seinen Kurs zu finden. Von beiden muss allerdings gefordert werden, dass sie ihr Schiff, die Besatzung und sich selbst verantwortungsvoll und möglichst sicher wieder in den Hafen zurückbringen. Ob das mit einem uneingeschränkten Vertrauen in die Elektronik machbar ist, möchte ich infrage stellen.

Viele der im weiteren Text beschriebenen Informationen sind gleichermaßen über einen Computer abrufbar, aber – auch wenn es manchem Leser etwas antiquiert erscheinen mag – es werden im Folgenden in erster Linie die auf Papier gedruckten und aus der Natur direkt zu erschließenden Informationen genutzt. Denn diese Informationsquellen verschwinden nicht plötzlich, wenn eine vielleicht überalterte Batterie an Bord ausfällt oder Salzwasser elektrische Kontakte korrodieren lässt. Ein Buch darf bei Windstärke 7 hoch am Wind vom Kartentisch fallen und ein Fernglas, eine Winschkurbel oder ein Kochtopf dürfen dagegen fliegen, ohne seine Lesbarkeit zu zerstören.

Dennoch soll hier nicht versäumt werden, gezeitenbezogene Navigationssoftware zumindest im Ansatz anzusprechen. Im Internet für den PC und auch als App für das Smartphone und den Tablet-Computer gibt es inzwischen zahlreiche Navigationshilfen, insbesondere auch für die Tidenrechnung, zum großen Teil sogar kostenlos. Die Benutzung ist denkbar einfach. Selbst der eigene Standort muss in der Regel nicht eingegeben werden, sofern der Benutzer die Freigabe akzeptiert. Der Computer sendet per GPS die eigene Position an den Anbieter und das Programm liefert HW- und NW-Zeiten, die dazugehörigen Wasserstände sowie die Tidenkurve für den nächstliegenden Hafen für mehrere Tage. Die Uhrzeit muss nicht mehr abgelesen werden, sie erscheint als Zeit-Senkrechte in der Tidenkurve, sodass aktuell die Höhe der Gezeit (Tidenstand) abgelesen werden kann. Zahlreiche weitere Nachbarhäfen werden als Alternativen zum nächsten Hafen angeboten. Korrekturen zwischen Bezugs- und Anschlussorten sind nicht notwendig, denn das macht das Programm automatisch. Manche Programme sind nur landesweit nutzbar, andere funktionieren europaweit. Allerdings gibt es – neben der mechanischen Empfindlichkeit der Geräte – einige problematische Aspekte:

Im Vergleich zu den offiziellen Veröffentlichungen der staatlichen Ämter (BSH u. a.) stellt man mancherorts erhebliche Differenzen sowohl bei den Wassertiefen als auch bei den Uhrzeiten fest. Daher sollte der Skipper vor der Benutzung unbedingt die angebotenen Daten stichprobenartig mit den offiziellen Veröffentlichungen vergleichen, um die Vertrauenswürdigkeit zu prüfen.
Darüber hinaus ist die kontinuierliche Verfügbarkeit der Daten keineswegs garantiert, denn der Anbieter hat jederzeit das Recht, die Verbreitung seiner Daten zu unterbinden.
Im Bereich der Nordsee hat sich im Laufe der letzten Jahre ein Programm recht stark verbreitet, das zwar nicht kostenlos benutzbar ist, dafür aber recht zuverlässig funktioniert. Unter dem Namen »Quicktide« ist es im Internet zu finden und auch auf dem Smartphone und Tablet zu benutzen.

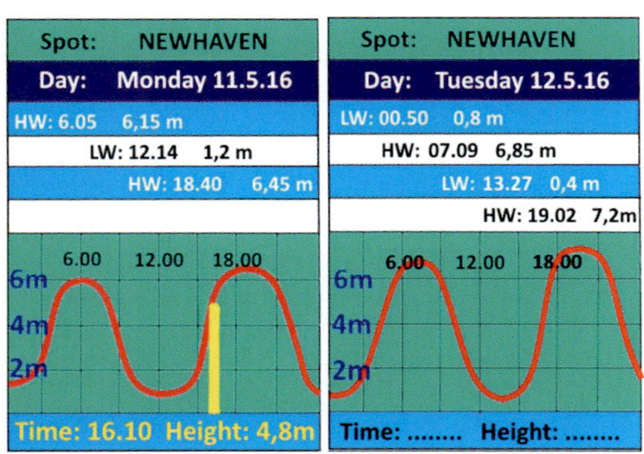

Smartphone Gezeiten-App, Beispiel.

Wenn von Gezeitengewässern in Europa gesprochen wird, so zählen dazu Norwegen, Dänemark, Deutschland, die Niederlande, Belgien, Frankreich, England, Irland, Spanien und Portugal. Jedes dieser Länder hat ein eigenes hydrografisches Institut, das Informationsschriften über die Gezeiten an seinen Küsten in Landessprache herausgibt. Dazu gehören im Hinblick auf die Navigation in Tidengewässern vor allem Gezeitenkalender und Strömungskarten, die in Deutschland vom Bundesamt für Seeschifffahrt und Hydrographie (BSH) herausgegeben werden.
Hoch spezialisierte nautische Veröffentlichungen findet man üblicherweise nicht in den Buchläden, wenngleich man sie natürlich dort bestellen kann. In Deutschland gibt es zwei Vertriebsstellen, die sich auf das Thema Seefahrt spezialisiert haben. Ähnlich ist es in Frankreich und England. Die gängigen, an Bord für die Navigation benötigten Unterlagen findet man meist auch bei gut sortierten Yachtausrüstern.

Hinsichtlich der durch Wind- und Luftdruckeinfluss veränderten Wassertiefen gibt es in Deutschland täglich aktualisierte Informationen über den Radiosender NDR. Auch das BSH veröffentlicht über das Internet dazu täglich aktualisierte Informationen (s. Anhang unter Internetlinks).

2.1 Deutsche Gezeitentafeln und Tidenkalender

Tidenkalender, manchmal auch Gezeitentabellen genannt, werden jährlich neu herausgegeben und nennen für jeden Tag des Jahres die Uhrzeiten des Hoch- und Niedrigwassers und die zugehörigen Wasserstände über Kartennull an ausgewählten Orten der Küste. Das Bundesamt für Seeschifffahrt und Hydrographie (BSH) veröffentlicht jährlich aktualisiert einen *Gezeitenkalender* für die Deutsche Bucht und die angrenzenden Flussmündungen, der von allen Vertriebsstellen für nautische Veröffentlichungen verkauft wird. Es ist einleuchtend, dass diese Informationen nicht für jeden noch so kleinen Hafen jährlich aktualisiert in einem einzigen Buch abgedruckt werden. Allein auf den Britischen Inseln wären das mehr als 2000 Orte. Um dennoch auch dem kleinen Fischer oder Jollensegler aus dem letzten »Schlickloch« die Möglichkeit zu geben, die Hochwasserzeiten für die nächsten Tage zu ermitteln, nutzt man folgende Überlegung: Entlang eines Küstenabschnitts mit Gezeiteneinfluss unterscheiden sich die Hochwasserzeiten und der Tidenhub von benachbarten Orten nur geringfügig. Statt nun für jeden Ort eigene Tabellen aufzustellen, begnügt man sich mit der Erstellung dieser Tabellen für größere Häfen, die je nach Küstenverlauf meist etwa 50 bis 100 Kilometer voneinander entfernt sind. Man nennt sie **Bezugsorte**. Sie dienen als Referenz für die dazwischen liegenden kleineren Häfen, genannt **Anschlussorte**. Statt also für diese zahlreichen Anschlussorte eigene Tabellen zu erstellen, werden lediglich die Korrekturwerte für die Uhrzeit und die Wassertiefe in Bezug auf den nächsten Bezugsort aufgeschrieben.

Gezeiten HELGOLAND (Gezeitentafeln BSH Januar 2016)		
Sa. 2.1.2016	HW um 17.07	Wasserstand 2,7 m
Sa. 2.1.2016	NW um 23.33	Wasserstand 0,9 m
So. 3.1.2016	HW um 05.21	Wasserstand 2,9 m
So. 3.1.2016	NW um 12.06	Wasserstand 0,9 m
So. 3.1.2016	HW um 17.57	Wasserstand 2,7 m

In Deutschland veröffentlicht das BSH Listen zu den Bezugs- und Anschlussorten in den sogenannten ***Gezeitentafeln***, mit Vorausberechnung von Zeiten für Hoch- und Niedrigwasser sowie Wasserstände und Tidenkurven für ein Jahr für europäische Gewässer.
Ein Beispiel:
Am Sonntag, den 3.1.2016 gibt es zwei Hochwasser in Helgoland: das erste um 05.21 Uhr mit einer Wassertiefe über Kartennull von 2,9 Metern und das zweite um 17.57 Uhr mit 2,7 Metern über Kartennull. Dazwischen liegt das Niedrigwasser um 12.06 Uhr mit 0,9 Meter Wasser. Der Tidenhub beträgt somit an diesem Tag vormittags 2 Meter und nachmittags 1,8 Meter. Weiter unten wird darauf eingegangen, wie Wassertiefen zu beliebigen Zeiten zwischen dem HW und dem NW berechnet werden.

Ein Beispiel für das Arbeiten mit Bezugsorten und Anschlussorten:
Es sollen die Hoch- und Niedrigwasserzeiten und -höhen für Wangerooge ermittelt werden. Eine eigenständige Tabelle für Wangerooge liegt nicht vor, doch ist die Insel in der Liste der Anschlussorte für Wilhelmshaven in den *Gezeitentafeln* des BSH angegeben. Wilhelmshaven ist somit der für Wangerooge relevante Bezugsort.
Bezugsort **Wilhelmshaven**, *Gezeitentafeln* BSH, 27. Juli 2010

Zeit (MEZ)	Höhe
01.44	4,6 m
07.45	0,7 m
13.53	4,9 m
20.11	0,6 m

Beim Lesen der Hoch- und Niedrigwasserzeiten aus Gezeitenkalendern ist es wichtig zu prüfen, in welchem Standard die Zeit ausgedrückt ist: UT (= früher GMT) oder mitteleuropäische Zeit (MEZ = UT +1 h) oder mitteleuropäische Sommerzeit (MESZ = UT +2 h).

Die Korrekturwerte für Hochwasser (HW) und Niedrigwasser (NW) sind je nach Mondphase zur Springzeit und Nippzeit unterschiedlich. Folgende Abkürzungen sind üblich:

Springhochwasser	SpHW	**Hochwasserzeit**	HWZ
Nipphochwasser	NpHW	**Hochwasserhöhe**	HWH
Springniedrigwasser	SpNW	**Niedrigwasserzeit**	NWZ
Nippniedrigwasser	NpNW	**Niedrigwasserhöhe**	NWH

Zitierte Korrekturwerte für WANGEROOGE aus den BSH-*Gezeitentafeln* zum Bezugsort WILHELMSHAVEN:

Zeitunterschied		Höhenunterschied			
bei HW	bei NW	SpHW	NpHW	SpNW	NpNW
−1 h 07 min	−0 h 38 min	−1,2 m	−1,0 m	−0,1 m	−0,2 m

Auswertung:
Wir suchen die Zeiten und Wassertiefen für HW und NW in Wangerooge in der zweiten Tageshälfte am 27.6.2010. Am 27.6. ist Springzeit.
Werte für Wilhelmshaven: HW 13.53 Uhr mit 4,9 m und NW 20.11 Uhr mit 0,6 m

Korrekturen für Wangerooge: −1.07 h −1,2 m −00.38 h -0,1 m

Ergebnisse für Wangerooge: HW um 12.46 Uhr mit 3,7 m Wassertiefe und NW um 19.33 Uhr mit 0,5 m Wassertiefe

In den Prüfungen zum deutschen Sportseeschiffer (SSS) werden allerdings nicht die Unterlagen des **BSH**, sondern die entsprechenden englischen Veröffentlichungen der **British Admiralty** zugrunde gelegt: die *Admiralty Tide Tables*, kurz ***ATT***. Es ist ein sehr umfangreiches, 4-bändiges Standardwerk zur weltweiten Gezeitenberechnung mit Tideninformationen zu

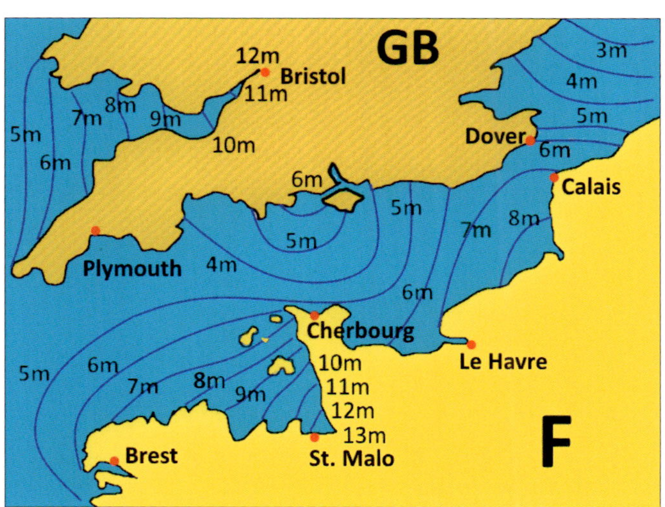

Karte Ärmelkanal: Tidengewässer mit Linien gleichen Tidenhubs.

mehr als 7000 Häfen. Unter praktischen Gesichtspunkten für den Einsatz an Bord ist es für den Segler sinnvoll, nach Veröffentlichungen zu suchen, die lediglich Auszüge aus den ATT zugrunde legen. Mehr dazu weiter unten.

2.2 Englische Gezeitenunterlagen

Auf den Britischen Inseln ist die offiziell zuständige, nationale Behörde für nautische Veröffentlichungen die **British Admiralty**. Von ihr werden die Admiralty Tide Tables, abgekürzt ATT, herausgegeben, die allerdings in mehreren Bänden sehr umfangreich sind, zu umfangreich für den Freizeit-Bordgebrauch. Darum haben sich einige Verlage darauf spezialisiert, die wichtigsten hydrografischen und ozeanografischen Informationen für Segler zusammenzufassen. Das wohl bekannteste und geografisch umfangreichste Standardwerk aus England ist der **Reeds**, genauer *Reeds Nautical Almanac*, der auf über 1000 Seiten, die jährlich aktualisiert neu herausgegeben werden, alle für den westeuropäischen Segler relevanten Informationen zusammenfasst. Es sind zum großen Teil Auszüge aus den Veröffentlichungen der British Admiralty, hinsichtlich der Gezeiten speziell Auszüge aus den *ATT* (s. o.). Sofern man nicht jeden kleinen Fischerhafen anlaufen will, ist das fast drei Kilogramm schwere Buch ausreichend detailliert und umfangreich, um gut informiert von Skagen bis Gibraltar zu segeln. Es ist die »Bibel« der westeuropäischen Langfahrtsegler.
Entsprechende, auf die Bedürfnisse der Freizeitschifffahrt ausgerichtete, praxisorientierte Veröffentlichungen gibt es auch in französischer Sprache, weshalb die folgende Gezeiten-Vokabelliste dreisprachig (deutsch-englisch-französisch) ausgeführt ist.
Es soll nicht unerwähnt bleiben, dass die nationale niederländische Behörde für Schifffahrt ebenfalls hervorragende nautische Veröffentlichungen vertreibt, die dem niederländisch sprechenden Segler sicherlich eine große Hilfe sind.

30 wichtige Begriffe zur Gezeitennavigation auf Deutsch, Englisch und Französisch

Törns in Tidengewässern führen den europäischen Segler häufig in den Ärmelkanal und an den Atlantik. Meist sind die vor Ort zu findenden Tidenunterlagen detaillierter in Bezug auf eine größere Zahl von Häfen ausgeführt als die in deutscher Sprache vom BSH herausgegebenen Veröffentlichungen. Es sollen daher im Folgenden für die wichtigsten Begriffe die englischen und französischen Bezeichnungen sowie deren Abkürzungen angegeben werden, sodass der Segler auch französische und englische

Gezeitenkalender, Korrekturtafeln und Strömungsatlanten lesen kann. Bei den Begriffen, die in gängigen Gezeitenunterlagen verwendet werden, wurden die üblichen Abkürzungen hinzugefügt.

Deutsch	Englisch	Französisch
Tiden	tides	marées
Ebbe	ebb, ebbtide	marée descendante
Flut	flood	marée montante
Stillwasser	slack	renverse
Ortszeit	local time	heure légale
Tidenkalender	tide tables	annuaire de marées
Springzeit	spring	vives eaux VE
Nippzeit	neep	mortes eaux ME
Springtide	spring tide	marée de vives-eaux
Nipptide	neap tide	marée de mortes-eaux
Hochwasser HW	high water HW	pleine mer PM
Niedrigwasser NW	low water LW	basse mer BM
mittleres Spring-Hochwasser	mean high water springs MHWS	nicht gebräuchlich
mittleres Nipp-Hochwasser	mean high water neaps MHWN	nicht gebräuchlich
mittleres Spring-Niedrigwasser	mean low water springs MLWS	nicht gebräuchlich
mittleres Nipp-Niedrigwasser	mean low water neaps MLWN	nicht gebräuchlich
Tidenhub	range	marnage
Kartennull = Kartentiefe KT	chart datum CD	zéro des cartes
Wassertiefe	depth	hauteur d'eau
Tidenstand	hight of tide	hauteur de la marée
Bezugsort	standard port	port de référence
Anschlussort	secondary port	port rattaché
Vollmond	full moon	pleine lune
Neumond	new moon	nouvelle lune

Deutsch	Englisch	Französisch
Halbmond	half moon	demi lune
Morgen	morning	matin
Abend	evening	soir
Gezeitenstrom	tidal stream	courant de marée
vor HW	before HW	avant PM
nach HW	after HW	après PM

Im *Reeds* sind neben Hafenbeschreibungen, Leuchtfeuerverzeichnissen, Funk- und Wetterinformationsquellen vor allem sehr umfangreiche Gezeiteninformationen zu finden: Hoch- und Niedrigwasserzeiten mit den zugehörigen Wassertiefen von mehr als 1300 Häfen. Darüber hinaus findet man alle notwendigen Strömungskarten. Allerdings sind diese recht klein gedruckt, sodass es sinnvoll sein kann, die nationalen Strömungsatlanten separat zu kaufen.

Bezugsorte: Die Berechnung der HW- und NW-Zeiten mithilfe des ***Reeds*** ist sehr einfach, solange man sich auf einen großen Hafen wie beispielsweise Esbjerg, Wilhelmshaven, Cherbourg, Portsmouth, Brest, La Rochelle, La Coruña oder Lissabon bezieht.

Die Darstellung ist praktisch genauso wie im *Gezeitenkalender* des BSH. Zu beachten ist allerdings, dass im *Reeds* nicht die Sommerzeit automatisch eingearbeitet wird. Die Zeitangaben für HW und NW sind für Orte in Großbritannien immer in UT genannt. Um auf die englische Sommerzeit (UT + 1h) zu kommen, muss in den nicht-eingefärbten Tabellenflächen eine Stunde addiert werden. Hingegen sind die Zeitangaben für die Orte in Kontinentaleuropa immer in UT +1h genannt. Für die mitteleuropäische Sommerzeit muss ebenfalls eine Stunde in den nicht-eingefärbten Flächen addiert werden.

Anschlussorte: Die Berechnung der HW- und NW-Zeiten und zugehörigen Wassertiefen an Anschlussorten mithilfe des *Reeds* ist aufgrund einer anderen grafischen Darstellung etwas komplizierter als über die Tabellen des BSH, allerdings recht gut in einem Vorspann erklärt. Bei Benutzung des *Reeds* sollte der Leser diesen Vorspann aufmerksam lesen.

Ein Wort zur Genauigkeit beim Rechnen

Unter dem Gesichtspunkt der praktischen Anwendung der errechneten Werte beim Segeln in Gezeitengewässern ist es nicht sinnvoll, die Werte auf die Minute und den Zentimeter genau zu bestimmen. Zehn Minuten Zeitfehler und zehn Zentimeter Tiefenfehler sind in der Praxis durchaus

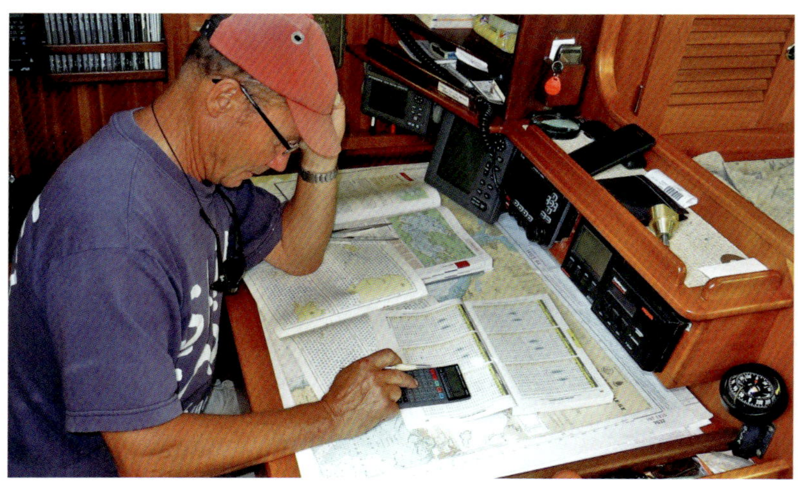

akzeptabel, denn sowohl durch die recht groben Interpolationen, als auch durch Wind- und Luftdruckeinfluss werden die Werte in der Realität ohnehin anders als in der Rechnung sein. In der Rechenpraxis an Bord wird am Ende immer ein situationsabhängig gewählter Sicherheitszu- oder -abschlag eingerechnet.

Dass Ausbildern für den Hochseeschein (in Deutschland der SSS oder SHS) bei dem Hinweis auf nicht zu hohe Präzision der Rechenergebnisse die Haare zu Berge stehen, soll uns unberührt lassen, denn **hier geht es nicht darum, zentimetergenau zu rechnen, um eine theoretische Prüfung zu bestehen, sondern unter möglicherweise stressigen Bedingungen (Schlafmangel, Wind Bft 7, hoch am Wind, grobe See) möglichst schnell und verantwortungsbewusst zu einer Entscheidung zu kommen, um das Schiff sicher in den nächsten Hafen zu bringen.** Zu viel Rechnerei beinhaltet auch immer ein höheres Flüchtigkeitsfehler-Risiko. Die entscheidende Frage ist allerdings: Wie viel Toleranz darf ich mir in der konkreten Situation erlauben? Mehr dazu im Kapitel 4.

2.3 Französische Gezeitenunterlagen

Viele deutsche Segler, die auf dem Weg von Deutschland oder Holland auf Langfahrt in Richtung wärmerer Gefilde unterwegs sind, fahren im Ärmelkanal lieber die englische Küste entlang, weil sie mangels französischer Sprachkenntnisse sich nicht zutrauen, die übliche Kommunikation im Hafen wie auch beim Einkaufen befriedigend zu bewältigen. Ganz zu schweigen vom Lesen und Verstehen französischer Gezeitenunterlagen. Sie verpassen mit dieser Entscheidung eines der interessantesten Segelreviere Europas. Kaum eine andere Küste in Europa hat eine derartig reizvolle Mischung aus großartigen Landschaften, reizvollen Häfen, navigatorisch interessanten Besonderheiten, geschützten Ankerbuchten, gutem, kalkulierbarem Segelwind, netten Menschen und kulinarischen Highlights zu bieten wie die Bretagne und die französische Atlantikküste. Zweifellos gibt es einige gezeitentechnisch nicht einfache Passagen (s. Kap. 4), aber mithilfe der sehr guten französischen Unterlagen zu Gezeiten und Tidenströmen ist das Segeln an der Küste zwischen Calais und La Rochelle stressfrei zu schaffen und zu genießen. In der Tiden-Vokabelliste auf Seite 38 wurden alle wichtigen Begriffe zum Verständnis französischer Gezeitentafeln und Strömungskarten zusammengefasst. Wer diese Liste von nur 30 Begriffen lernt, wird kaum Probleme haben, die Tideninformationen an der französischen Küste zu verstehen und anzuwenden.

BREST **Heures et Hauteurs des Pleines Mers et Basses Mers**

janvier 2015						février 2015					
	Heures h min	Haut. m		Heures h min	Haut. m		Heures h min	Haut. m		Heures h min	Haut. m
1	1 39	6,00	**16**	0 49	5,50	**1**	3 18	6,15	**16**	2 29	6,10
	8 3	2,25		7 10	2,75		9 43	2,00		8 51	2,00
Jeu	14 10	6,10	Ven	13 22	5,60	Dim	15 43	6,20	Lun	15 1	6,25
	20 30	2,15		19 46	2,55		21 59	1,95		21 19	1,80
2	2 40	6,20	**17**	1 56	5,85	**2**	4 3	6,45	**17**	3 27	6,65
	9 4	2,00		8 17	2,40		10 27	1,75		9 48	1,40
Ven	15 7	6,30	Sam	14 26	5,95	Lun	16 25	6,45	Mar	15 54	6,75
	21 26	1,90		20 47	2,20		22 40	1,75		22 12	1,25
3	3 32	6,50	**18**	2 54	6,25	**3**	4 42	6,65	**18**	4 18	7,20
	9 56	1,75		9 15	1,95		11 6	1,55		10 38	0,90
Sam	15 56	6,50	Dim	15 21	6,35	Mar	17 1	6,60	Mer	16 42	7,20
	22 14	1,75		21 40	1,75		23 17	1,55	●	23 1	0,80
4	4 17	6,70	**19**	3 46	6,70	**4**	5 17	6,80	**19**	5 6	7,60
	10 41	1,60		10 7	1,45		11 40	1,45		11 26	0,50
Dim	16 39	6,65	Lun	16 11	6,75	Mer	17 34	6,70	Jeu	17 28	7,50
	22 56	1,60		22 30	1,35	○	23 50	1,50		23 48	0,50
5	4 57	6,85	**20**	4 35	7,15	**5**	5 49	6,90	**20**	5 51	7,85
	11 22	1,50		10 56	1,05		12 12	1,40		12 12	0,30
Lun	17 18	6,70	Mar	16 59	7,10	Jeu	18 5	6,75	Ven	18 13	7,65
	23 34	1,55	●	23 17	1,00						

Tidenkalender Bloc Marine Brest 2015.

Das französische Pendant zum Reeds nennt sich ***Bloc Marine*** und beinhaltet wie der *Reeds* Hafenbeschreibungen und -pläne, Leuchtfeuerverzeichnisse, Funk- und Wetterinformationsquellen und sehr umfangreiche Gezeiteninformationen. Wie im *Reeds* sind dies überwiegend Auszüge aus Veröffentlichungen des nationalen ozeanografischen Dienstes, der in Frankreich **SHOM** heißt (Service Hydrographique et Océanographique de la Marine). Darüber hinaus bietet der *Bloc Marine* auch noch Übersichts-Seekarten für Ansteuerungen und Ephemeriden für die Astronavigation. Und als Konkurrent zum *Reeds* wird er inhaltlich ähnlich zur französischen Ausgabe auch in englischer Sprache veröffentlicht. Zwar deckt er nur die französische Küste und einen Teil der nordspanischen Küste ab, doch mit dem großen Vorteil, sehr viele dicht beieinanderliegende Bezugsorte zu beschreiben. Der Navigator kann es sich darum in vielen Fällen sparen, Korrekturrechnungen für die Hoch- und Niedrigwasserzeiten und -tiefen von Anschlusshäfen durchzuführen. Für die Küste von Spanien und Portugal gibt es eine separate Ausgabe, allerdings nur in französischer Sprache. Die untenstehende Abbildung zeigt die Darstellung im *Bloc Marine*.

Die Tabellen sollen in einem Beispiel benutzt werden:
Gesucht wird die abendliche Niedrigwasserzeit und -höhe am 1. Februar 2015 in **Douarnenez**, südlich von Brest.

PORTS FRANÇAIS (suite) et ÉTRANGERS	PLEINES MERS				BASSES MERS			
	Correction heures		Correction hauteurs		Correction heures		Correction hauteurs	
	V.E.	M.E.	V.E.	M.E.	V.E.	M.E.	V.E.	M.E.
	h mn	h mn	m cm	m cm	h mn	h mn	m cm	m cm
Référence BREST	**4 50 16 50**	**10 40 22 40**	**6,95**	**5,40**	**11 00 23 00**	**4 45 16 45**	**1,05**	**2,60**
Ouessant (Lampaul)	+ 0 05	+ 0 05	- 0 05	- 0 05	- 0 05	+ 0 03	0 00	- 0 05
Molène	+ 0 12	+ 0 12	+ 0 35	+ 0 35	+ 0 17	+ 0 17	+ 0 10	+ 0 20
Le Conquet	0 00	- 0 05	- 0 15	- 0 10	+ 0 07	+ 0 07	- 0 05	- 0 05
Camaret-sur-Mer	- 0 10	- 0 10	- 0 30	- 0 25	- 0 13	- 0 13	- 0 05	- 0 10
Morgat	- 0 08	- 0 08	- 0 40	- 0 35	- 0 20	- 0 10	- 0 05	- 0 15
Douarnenez	- 0 15	- 0 10	- 0 55	- 0 45	- 0 18	- 0 08	- 0 10	- 0 25
Ile de Sein	- 0 05	- 0 05	- 0 75	- 0 55	- 0 10	- 0 05	- 0 10	- 0 20
Référence PORT-TUDY	**4 25 16 25**	**10 40 22 40**	**5,15**	**4,05**	**10 35 22 35**	**4 30 16 30**	**0,90**	**2,05**
Audierne	- 0 05	- 0 35	+ 0 10	+ 0 05	- 0 10	- 0 15	- 0 05	0 00
Penmarc'h	- 0 05	- 0 15	0 00	- 0 05	- 0 10	- 0 05	- 0 05	- 0 10
Loctudy	- 0 08	- 0 13	- 0 10	- 0 10	- 0 10	- 0 10	- 0 05	- 0 10
Bénodet	+ 0 05	0 00	+ 0 05	+ 0 05	+ 0 02	+ 0 02	0 00	+ 0 05
Concarneau	- 0 05	- 0 10	- 0 15	- 0 15	- 0 05	- 0 05	- 0 10	- 0 10
Port-Louis (Locmalo)	+ 0 04	+ 0 04	0 00	0 00	+ 0 03	+ 0 03	+ 0 05	0 00
Lorient	+ 0 03	+ 0 03	+ 0 00	+ 0 00	+ 0 05	+ 0 05	- 0 10	- 0 05
Port d'Etel	+ 0 15	+ 0 20	- 0 20	+ 0 05	+ 0 55	+ 0 25	+ 0 65	+ 0 15

Das abendliche Niedrigwasser (Basse Mer) in Brest tritt am 1.2.2015 um 21.59 Uhr ein mit 1,95 Meter Höhe.
Am 4.2. ist Vollmond, was bedeutet, dass der uns interessierende Zeitpunkt drei Tage früher liegt, somit herrscht Mittzeit. Es muss also zwischen den Angaben für Springzeit und Nippzeit gemittelt werden.
Die Zeitkorrekturen (corrections heures) für Douarnenez Basse Mer betragen bei Springzeit (vives eaux = VE) –18 Minuten und bei Nippzeit (mortes eaux = ME) –8 Minuten. Gemittelt sind das –13 Minuten.
Somit müssen von der Niedrigwasserzeit für Brest 13 Minuten abgezogen werden. Das Abend-Niedrigwasser in Douarnenez tritt also am 1.2.2015 um 21.46 Uhr ein.
Im Gegensatz zum *Reeds* sind die Zeitangaben im *Bloc Marine* auf Ortszeit bezogen, in diesem Fall MEZ (= UT + 1 h). Die Umstellung von Winterzeit auf Sommerzeit ist in den französischen Gezeitentabellen bereits enthalten.
Es folgt die Berechnung der Niedrigwasserhöhe (hauteur basse mer):
Der Wert für Brest beträgt 1,95 Meter. Die Korrektur für Douarnenez zur Springzeit (vives eaux = VE) beträgt –10 Zentimeter und zur Nippzeit (mortes eaux = ME) –25 Zentimeter. Interpoliert zur Mittzeit beträgt die Korrektur also etwa –18 Zentimeter.
Somit beträgt die Niedrigwasserhöhe am Abend des 1.2.2015 in Douarnenez etwa 1,77 Meter über Kartennull.
Doch auch hier noch einmal der kritische Hinweis auf eine **Scheingenauigkeit**: Unsere Interpolationen sind recht grob und erlauben uns nicht, auf Zentimeter und Minuten genau richtig zu rechnen. Außerdem kommen eventuell noch der Windeinfluss und der Einfluss des Luftdrucks (s. Kap. 1) auf den Wasserstand hinzu, was das Ergebnis weiter verfälscht.
Es soll nicht unerwähnt bleiben, dass es fast überall entlang der Küste in Tidengewässern in den meisten Schreibwarenläden und auch auf dem Tresen fast jedes Hafenbüros kleine kostenlose Heftchen mit Gezeitentabellen gibt.
In französischen Tidenkalendern stößt man allerdings auf eine Besonderheit, die weder in Deutschland noch in England bekannt ist: Neben den uns vertrauten Spalten für Datum, Uhrzeit und Wassertiefe für Hoch- und Niedrigwasser gibt es eine weitere Spalte mit Zahlen ohne Maßeinheiten. Es sind sogenannte Gezeitenkoeffizienten (Coefficients de marée), in den Tidenkalendern abgekürzt mit **Coef**.
In Deutschland kennt man nur die Begriffe Springzeit, Mittzeit und Nippzeit, um die Ausprägung des Tidenhubs auszudrücken. Zwar benutzen auch Franzosen diese Begriffe, aber sie haben zusätzlich ein numerisches System entwickelt, um feiner differenzieren zu können: die Gezeiten-

Date		Pleine Mer (Hochwasser)			
		Matin (Morgen)	Hauteur (Höhe)	COEF	Soir (Abend)
1	S	06:28	5.00	**99**	18:46
2	D	07:11	5.05	**105**	19:30
3	L	07:53	5.05	**106**	20:14
4	M	08:34	4.90	**101**	20:59
5	M	09:17	4.70	**92**	21:45
6	J	10:03	4.45	**79**	22:39
7	V	11:04	4.15	**65**	23:59
8	S	13:00	4.00	**54**	--:--
9	D	01:33	4.05	**51**	14:21
10	L	02:47	4.05	**51**	15:24
11	M	03:47	4.20	**57**	16:13
12	M	04:34	4.30	**66**	16:52
13	J	05:11	4.45	**75**	17:26
14	V	05:45	4.60	**81**	17:57

Koeffizienten in französischen Tidenkalendern.

koeffizienten. Dabei handelt es sich um Zahlen zwischen 0 und 120 ohne Maßeinheit, deren Größe eine Aussage darüber macht, wie der aktuelle Tidenhub relativ zum theoretischen Maximum eingestuft wird. Der Coef. mit dem Wert 0 würde bedeuten, dass es gar keinen Tidenhub gibt, was in der Realität nicht vorkommt. Ein Coef. von 120 besagt, dass eine astronomische Situation zwischen Sonne, Erde und Mond gegeben ist, bei der sich die Gravitationskräfte und die Fliehkräfte zu ihrem absoluten Maximum addieren. Dies ist zur Tagundnachtgleiche (Äquinoktialtiden, Sonne, Mond und Erde auf einer Linie) annähernd gegeben. Aber nur annähernd, denn die perfekte Geradlinigkeit tritt praktisch nicht auf.

Schaut man sich die Gezeitenkoeffizienten im März/April und im September/Oktober an, so findet man tatsächlich Zahlen um die 117–118, sehr selten – etwa einmal im Jahrhundert – auch 119.

Der nicht-französische Segler fragt sich, wozu diese Koeffizienten denn nun gut sind ...

Nun, zuerst einmal ermöglichen sie eine feiner differenzierende, also präzisere Art zwischen Springzeit und Nippzeit zu unterscheiden. So wie die Bewohner Nordnorwegens mit einem guten Dutzend von Wörtern die Varianten ihres Schnees beschreiben, so gibt es unter französischen Seglern bei bis zu 13 Meter Tidenhub 120 Möglichkeiten, den Tidenhub zu beschreiben. Dies hat den Vorteil, dass vor Interpolationsrechnungen zwischen

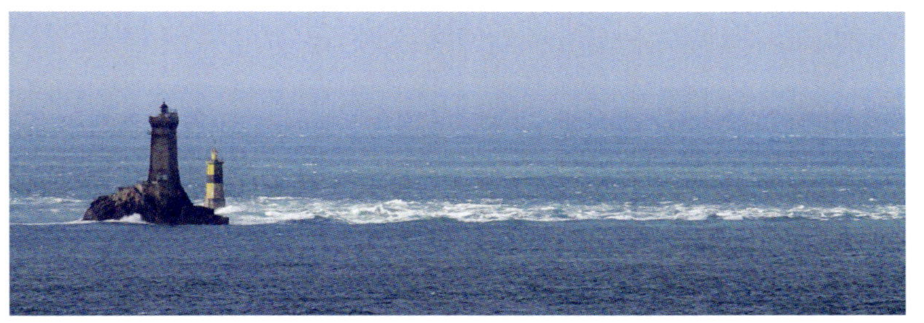

Leuchtturm im Gezeitenstrom.

Bezugsorten und Anschlussorten nicht lange im Kalender gesucht werden muss, ob noch Mittzeit oder schon Springzeit ist. Der »Coef.« sagt es klar an jedem Tag des Jahres. Ein mittlerer Nipptidenhub entspricht dem Coef. 45, während ein mittlerer Springtidenhub dem Coef. 95 zugeordnet ist. Darüber hinaus ermöglichen die Tidenkoeffizienten schnelle Kopfrechnungen, um den Tidenhub zu berechnen, sofern man als Einheimischer gute Ortskenntnisse hat und den maximalen Tidenhub kennt.

2.4 Strömungskarten und -tabellen

Ebbe und Flut werden zwar durch eine senkrechte Veränderung des Meeresspiegels erkennbar, doch ist dies durch waagerechte Bewegungen der Wassermassen, die Gezeitenströme, verursacht. Die Richtung und Stärke des Gezeitenstroms unterliegt erheblichen Veränderungen in Abhängigkeit von der Küstenformation, vom Meeresboden, von der Wassertiefe und von der Mondphase. Bei schlechter Sicht kann ein Segler schon auf einem nur wenige Seemeilen langen Schlag sein Ziel verfehlen, wenn er den Einfluss des Tidenstroms auf den Kurs des Schiffes vernachlässigt. Doch woher holt er sich die Informationen über Richtung und Stärke des Tidenstroms?

In Deutschland gibt das BSH drei sogenannte *Stromatlanten* heraus:

- *Der küstennahe Gezeitenstrom in der Deutschen Bucht*
- *Atlas der Gezeitenströme für die Nordsee, den Kanal und die britischen Gewässer*
- *Atlas der Gezeitenströme in der Deutschen Bucht*

Alle drei Veröffentlichungen beschreiben auf jeweils zwölf Karten, stündlich geordnet von sechs Stunden vor Hochwasser bis sechs Stunden nach Hochwasser, die Richtung und Stärke des Gezeitenstroms in Pfeildiagrammen, differenziert nach Springzeit und Nippzeit. Dabei hat jeder

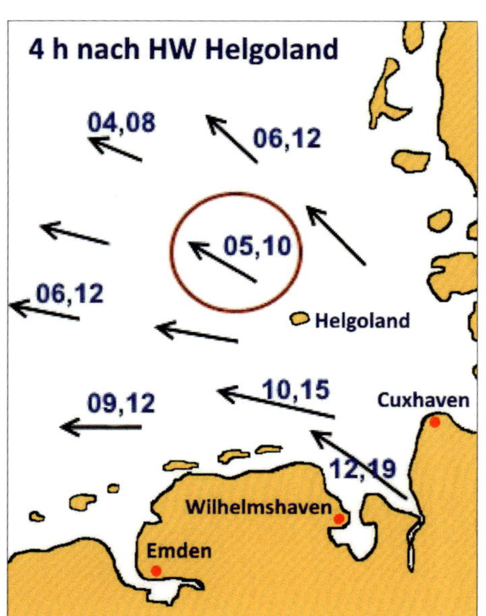

Strömungskarte Deutsche Bucht.

Stromatlas seinen eigenen Bezugsort. Beispielsweise in der Deutschen Bucht ist es Helgoland.
Die Abbildung zeigt beispielhaft vereinfacht eine Karte der Deutschen Bucht mit Strömungsangaben zum Zeitpunkt vier Stunden nach HW Helgoland. Die Richtungen der Pfeile sind bewusst nicht mit Gradzahlen versehen, denn dies würde eine Genauigkeit suggerieren, die in der Realität nicht gegeben ist. Der Navigator kann die Richtung der Strömung auf der Karte grob mit dem Geodreieck ermitteln, ohne jedoch zu hohe Genauigkeit anzustreben. 5 bis 10° Abweichung sind durchaus akzeptabel, denn der real auf See vorgefundene Gezeitenstrom wird mit hoher Wahrscheinlichkeit unter Windeinfluss etwas von der Karteneintragung abweichen.
Die in der Karte rot markierte Eintragung 05,10 ist folgendermaßen zu lesen: Das Komma ist kein Komma, sondern eine Trennmarkierung zwischen der Strömungsgeschwindigkeit bei Nippzeit mit 0,5 Knoten (linke Hälfte) und 1,0 Knoten bei Springzeit (zweite Hälfte). Die Zahlen sind also als Zehntelknoten zu verstehen.
Die British Admiralty (BA) gibt ähnlich wie das BSH eine umfangreiche Sammlung sehr gut lesbarer Strömungsatlanten für die britischen Gewässer heraus. Die Darstellung ist mit der des BSH vergleichbar. Die Karten der BA sind meist auf das HW von Dover bezogen.
Die nebenstehende Abbildung zeigt das Beispiel einer Strömungssituation im Ärmelkanal zwischen der Ile of Wight und Cherbourg etwa drei Stunden vor HW Dover. Die rot gekennzeichnete Angabe 24,41 ist zu lesen als 2,4 Knoten Strom zur Nippzeit und 4,1 Knoten zur Springzeit. Das Komma in der englischen Darstellung ist also wie in deutschen Strömungskarten kein Komma, sondern ein Trennstrich und die Zahlen sind Zehntelknoten.
Alle für das Segeln in Westeuropa notwendigen Strömungskarten findet man im *Reeds* als Auszüge der Karten der British Admiralty. Leider jedoch sehr stark verkleinert, sodass die Anschaffung der Originalkarten der BA

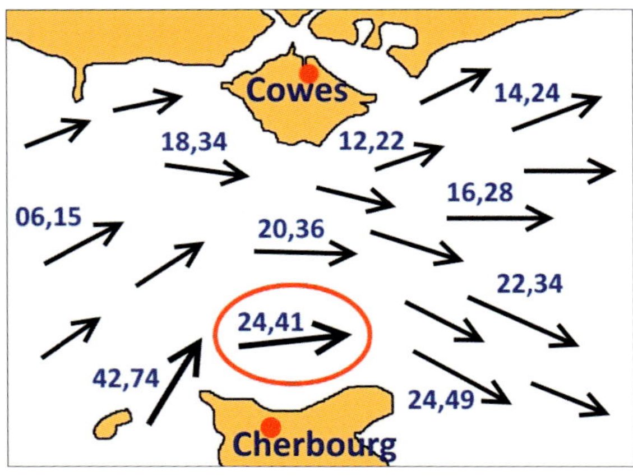

Beispielhafte Darstellung einer Strömungskarte vom Ärmelkanal, 3 h vor HW Dover.

oder vom BSH empfehlenswert ist. Gleiches gilt in Frankreich für die Strömungskarten im *Bloc Marine*, die als Auszüge aus den Veröffentlichungen des SHOM sehr klein abgedruckt sind. Die besser lesbaren Originalkarten findet man unterwegs in größeren Häfen bei Yachtausrüstern.

Ein Hinweis ist allerdings wichtig in Bezug auf die französischen Strömungskarten. Wir schauen uns einen Ausschnitt aus einer Karte des SHOM an:

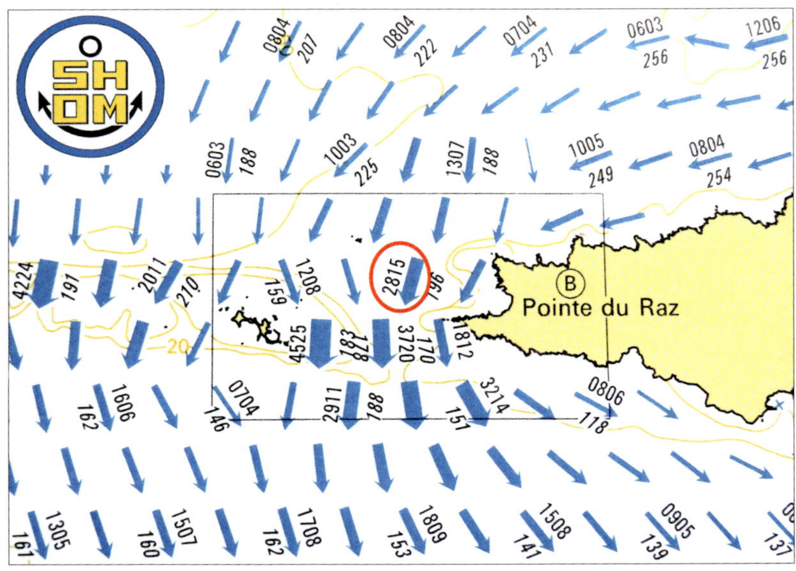

Strömungskarte SHOM Pointe du Raz.

Im Vergleich zu deutschen und englischen Strömungskarten fällt auf, dass an den Pfeilen eine 4-stellige Zahl steht, ohne Komma, ohne Trennung. Am rot gekennzeichneten Pfeil findet man die Eintragung 2815. Dies ist folgendermaßen zu lesen: Die Zahl ist aufzuteilen in ihre ersten zwei Ziffern (28) und letzten zwei Ziffern (15). Die ersten beiden Ziffern beschreiben in Zehntelknoten die Stärke des Stroms bei Springzeit, in diesem Fall also 2,8 Knoten. Die letzten beiden Ziffern beschreiben die Stromstärke bei Nippzeit ebenfalls in Zehntelknoten, somit hier 1,5 Knoten. Achtung: Das Lesen der Beschriftungen der Strömungspfeile in französischen Strömungsatlanten ist also genau andersherum als bei deutschen und englischen Strömungskarten.

Strömungsinformationen aus der Seekarte, ohne Strömungsatlas

Nicht immer hat der Segler die dem Segelrevier optimal angepassten Strömungsatlanten an Bord. Insbesondere nicht, wenn er auf Langfahrt ist und das Seegebiet nur einmal durchfährt. Oder die Planung wurde geändert und für die neu ausgewählte Route ist kein Strömungsatlas an Bord. Keine Sorge! Es gibt eine Lösung, vorausgesetzt es sind die passenden Seekarten in Papierform an Bord (was ja eigentlich trotz moderner Navigationssoftware selbstverständlich sein sollte).
Auf den meisten Seekarten, egal ob deutsch, englisch oder französisch, gibt es irgendwo am Kartenrand eine Tabelle mit magentafarben um-

	A	48° 21,2′ N 4° 32,6′ W	B	48° 20,6′ N 4° 32,4′ W	C	48° 19,9′ N 4° 31,5′ W	D
-6	268	1,1 0,5	063	1,2 0,9	166	0,2 0,2	344
-5	085	1,6 0,6	073	2,1 1,2	177	0,7 0,4	083
-4	076	2,5 1,3	075	2,5 1,3	286	0,4 0,3	077
-3	071	3,0 1,4	077	2,6 1,3	347	0,6 0,2	077
-2	069	2,9 1,2	078	2,3 1,0	001	0,6 0,3	077
-1	063	1,9 0,9	080	1,5 0,5	000	0,8 0,5	078
0	030	0,5 0,3	253	0,0 0,2	359	1,1 0,6	046
+1	262	1,9 0,8	212	0,6 0,5	351	1,4 0,7	312
+2	265	3,8 1,7	045	0,9 0,5	347	1,3 0,7	303
+3	265	3,9 1,9	082	0,4 0,6	337	1,1	
+4	262	3,5 1,7	082	0,3 0,3	332	0,7	
+5	260	2,7 1,4	074	0,3 0,2	322	0,5	
+6	266	1,9 1,0	062	0,7 0,5	339	0,1	

Strömungstabelle aus Seekarte (SHOM).

randeten Rhomben und einem Großbuchstaben darin. An nebenstehender Abbildung soll ein Beispiel erklärt werden:

Neben den Rhomben (s. Abbildung) sind Koordinaten aufgeführt. Dies sind Positionen auf der Seekarte, die in Bezug auf den Tidenstrom navigatorisch von besonderer Bedeutung sind. Man findet also nicht über das gesamte auf der Seekarte dargestellte Gebiet Strömungsinformationen. Meist liegen die mit Rhomben markierten Positionen in Passagen zwischen Inseln, in Flussmündungen oder vor herausragenden Kaps, selten im freien Wasser, wo ohnehin nicht mit besonders starker Strömung zu rechnen ist.

Angenommen der Kurs führt auf der Karte durch ein Seegebiet, das nahe an der Position A liegt, und der Skipper benötigt Informationen über die Strömungssituation fünf Stunden vor Hochwasser. Links von A findet man senkrecht angeordnet die Zahlen −6 / −5 / −4 / −3 / −2 / −1 / 0 / +1 / +2 / +3 / +4 / +5 / +6, womit die Stunden vor und nach HW gemeint sind. Neben dieser Spalte findet man eine Spalte mit dreistelligen Zahlen. Sie nennt die Strömungsrichtung in Grad, jeweils der Zeit relativ zum HW zugeordnet. Die beiden Spalten rechts daneben geben die Stärke des Tidenstroms, links zur Springzeit und rechts zur Nippzeit an.

Für die Position A findet man also – weiß markiert – fünf Stunden vor HW zur Springzeit einen Gezeitenstrom von 1,6 Knoten, der in Richtung 85° setzt. Zur Nippzeit am gleichen Ort zur gleichen Stunde herrscht dort ein Strom von 0,6 Knoten.

Das zweite Beispiel bezieht sich auf die Position C: Eine Stunde nach HW setzt dort bei Springzeit ein Tidenstrom von 1,4 Knoten nach 351°, während er bei Nippzeit nur 0,7 Knoten beträgt.

Für ein Datum zur Mittzeit sind die Werte zu interpolieren. In der konkreten Situation an Bord kann es allerdings vorkommen, dass sich der Segler darüber wundert, dass der reale Strom vielleicht 30 % stärker ist als der aus der Tabelle entnommene, theoretische Strom. Wie ist das möglich? Nun, es wurde ja bereits oben beschrieben, dass die Ausprägung der Springzeit keineswegs immer gleich ist, da sich die Abstände zwischen Erde, Sonne und Mond wegen der elliptischen Form der Bahnen im Laufe des Jahres erheblich ändern. Zwischen Äquinoktialtiden und sommerlichen, nur schwach ausgeprägten Springtiden können der Tidenhub und damit auch die Strömung durchaus um 30 % variieren. Die in den hier beschriebenen Tabellen und Strömungskarten angegebenen Werte sind jeweils Mittelwerte zur Mittleren Springzeit und Mittleren Nippzeit.

2.5 Tidennavigationshilfen in der Natur

Dem Leser wird nicht entgangen sein, dass ich gewisse Vorbehalte gegenüber einem blinden Vertrauen auf moderne elektronische Hilfsmittel in der Navigation habe. Dies gilt insbesondere für Kombigeräte wie Kartenplotter, die heutzutage gleichzeitig Seekartenmonitor, GPS, Kursrechner, Radar, Fishfinder, Wetterdaten-Monitor, AIS-Display und Gezeiten-Informationsquelle sind. Dass diese Geräte platzsparend und in gewisser Hinsicht »praktisch« sind, soll nicht bestritten werden. Zumal auf modernen Yachten der Kartentisch kaum noch seinen Namen verdient. Hingegen muss infrage gestellt werden, ob der kanalisierte Informationsfluss von derartig vielen navigatorisch wichtigen Daten über nur einen einzigen Monitor seemännisch verantwortbar ist. Bei Ausfall des Displays geht gar nichts mehr, wenn man nicht spontan mit Karte, Tabelle und anderen »altmodischen« Hilfsmitteln die Situation beherrscht ... Darüber hinaus könnten wir uns als Segler auch fragen, ob es nicht lohnend ist, sich einer gewissen »handwerklichen« Segeltradition verbunden zu fühlen. Warum gehen wir eigentlich segeln?

Gerade hinsichtlich der Gezeitennavigation können wir bewusst wahrnehmen, wie viele Informationen uns die Natur zur Verfügung stellt. Ohne einen Blick auf ein Display, ohne ein Buch, ohne Tabellen können in der Tat zahlreiche, für die Navigation hilfreiche Beobachtungen in unserer un-

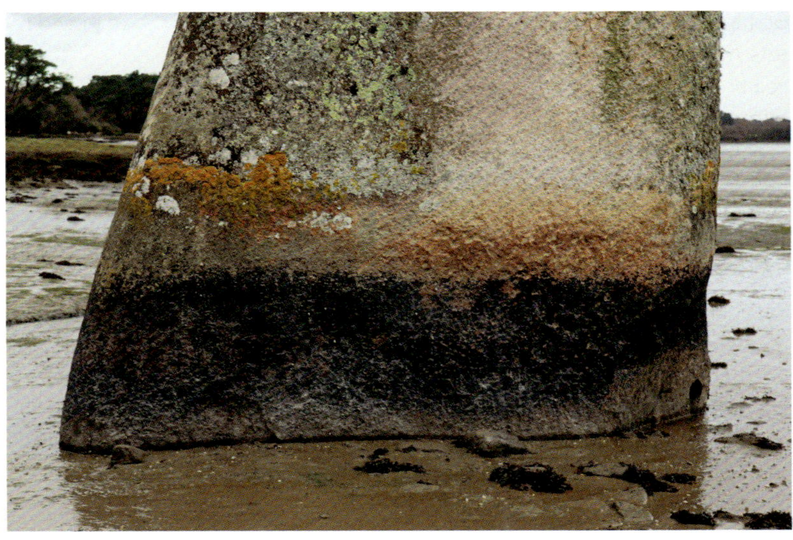

Menhir mit HW-Linien als Bewuchs.

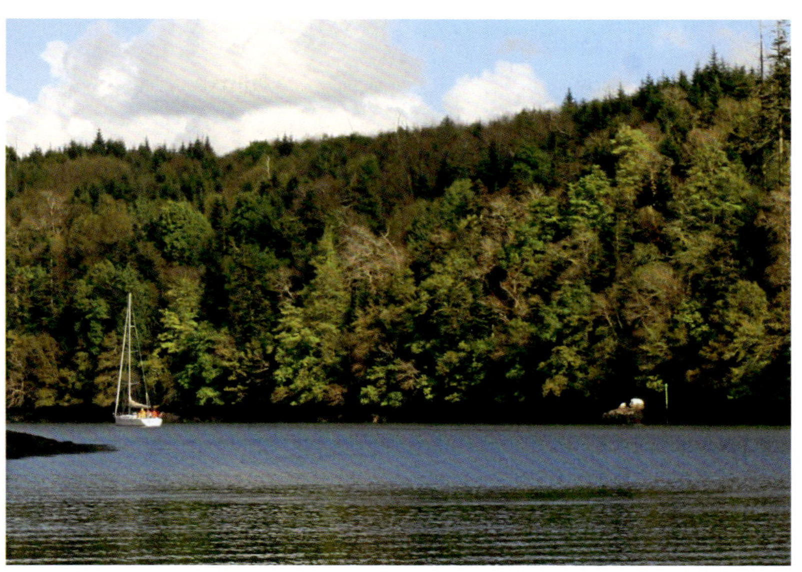

Bäume zeigen Hochwassergrenze im Fluss.

mittelbaren Umgebung gemacht werden. Diese natürlichen Informationsquellen kombiniert mit den technischen Hilfsmitteln an Bord sind sicherlich eine Bereicherung für das Segelerlebnis.

Schon im Hafen ein Blick zur Hafenmauer oder vor Anker zum Ufer gibt uns Auskunft über den Tidenstand. Algen und Muscheln wachsen im Bereich des wechselnden Wasserstandes keineswegs gleichmäßig. Bestimmte Algenarten wachsen nur im Übergangsbereich zwischen Wasseroberfläche und festem Land. Dieser Übergangsbereich ist die Linie des mittleren Hochwasserstandes. Und dort wo keine Algen wachsen, gibt es häufig gelbliche Flechten, die direkt oberhalb der Linie des höchsten Wasserstandes am besten gedeihen und eine etwas diffuse, waagerechte Wachstumsgrenze erkennen lassen.

Selbst niedrig hängende Äste von Bäumen am Ufer sagen etwas über den höchsten Wasserstand zur Springzeit aus. Sie wachsen nicht niedriger als der höchste Wasserstand. Zum Niedrigwasser, sofern man denn wartet, bis das Wasser nicht mehr fällt, kann man so einen Schätzwert über den mittleren Tidenhub aus der Uferzone ablesen.

Nun sagt ein momentaner Wasserstand noch nichts aus über die Frage, ob das Wasser abfließt oder steigt. Bei anhaltend trockenem Wetter lässt sich allerdings am Ufer ablesen, ob gerade Ebbe oder Flut herrscht, denn bei fallendem Wasser bleibt die Uferzone eine Zeit lang oberhalb der Was-

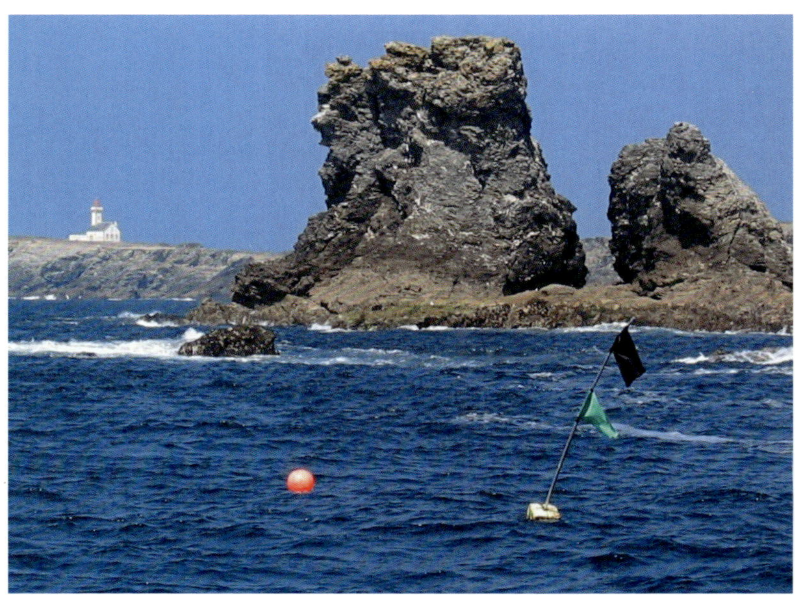

Mit Boje und Fahne markiertes Fischereigeschirr im Tidenstrom.

seroberfläche feuchter als der Rest des Landes. Dies funktioniert natürlich nur bei ruhiger Wasseroberfläche ohne Wellenschlag.

Darüber hinaus reicht manchmal ein Blick in den Himmel, um zu sehen, ob gerade Ebbe oder Flut herrscht. Sofern der Mond – egal ob bei Tageslicht oder in der Nacht – zu sehen ist, lässt sich aus seiner Stellung folgern, in welche Richtung das Wasser gerade angezogen wird. Etwas vergröbernd kann man daraus eine Vermutung ableiten im Hinblick auf die Veränderung des Wasserstandes. Dazu muss allerdings berücksichtigt werden, dass sich die Erde – auf den Nordpol geschaut – gegen den Uhrzeigersinn dreht. Steht der Mond eher östlich am Himmel, so befinden wir uns am Beobachtungsort in der Phase der Flut. Bei eher westlicher Stellung befinden wir uns in der Ebb-Phase.

Einen zuverlässigen Schluss auf den Tidenstrom kann der Segler aus Beobachtungen an Fahrwasser- und Untiefentonnen ziehen (s. Foto Kap. 1.5). Ein Tidenstrom von etwa einem Knoten und mehr ist auch bei bewegter See deutlich am Wellenbild in unmittelbarer Umgebung von Tonnen zu sehen. Auf der Strömungsleeseite bilden sich Strömungswirbel, die im fließenden Wasser eine Spur ziehen (s. Foto). Bei stärkerem Strom ist dieser »Wirbelschwanz« sogar geeignet, mit dem Peilkompass eine grobe Aussage über die Richtung des Stroms zu machen. Mit etwas Erfahrung

lässt sich aus der Ausprägung dieser Verwirbelungen sogar in gewissen Grenzen auf die Stärke des Stroms schließen.
Noch genauer ist eine solche Aussage möglich an Bojen von Fischern auf See im Küstenbereich.
Viele Fischer kennzeichnen Anfang und Ende eines Fanggeschirrs am Meeresboden nicht nur mit einfachen Bojen an der Oberfläche, sondern sie setzen kleine Flaggenstöcke, an denen zusätzlich eine kleine Boje an einer kurzen Leine befestigt ist. Der Flaggenstock hat die Verbindung zum Netz, während die Boje sich frei in der Strömung ausrichten kann.
Somit ist die Richtung vom Flaggenstock zur Boje ein sicherer und peilbarer Hinweis auf die Richtung des Gezeitenstroms. Interessant wird dann in einer solchen Situation der Vergleich mit der Angabe im Stromatlas. Verwundert nimmt der Segler oftmals zur Kenntnis, dass die real festgestellte Stromrichtung um 10 oder 20°, manchmal sogar bis zu 30° von der Karteneintragung abweicht. Die Erklärung dafür ergibt sich häufig aus dem Einfluss des Windes auf die Meeresströmung an der Wasseroberfläche. Ferner ist zu berücksichtigen, dass die Eintragungen im Stromatlas Mittelwerte sind, während der reale Strom sich meist etwas mäandernd bewegt. Für den Navigator ist es jedenfalls wichtig zu wissen, dass er sich nicht blauäugig auf die Eintragungen auf den Strömungskarten bei der Beschickung seines Kurses verlassen kann. Er sollte jede Möglichkeit nutzen, die auf Strömungskarten beruhende Kurskorrektur im Gezeitenstrom durch Beobachtungen in der Realität, z. B. mittels selbst gewählter Deckpeilungen, zu überprüfen und gegebenenfalls zu verbessern. Mehr dazu im Kapitel 4.

3. Vier Methoden zur Bestimmung der Gezeiten

Die zwei Grundaufgaben der Gezeitenrechnung

Bisher wurden nur die Bestimmung der Hoch- und Niedrigwasserzeiten und die Berechnung der Hoch- und Niedrigwasserhöhen beschrieben. Dies sind jedoch Sonderfälle im Tidenverlauf. In der Praxis kommt es viel häufiger vor, dass die Höhe der Gezeit HG (= Tidenstand) zu einem konkreten Zeitpunkt bestimmt werden soll oder die Uhrzeit gesucht ist, zu der eine bestimmte, erwünschte Wassertiefe gegeben ist.

Die beiden Grundfragen lauten:

- **Welche Wassertiefe herrscht zu einer vorgegebenen Uhrzeit?**
- **Zu welcher Uhrzeit hat die Wassertiefe einen bestimmten Wert?**

Im Folgenden werden vier verschiedene Methoden vorgestellt, mit denen beide Gezeitenaufgaben gelöst werden können.

- Tidenbestimmung mittels BSH-Gezeitentafeln
- Tidenbestimmung mittels Diagrammen nach ATT
- Berechnungen per Formel mit dem Taschenrechner
- Zwölftelregel

3.1 Tidenbestimmung mittels BSH-Gezeitentafeln

Das für die meisten Segler vermutlich einfachste Verfahren zur Lösung der beiden Gezeitenaufgaben beruht auf direkter Ablesung an Tidenkurven. In den Gezeitentafeln des BSH finden sich zahlreiche Tidenkurven, für jeden Ort differenziert nach Springzeit und Nippzeit, die ausreichend groß mit einem Hintergrundraster dargestellt sind, sodass eine grafische Interpolation zu jedem Tag einer beliebigen Mondphase möglich ist. Vorausgesetzt, es liegt dem Navigator die für sein Segelrevier passende Tidenkurve vor, was nicht immer der Fall ist.

Folgendes Beispiel soll das Verfahren veranschaulichen:

Wassertiefe zu bestimmter Uhrzeit

Die Zeichnung stellt den Verlauf der Tide im Solent/Südengland zur Springzeit (braun) und zur Nippzeit (blau) dar. Für eine Tidenbestim-

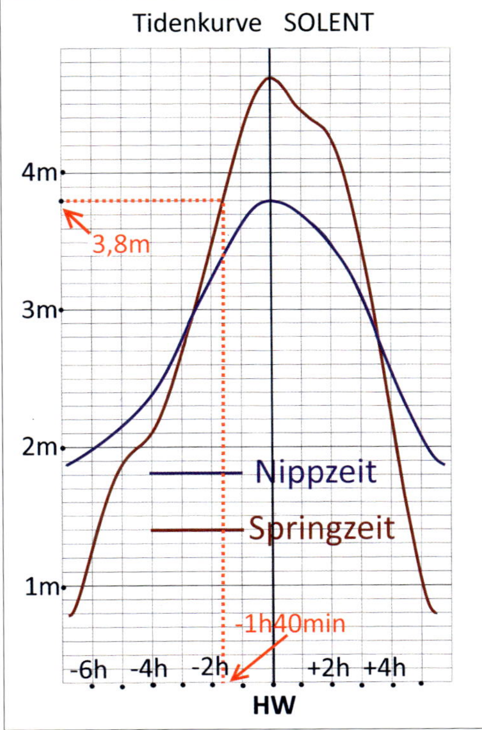

mung an einem Tag zur Springzeit oder zur Nippzeit ist das Ablesen recht einfach: Angenommen es soll die Wassertiefe (über Kartennull!) für die Zeit 1 h 40 min vor HW zur Springzeit ermittelt werden. Die Zeitskala am unteren Rand ist dezimal, sodass die Zeit von 1 h 40 min dezimal umgerechnet werden muss: 1 h 40 min = 1,666 h. Wir gehen mit dem Schätzwert von 1,7 h auf die Zeitachse links vom HW und ziehen senkrecht eine Hilfslinie nach oben bis zum Schnittpunkt mit der Tidenkurve für Springzeit. Nun kann waagerecht nach links gezogen die zugehörige Wassertiefe abgelesen werden: 3,8 m.

Entsprechend einfach ist es, direkt an der Kurve zur Nippzeit abzulesen. Etwas schwieriger wird es zur Mittzeit. Für diesen Fall muss man grafisch interpolierend selbst eine Kurve zwischen die Springzeitkurve und die Nippzeitkurve zeichnen. Dazu wird optisch abschätzend eine Hilfs-Tidenkurve zwischen die Springzeitkurve und die Nippzeitkurve gezeichnet. Liegt das zu behandelnde Datum genau in der Mitte zwischen Springzeit und Nippzeit, so liegt auch die Hilfskurve in der Mitte, wie in nebenstehender Zeichnung erkennbar. Liegt das Datum hingegen beispielsweise nur ein Drittel vom Tag der maximalen Springzeit entfernt, so muss auch die Hilfskurve in Abständen von einem Drittel zur Springzeitkurve und zwei Drittel zur Nippzeitkurve gezeichnet werden.

Die nebenstehende Zeichnung zeigt als Beispiel die Mittelwertkurve für den 7.10.2016. Am 3.10. ist nach Gezeitenkalender Springzeitmitte, am 11.10. herrscht Nippzeitmitte. Somit liegt der 7.10. in der Mitte zwischen den beiden Daten, was bedeutet, dass auch die Hilfskurve als Mittzeitkurve

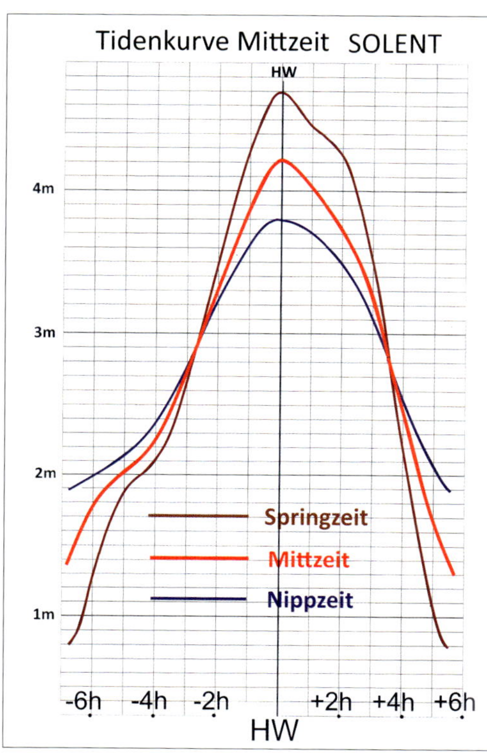

(rot) genau zwischen die gegebenen Kurven eingezeichnet werden muss. Das Verfahren des Ablesens von Wassertiefe oder Uhrzeit mittels senkrechter und waagerechter Hilfslinien erfolgt wie im Beispiel oben.

Ein kleiner Tipp: Es ist nicht sehr zweckmäßig, die interpolierte Zwischenkurve direkt in das Originaldiagramm der Gezeitentafel einzuzeichnen, denn für den weiteren Gebrauch des Diagramms muss natürlich dann die zuletzt gezeichnete Mittelwertkurve ausradiert werden. Im Laufe einiger aufeinanderfolgender Zeichnungen wird das Blatt so schnell unleserlich. Es ist somit sinnvoll, diejenigen Tidenkurven aus den Gezeitentafeln herauszukopieren, von denen der Skipper annimmt, dass er sie mehrfach benötigen wird. So kann er beliebig oft dasselbe Diagramm benutzen.

Das beschriebene Verfahren zum Ablesen des Wasserstandes an der Tidenkurve hat allerdings den Nachteil, dass dem Segler in der Bordpraxis nicht immer die Tidenkurve für einen Hafen in der Nähe der eigenen Schiffsposition zur Verfügung steht. Auf Langfahrt wird der Navigator nicht alle national veröffentlichten Gezeitenunterlagen an Bord haben können. Für den Bereich Westeuropa hingegen ist das Verfahren gut geeignet, solange man die BSH-*Gezeitentafeln* an Bord hat. Nicht zu vergessen ist dabei aber, dass sich beim Zeichnen der Hilfskurve, durch das abgeschätzte Ablesen von Zeiten und Wasserständen und durch die Korrekturen zwischen Bezugs- und Anschlussorten Ungenauigkeiten einschleichen, die immer am Ende einen Sicherheitszuschlag beim Ergebnis erfordern.

3.2 Tidenbestimmung mit Diagrammen nach der Methode der ATT

Ein anderes grafisches Lösungsverfahren zur Tidenbestimmung, das bestechend einfach zu handhaben ist, findet sich in den Tidentafeln der British Admiralty, den sogenannten *Admiralty Tide Tables*, kurz *ATT*. Es erfordert allerdings das Vorliegen der Tidenkurve des Bezugsortes. Sofern man die Originalveröffentlichungen der British Admiralty oder wenigstens die wichtigsten Auszüge in Form des *Reeds* an Bord hat, ist dies kein Problem, denn darin sind die Tidenkurven aller wichtigen Häfen zwischen Skagen und Gibraltar abgedruckt.

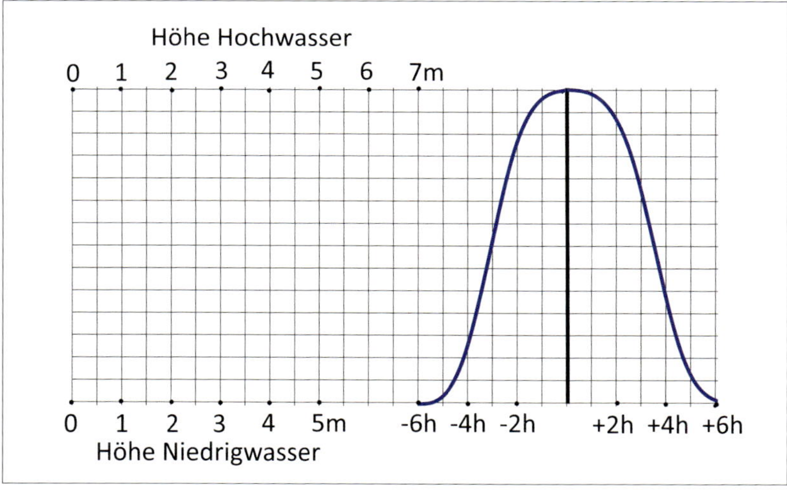

Tidenkurve.

Bestimmung der Höhe der Gezeit zu einer bestimmten Uhrzeit

Die obenstehende Abbildung zeigt eine Tidenkurve in einem Raster, wie sie in englischen nautischen Veröffentlichungen für zahlreiche Häfen zu finden ist und wie sie für die *ATT*-Methode benutzt wird. In den Original-ATT Unterlagen werden zwei Kurven dargestellt, eine für Springzeit und eine für Nippzeit. Zum besseren Verständnis beschränken wir uns auf eine der beiden. Wichtig sind die Skalen in der linken Hälfte am unteren Rand für das NW und am oberen Rand für das HW.

Als Beispiel wollen wir die Höhe der Gezeit an einem Ort, für den eine Tidenkurve vorliegt, hier Hafen XY genannt, am 17. Juli 2015 um 10.00 Uhr bestimmen.

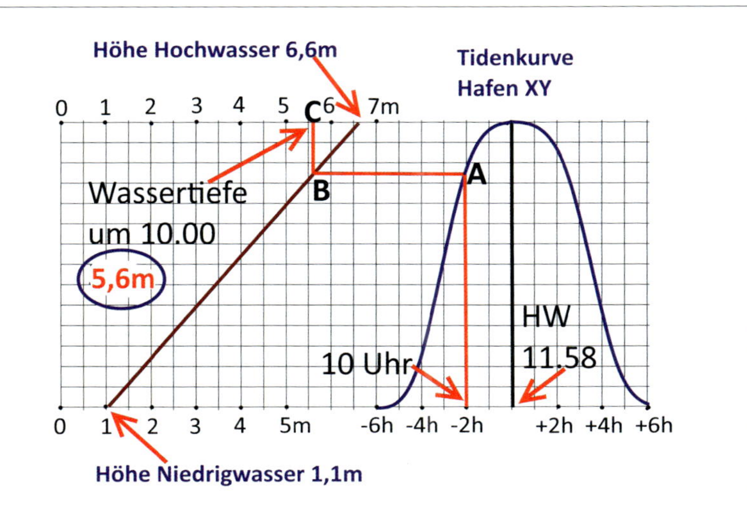

Beispiel zur Wasserstandsablesung an der Tidenkurve nach der ATT-Methode.

Aus einem Tidenkalender werden die Zeiten und Höhen für HW und NW am 17. Juli für den Hafen XY abgelesen: NW um 07.12 Uhr mit 1,1 Meter Höhe und HW um 11.58 Uhr mit 6,6 Meter Höhe.
In das Diagramm wird nun links unten die NW-Höhe (1,1 Meter) eingetragen und links oben genauso die HW-Höhe (6,6 Meter). Wir verbinden die beiden Markierungen durch eine Diagonale (braun), die links unten bei der NW-Höhe beginnt und am oberen Rand bei der HW-Höhe endet.
In einem zweiten Schritt wird nun unter der Tidenkurve eine Senkrechte (rot) gezogen, die durch die gewählte Uhrzeit (10.00 Uhr) geht. Man mache sich klar, dass die Senkrechte durch das HW (graue Senkrechte) der Zeit 11.58 Uhr entspricht. Unsere rote Senkrechte, die knapp zwei Stunden links von der grauen HW-Senkrechten gezogen wird, schneidet die Tidenkurve an einem Punkt, den wir A nennen. Von A wird nun eine Waagerechte nach links auf die Tidendiagonale (braun) gezogen. Es entsteht der Punkt B. Von B gehen wir wieder senkrecht hoch auf die Skala der HW-Höhen links oben und lesen das Ergebnis im Punkt C ab. In unserem Fall etwa 5,6 Meter.

Bestimmung der Uhrzeit, zu der eine bestimmte Wassertiefe gegeben ist

Das hier beschriebene Verfahren zur Bestimmung der Wassertiefe kann natürlich auch in seinem Ablauf umgedreht werden, sodass es benutzbar wird zur Bestimmung der Uhrzeit, zu der eine bestimmte Wassertiefe gegeben ist. Statt in der Reihenfolge der Punkte A, B, C zu verfahren, bestimmt man zuerst den Punkt C (gewünschte Höhe der Gezeit HG), zeichnet dann die Senkrechte nach unten, um den Schnittpunkt B mit der Tidenkurve zu erhalten, und geht von B wieder senkrecht hinunter auf die Zeitskala, wo die Zeitdifferenz zur Hochwasserzeit abgelesen werden kann.

Natürlich können bei diesem Verfahren Ungenauigkeiten entstehen, durch nicht präzises Zeichnen oder Ablesen an den Skalen. Die Hilfslinien in unserer Abbildung wurden etwas dicker gezeichnet. Zu breit für genaues Ablesen. In der Praxis benutzt man sinnvollerweise eine Abbildung aus den ATT, deren Linien so fein gezeichnet sind, dass ausreichend genaues Zeichnen und Ablesen möglich ist. Mit etwas Übung schafft man es, den Ablesefehler kleiner zu halten als den Interpolationsfehler, den man unweigerlich macht beim Korrigieren der Werte für den Anschlussort.

Der große Vorteil der hier vorgestellten beiden grafischen Verfahren (BSH und ATT) besteht darin, dass sie sich auch dann anwenden lassen, wenn die Wasserstandsänderungen am Standort der Yacht nicht sinusförmig, also unregelmäßig verlaufen. In Häfen an Flussmündungen oder in Trichtern wie Cuxhaven, Vlissingen, Den Helder (s. untenstehende Zeichnung) oder Southampton sind die Abweichungen von der Sinuskurve derartig ausgeprägt, dass die beiden Rechenmethoden, die im Folgenden beschrieben werden, nicht anwendbar sind. Was der Segler dann in der Praxis tun kann, wird an konkreten Beispielen in Kapitel 4 geklärt.

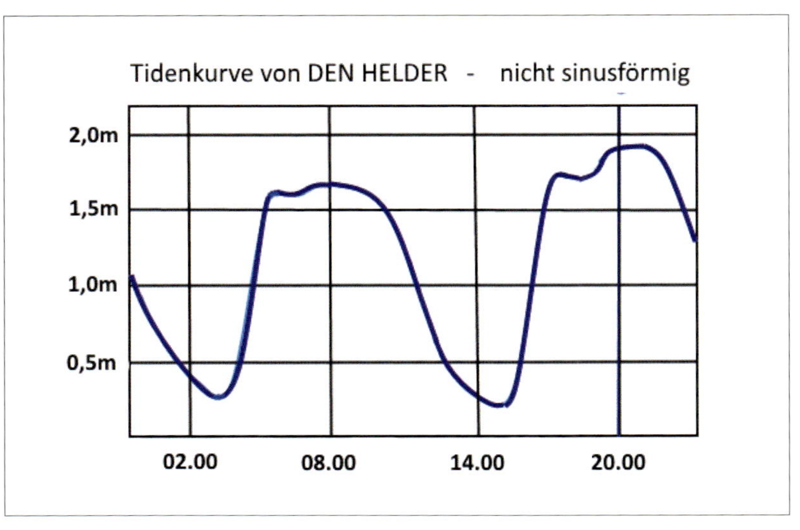

3.3 Berechnungen per Formel mit dem Taschenrechner

Leser, die mit der Mathematik auf Kriegsfuß stehen, können bedenkenlos dieses Unterkapitel überspringen, ohne das weitere Verständnis zu gefährden.

An den meisten Küsten, die einen nicht zu unregelmäßigen Verlauf haben, verursachen Ebbe und Flut Wasserstandsänderungen, die sehr stark der Sinuskurve ähneln (s. Zeichnungen in Kap. 1). Für die überwiegende Zahl der Häfen an solchen Küsten kann man den Tidenstand TS dadurch bestimmen, dass man bei bekanntem Tidenhub und bekannter Zeitspanne zwischen zwei aufeinanderfolgenden Hochwassern (oder Niedrigwassern) Rechnungen auf der Grundlage der Sinusfunktion anwendet.

Die realen Abweichungen der tidenbedingten Wasserstandsänderungen von der idealen Sinuskurve sind für viele Häfen geringer als die Einflüsse von Wind und Luftdruck.

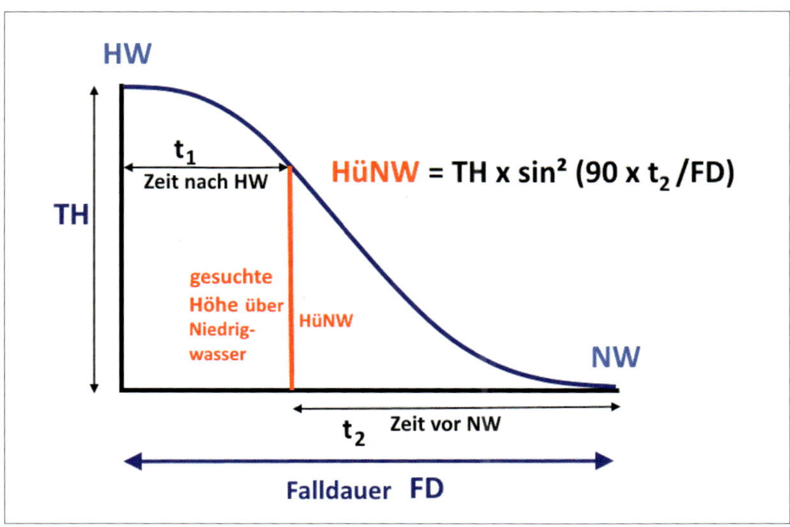

Tidenberechnung mit Sinusfunktion.

Berechnung der Wassertiefe zu einer bestimmten Uhrzeit

$$t = \left(\frac{FD}{90}\right) \times \arcsin \sqrt{\left(\frac{HüNW}{TH}\right)}$$

Um zu einem beliebigen Zeitpunkt den Wasserstand zwischen Hochwasser HW und Niedrigwasser NW mittels Taschenrechner auszurechnen, kann man sich der folgenden Formel bedienen:

$$\text{HüNW} = \text{TH} \times \sin^2\left(90 \times \frac{t}{\text{FD}}\right)$$

mit
HüNW = Höhe über Niedrigwasser
TH = Tidenhub
FD = Falldauer
t = Zeitspanne zwischen dem gesuchten Zeitpunkt und dem folgenden NW

Die Zeitangaben, die üblicherweise in Stunden und Minuten bekannt sind, müssen dezimal eingegeben werden. Dies ist sehr einfach umzurechnen mithilfe der Überlegung, dass eine Stunde 60 Minuten hat.

Beispiel: 2 h 12 min = 2 h + 12/60 h = 2,2 h

Es folgt ein konkretes Beispiel zur Bestimmung des Tidenstandes TS:
HW Dover sei um 14.28 Uhr mit 5,2 m Höhe.
NW Dover sei um 20.42 Uhr mit 0,6 m Höhe.
Wir suchen die Höhe der Gezeit HG um 17.00 Uhr.
Tidenhub TH = 4,6 m (entnommen als Tidenfall zwischen HW und nächstem NW aus Gezeitenkalender, s. o.)
t = 3 h 42 min = 3 h + 42/60 h = 3,7 h
Die Falldauer FD beträgt 6 h 14 min = 6 h + 14/60 h = 6,233 h.

Somit gilt: HüNW = 4,6 x sin² (90 x 3,7/6,233)
= 4,6 x sin² 53,452
= 4,6 x 0,645
= 2,966 ≅ 3

Vorsicht: Das Ergebnis ist **nicht** die Höhe der Gezeit HG, sondern die Höhe über NW. Es muss also noch 0,6 m addiert werden.

Somit lautet unser Endergebnis HG = **3,6 m.**

Für den Fall, dass die Wassertiefe zu einem Zeitpunkt gesucht wird, der zwischen einem Niedrigwasser und einem Hochwasser liegt (also anders herum als in obigem Beispiel), lässt sich ebenfalls die obige Formel benutzen. Man denkt sich die Tidenkurve lediglich symmetrisch gespiegelt, setzt für den Tidenhub TH den Tidenstieg TS ein und ersetzt die Falldauer FD durch die Steigdauer SD. »t« bezeichnet in diesem Fall die Zeitspanne zwischen dem Niedrigwasser und dem Zeitpunkt, zu dem die Wassertiefe berechnet werden soll.

Uhrzeit zu bestimmter Wassertiefe

Die Formel $\text{HüNW} = \text{TH} \times \sin^2\left(90 \times \frac{t}{\text{FD}}\right)$

lässt sich umkehren und zur Berechnung der Uhrzeit t benutzen, zu der man eine bestimmte, erwünschte Höhe der Gezeit HG berechnen möchte. Nach Umstellen der Gleichung nach **t** lautet die Formel:

$$t = \left(\frac{\text{FD}}{90}\right) \times \arcsin \sqrt{\left(\frac{\text{HüNW}}{\text{TH}}\right)}$$

Ein konkretes Beispiel:

HW Cuxhaven sei um 12.48 Uhr mit 3,7 m Höhe.
NW Cuxhaven sei um 18.54 Uhr mit 0,6 m Höhe.
Gesucht ist die Uhrzeit t, zu der die Höhe über Niedrigwasser HüNW 2,5 m beträgt.

Tidenhub TH = 3,1 m (entnommen als Tidenfall zwischen HW und nächstem NW aus Gezeitenkalender Cuxhaven, Werte s. o.)
Höhe über Niedrigwasser HüNW = 2,5 m
Die Falldauer FD beträgt 6 h 6 min = 6 h + 6/60 h = 6,1 h.
Somit gilt:

$$t = \left(\frac{6{,}1}{90}\right) \times \arcsin \sqrt{\left(\frac{2{,}5}{3{,}1}\right)}$$
$$= 0{,}0677 \times \arcsin 0{,}898$$
$$= 0{,}0677 \times 63{,}9$$
$$= 4{,}326 \cong 4{,}33$$

Nun ist es nicht üblich, Zeitmaße dezimal anzugeben, sondern in Stunden, Minuten und Sekunden (sexagesimal). 4,33 Stunden müssen also in h/min/sek umgerechnet werden.
Dies lässt sich leicht über eine Dreisatzrechnung machen. Der Taschenrechner hat allerdings dafür eine Tastenfunktion: DEG/DMS. Mit dieser Funktion erhalten wir 4 h 19 min 48 sek.
Addiert man diese Zeitspanne (gerundet) zur Hochwasserzeit, so erhält man:
12.48 Uhr + 4.20 h = 16.68 Uhr also **17.08 Uhr**. Zur Uhrzeit 17.08 Uhr hat somit die Tide über Niedrigwasser den gewünschten Wert von 2,5 Metern.

Um auf die Höhe der Gezeit zu kommen, muss noch die Niedrigwasserhöhe addiert werden. Somit lautet das Endergebnis

HG = 3,1 m.

Bemerkung für die Benutzung des Taschenrechners: Wichtig ist bei den obigen Rechnungen, dass der Taschenrechner auf DEG (Grad) eingestellt ist und nicht auf RAD (Bogenmaß). Ferner muss man wissen, dass die Umkehrfunktion der Sinusfunktion $f(x) = \sin x$ – geschrieben als $g(x) =$ **arcsin x** – auf den Tasten der meisten Taschenrechner nicht als **arcsin**, sondern als **invsin** oder als **$\sin^{-1}$** abgekürzt wird.
Der Leser wird an dieser Stelle vermutlich einwenden, dass dieses Verfahren nur von mathematisch ausreichend vorgebildeten Seglern sinnvoll und fehlerfrei benutzbar ist. Das ist zweifellos richtig. Und darum soll hier im Folgenden ein weiteres Verfahren vorgestellt werden, das weniger mathematische Vorkenntnisse erfordert und dennoch ausreichend gute Ergebnisse in der Bordpraxis bringt.

3.4 Die Zwölftelregel

In der Ausbildung und der Prüfung für einen Hochsee-Segelschein erwarten die Ausbilder, dass der Tidenstand fast auf den Zentimeter genau berechnet wird. Im Hinblick auf die Selektionsfunktion einer Prüfung mag das sinnvoll sein, doch es muss für die Praxis des Segelns in Tidengewässern betont werden, dass dies eine Scheingenauigkeit ist. Der unerfahrene Segler könnte geneigt sein, seinen Rechnungen blind zu vertrauen, ohne dabei die realen Abläufe in der Natur zu beobachten und mit zu berücksichtigen.
Die im Folgenden vorgestellte Zwölftelregel ist zwar nur an Orten mit annähernd sinusförmigen Tiden brauchbar und stellt ohne Zweifel keine Methode mit sehr hoher Genauigkeit dar, doch hat sie zwei wesentliche Vorteile:

- Bei jedem einzelnen Gedankenschritt sind Rundungen (auf oder ab) notwendig, die mit kritischem Blick auf die reale Anwendungssituation als Sicherheitsmargen einfließen.
- Die Rechnung nach der Zwölftelregel kann mit etwas Übung leicht im Kopf durchgeführt werden und erfordert kein langes Sitzen am Kartentisch mit Buchlektüre und Zeichengerät. In stressigen Situationen kann das ein großer Vorteil sein, insbesondere für Segler, die manchmal von der Seekrankheit geplagt werden.

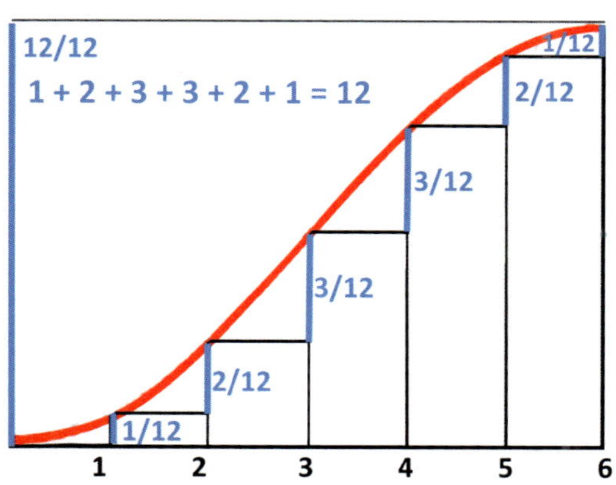

Zwölftelregel an der Sinuskurve.

Die Zwölftelregel beruht auf einer Eigenschaft, die jede Sinuskurve mit für Segler ausreichender Genauigkeit besitzt (siehe nebenstehende Zeichnung) und die sich für den Navigator in der Segelpraxis folgendermaßen darstellt:
Zwischen dem Hochwasser und dem Niedrigwasser fällt der Wasserstand keineswegs linear. Vielmehr fällt das Wasser in der ersten Stunde der Tide nach HW um nur 1/12 (ein Zwölftel) des Tidenhubs. In der 2. Stunde fällt es 2/12, in der 3. Stunde um 3/12, in der 4. Stunde ebenfalls um 3/12, in der 5. Stunde wieder um 2/12 und in der 6. Stunde schließlich nur noch um 1/12 des gesamten Tidenhubs.
In der Zeichnung ist erkennbar, dass die Summe der sechs senkrechten Teilabschnitte (rot) die gesamte Differenz zwischen Minimum (= NW, links unten) und Maximum (=HW, rechts oben) ausmacht.
1/12 + 2/12 + 3/12 + 3/12 + 2/12 + 1/12 = 12/12
Die rechnerische Anwendung dieser Überlegungen auf die Tiden-Praxis erfordert allerdings die Idealisierung, dass der zeitliche Abstand zwischen NW und HW immer sechs Stunden beträgt. Wie schon oben beschrieben, ist dies in der Realität nicht der Regelfall. Über mehrere Tiden gemittelt, sind es etwa 6 Stunden 13 Minuten zwischen HW und NW. Dies wird also auf glatte sechs Stunden abgerundet, was einerseits die Rechnung erleichtert, aber andererseits auch eine Ungenauigkeit ins Endergebnis bringt, die durch einen Sicherheitsaufschlag am Ende wieder ausgeglichen werden muss.

Ein Anwendungsbeispiel

Wir befinden uns in der Ansteuerung eines Hafens mit einem Flach in der Fahrrinne, das nach Karteneintragung 1,5 Meter unter Kartennull liegt. Unsere Yacht hat zwei Meter Tiefgang und wir möchten zur Sicherheit mindestens einen Meter Sicherheitsabstand zwischen Kiel und Meeresboden halten. Wir wollen somit zum Einlaufen mindestens drei Meter Wassertiefe über dem Flach, also 1,5 Meter mehr als auf der Karte. Anders formuliert: Die von uns geforderte Höhe der Gezeit muss mindestens 1,5 Meter betragen.

Das letzte Niedrigwasser war um 12.16 Uhr. Hochwasser ist um 18.30 Uhr und der Tidenhub beträgt 4,2 Meter. Wenn der Wind sich nicht ändert, werden wir etwa um 14.15 Uhr vor der Ansteuerungstonne sein. Die entscheidende Frage lautet somit: Können wir zu dieser geplanten Uhrzeit schon einlaufen oder müssen wir warten, bis die Flut einen höheren Wasserstand bringt?
Der Rechenablauf in Teilschritten:

- Der Tidenhub beträgt nach Gezeitenkalender 4,2 m. Ein Zwölftel davon sind 35 cm.
- Wir sind um 14.15 Uhr in der Fahrrinne, also etwa 2 Stunden nach NW.
- In der ersten Stunde nach NW fließt die Tide 1/12 vom Tidenhub auf, also 35 cm.
- In der zweiten Stunde der Tide fließt das Wasser 2/12 des Tidenhubs auf, also 70 cm.
- Somit sind 2 Stunden nach NW 3/12 des Tidenhubs aufgeflossen, also 1,05 m, abgerundet 1 m.
- Über dem Flach stehen also um 14.15 Uhr etwa 1,5 m + 1 m = **2,5 m** Wasser.

Die Antwort lautet also: Nein, wir können noch nicht einlaufen, denn dann hätten wir nur etwa 50 Zentimeter Wasser zwischen Kiel und Meeresboden, was aus Sicherheitsgründen als zu wenig erachtet wird.
Die anschließende Frage lautet natürlich sofort: Wie lange muss dann gewartet werden? Die Antwort ist schnell gefunden, denn in der dritten Stunde nach NW werden mit der Flut weitere 3/12 vom Tidenhub auflaufen. Dies sind weitere 1,05 Meter. Somit würde eine Stunde später bereits über dem Flach eine Wassertiefe von etwa 3,5 Metern gemessen. Das sind 50 Zentimeter mehr als eigentlich notwendig. 50 Zentimeter sind knapp die Hälfte von 105 Zentimetern. Können wir daraus schließen, dass wir dann nicht eine Stunde, sondern nur eine halbe Stunde warten müssen? Die Antwort ergibt sich aus dem Verlauf der Sinuskurve:
In den zwei Stunden um den mittleren Bereich der Sinus-Tidenkurve ist der Verlauf praktisch geradlinig. Somit darf auch linear interpoliert werden. Also doppelte Zeitdifferenz entspricht doppelter Wassertiefendifferenz. Und damit ist die Entscheidung klar, wann wir ohne Sicherheitsrisiko einlaufen können: etwa um **14.45 Uhr.**
Die am Ende hinzugerechnete Sicherheitsmarge nennt man in Frankreich »Pied de Pilote«, den »Lotsenfuß«, der allerdings durchaus etwas größer als ein Männerfuß sein darf. Ein halber Meter ist als Minimum durchaus sinnvoll. Verallgemeinernd kann man empfehlen, mindestens etwa 10 % des Tidenhubs als Sicherheitsmarge beim navigatorisch in der Realität angewandten Endergebnis zu berücksichtigen.

Sinusform oder nicht?

Zum Schluss dieses Kapitels noch einmal wiederholend der wichtige Hinweis: Die ersten beiden der oben beschriebenen Methoden sind auf jeden beliebigen Tidenverlauf anwendbar, während die letzten beiden Verfahren nur benutzt werden dürfen, sofern die gezeitenbedingten Wasserstandsänderungen annähernd sinusförmig sind!

Die Crux besteht darin, dass der Skipper, insbesondere auf Langfahrt, nicht immer über Unterlagen verfügt, die Auskunft darüber geben, ob der Tidenverlauf am anzulaufenden Hafen sinusförmig ist oder nicht. Man kann zum Glück auch ohne See- und Hafenhandbücher gewisse Schlüsse aus dem Küstenverlauf ziehen: Handelt es sich um einen Hafen an einer Flussmündung, so ist die Abweichung von der Sinuskurve umso größer, je mehr Wasser der Fluss führt. Brunsbüttel ist dafür ein gutes Beispiel, wo die Flut gegen das Flusswasser der Elbe nur etwa fünf Stunden dauert,

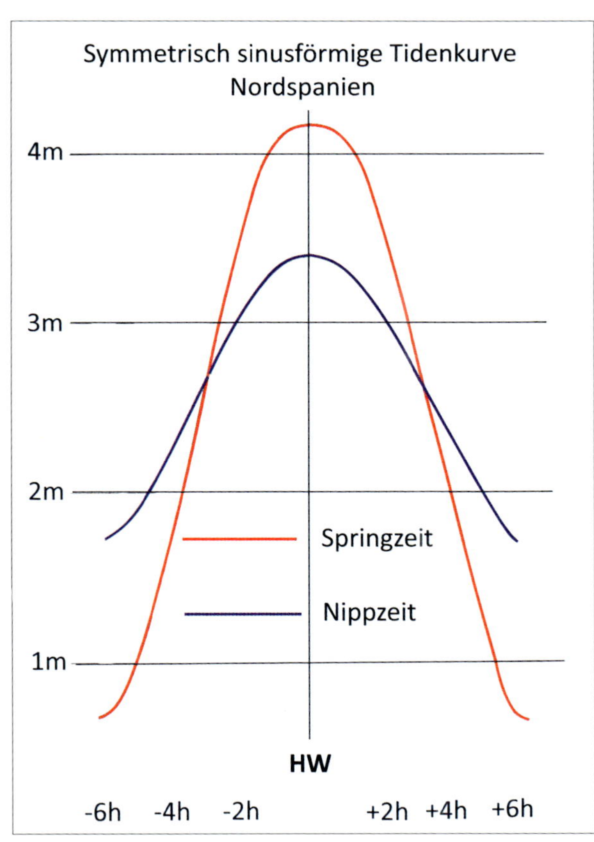

während die Ebbe mit dem Fluss etwa sieben Stunden dauert. Auch bei Norderney ist die Abweichung nicht überraschend, denn das Wasser im Watt südlich der Insel wirkt wie ein Fluss. Hingegen kann man mit großer Sicherheit von einer sinusförmig verlaufenden Tide ausgehen, sofern der anzusteuernde Hafen auf einer Insel – zehn oder mehr Seemeilen vor der Küste – liegt, wie beispielsweise Helgoland in der Deutschen Bucht oder Belle-Ile in der Biskaya. Befindet sich die Insel hingegen nahe der Küste wie die Ile of Wight oder Borkum, so ist der Schluss nicht mit Sicherheit zu ziehen. Ein annähernd geradliniger Küstenverlauf ohne große Flussmündungen oder herausragende Kaps wie zum Beispiel die nordspanische Küste ist ein sicheres Indiz für sinusförmige Tiden. Die nebenstehende Abbildung zeigt eine exakt sinusförmige Tidenkurve aus Nordspanien.

4. Tidennavigation in der Segelpraxis

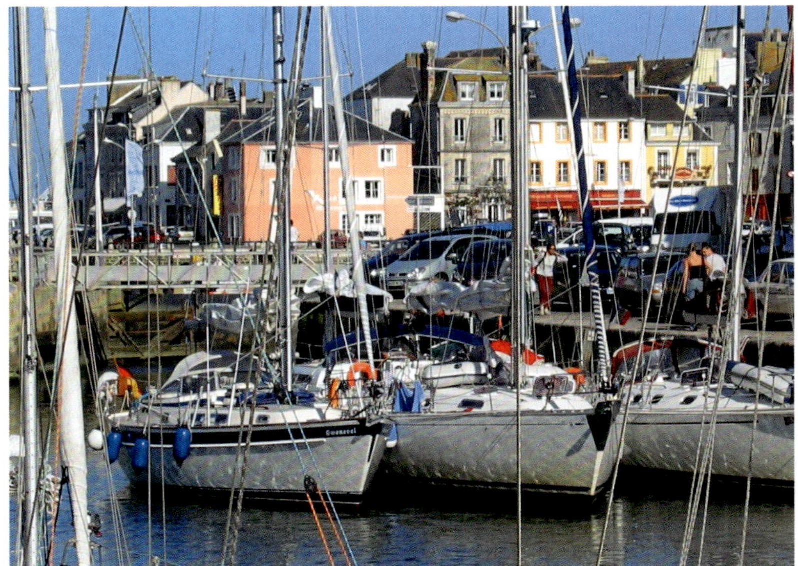

Vor dem Auslaufen.

4.1 Vor dem Auslaufen

Der gute Navigator ist nicht derjenige, der mit hervorragenden Mathematikkenntnissen die genauesten Rechenergebnisse erzielen kann, sondern derjenige, der sich der möglichen Ungenauigkeiten, verursacht durch unterschätzte Einflüsse von schwer kalkulierbaren Variablen, bewusst ist. Der gute Navigator muss natürlich gut rechnen können, aber er wird seinen eigenen Rechenergebnissen gegenüber immer skeptisch bleiben, den Endergebnissen Sicherheitsmargen hinzufügen, Alternativen zu Entscheidungen im Hinterkopf haben und mögliche Entwicklungen der Situation an Bord so weitblickend wie möglich antizipieren.
Er wird sich nicht blauäugig auf Informationen aus Gezeitenkalendern und Strömungsatlanten verlassen, denn er weiß, dass die konkret gegebene

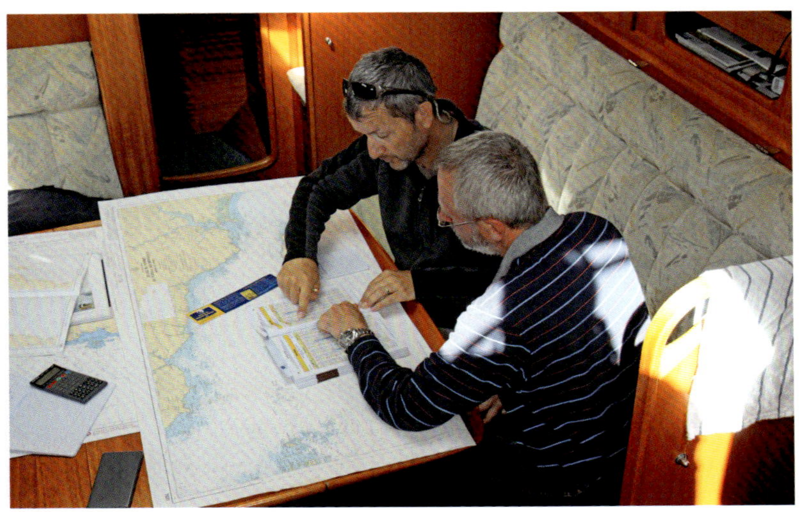

Realsituation von den Mittelwerten aus den Tafeln abweichen kann, die immer nur statistische Aussagen sind.
Manchmal ist es zweckmäßig, Einheimische mit guten Ortskenntnissen hinsichtlich der Besonderheiten der örtlichen Tiden zu befragen, insbesondere dann, wenn man keine detaillierten Unterlagen über die örtlichen Gezeiten an Bord hat. Doch sollte der Skipper auch hier skeptisch bleiben und besser mehrere Personen um Auskunft bitten, denn nicht jeder Salzbuckel auf der Mole ist ein zuverlässiger Informant.
Auf Langfahrt werden zuweilen binnen einer Woche zwei oder drei verschiedene Länder besucht. Außerdem benutzt der Navigator oft verschiedensprachige Unterlagen aus unterschiedlichen Staaten. Bei Zeitangaben ist es darum grundsätzlich wichtig zu prüfen, um welche Definition der Zeit es sich konkret handelt: UT oder UT +1 h oder UT +2 h, Sommerzeit, Winterzeit ...?

Vorbereitungen an Bord

Wenn erst viele Stunden nach dem Auslaufen – draußen auf See – festgestellt wird, dass es an Bord keine Gezeiteninformationen für den nächstgeplanten Hafen gibt oder das Echolot nicht funktioniert, ist guter Rat teuer. Ein sorgenfreier Törnverlauf erfordert zuallererst eine gründliche, vorausschauende Vorbereitung.
Neben den allgemein seemännisch und bootstechnisch ohnehin umfangreichen Vorbereitungen vor dem Auslaufen sollte sich der Skipper im Hinblick auf den Umgang mit den Gezeiten folgende Fragen stellen:

- Sind alle notwendigen Tiden-Unterlagen an Bord? Alle auch für Ansteuerungen benötigten Seekarten, See- und Hafenhandbücher, Gezeitenkalender, Gezeitenatlas möglichst mit Tidenkurven?
- Ist alles, was zum Zeichnen von Grafiken notwendig ist, an Bord (Zeichengeräte, Geodreieck, Kursdreiecke, Bleistifte, Farbstifte, Schreibblock ...)?
- Ist die Borduhr zuverlässig? Welche Art von Zeit zeigt sie an? UT? UT +1 h? ...?
- Funktioniert das Echolot?
- Wie ist das Echolot geeicht? Welche Tiefe zeigt es an? Unter Geber? Unter Kiel? Auf Wasserlinie?
- Gibt es, für den Fall, dass das Echolot ausfällt, ein Handlot an Bord?
- Gibt es an Bord ein Barometer oder besser, einen Barografen?
- Welche elektronischen Hilfsmittel können genutzt werden? Gibt es an Bord einen Kartenplotter mit Gezeitensoftware? Kann der Skipper damit umgehen?
- Sind auf dem Smartphone oder Tablet Gezeitenprogramme installiert? Kann der Skipper damit umgehen?
- Gibt es für das Smartphone oder Tablet eine wasserdichte Schutzhülle?

Ein Tipp: Um viel Rechnerei bei den zu korrigierenden Werten zwischen Bezugs- und Anschlussorten zu vermeiden, gehen Sie einfach zum nächsten Segelladen, Schiffsausrüster oder zum Hafenbüro und kaufen sich das kleine lokale Gezeitenheftchen mit den Daten für den Hafen, in dessen Nähe Sie sich gerade befinden. Aber Vorsicht: Vergessen Sie nicht zu prüfen, welcher Zeitstandard den Tabellen zugrunde liegt.

Sind Schiff und Besatzung seeklar, so ist es keineswegs selbstverständlich, dass die Leinen losgeworfen werden können. Möglicherweise reicht die Wassertiefe in der Hafenausfahrt für das Auslaufen nicht aus. Viele Häfen der Nordsee, am Ärmelkanal und an der Atlantikküste in England, Irland, Frankreich, Spanien und Portugal sind tidenabhängig, was bedeutet, dass das Anlaufen dieser Häfen nicht in jeder Phase der Tide möglich ist. In manchen Fällen sind es lediglich einige untiefe Stellen im Ansteuerungsbereich. In anderen Fällen muss auf die Öffnung eines Sills oder eines Schleusentores gewartet werden. Auf alle diese Fälle soll detailliert im folgenden Kapitel eingegangen werden.

4.2 Ansteuerungen und Hafeneinfahrten

Wenn man von einem tidenabhängigen Hafen spricht, so meint man eine der folgenden Möglichkeiten:

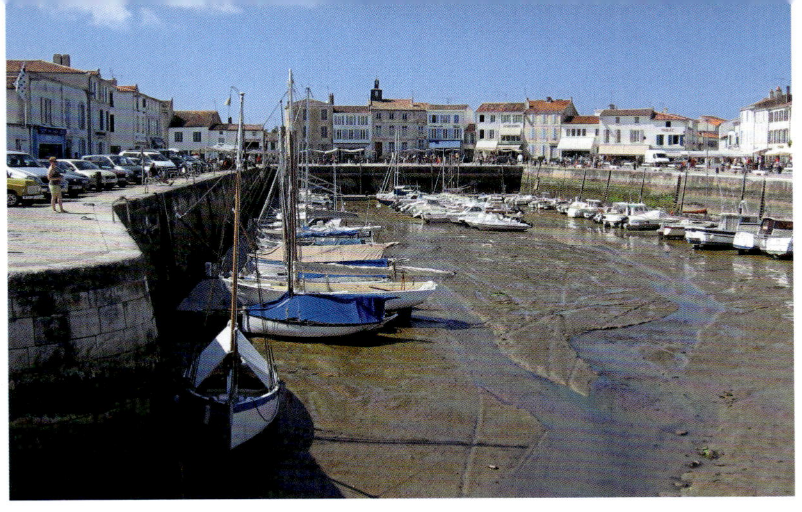

La Flotte – Ile de Ré, Hafen fällt trocken.

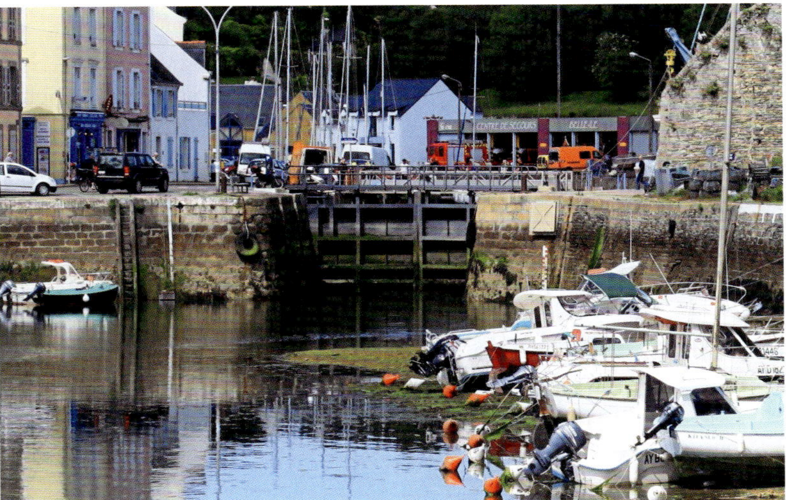

Stauschleuse Le Palais – Belle-Ile.

- Im Ansteuerungsbereich des Hafens ist es bei Niedrigwasser zu flach zum Einlaufen.
- Der Hafen fällt teilweise oder vollständig trocken.
- Der Hafen ist nur anzulaufen, nachdem eine Stauschleuse oder ein Sill bei ausreichendem Wasserstand geöffnet wird.
- Die Zufahrt zum Hafen ist nur nach Passieren einer Schleuse mit zwei Toren möglich.

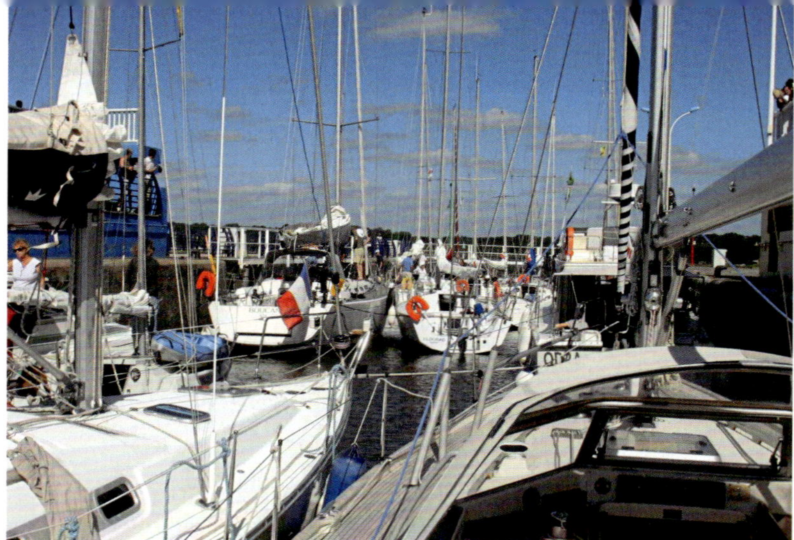

Schleuse Arzal.

Untiefen im Ansteuerungsbereich

Darauf zu hoffen, dass Hafeneinfahrten grundsätzlich ausgebaggert sind, ist blauäugig. Natürlich wäre es wünschenswert, bei Niedrigwasser eine dem Tiefgang der Schiffe, für die der Hafen gebaut wurde, entsprechende Wassertiefe in der Hafeneinfahrt zu haben. Doch kann der Skipper keineswegs davon ausgehen, dass dies auch so vor jedem Hafen der Fall ist. Zweifellos werden in den Ansteuerungen und Einfahrten zu großen Häfen wie Cuxhaven, Den Helder, Oostende oder Le Havre ständig die Einfahrten gelotet und bei Versanden ausgebaggert, doch ist dies schon aus rein finanziellen Gründen nicht vor sämtlichen kleineren Häfen machbar. Vor manchen Häfen wie beispielsweise im deutschen Wattenmeer verändern die Tidenströme in den Ansteuerungen die Wassertiefen in unregelmäßiger, oft nicht vorhersehbarer Weise. Jeder Nordseesegler weiß, wie wichtig es ist, seine Seekarten hinsichtlich veränderter Wassertiefen und umgesetzter Betonnung auf dem neuesten Stand zu halten. Doch kann es selbst mit brandneu berichtigten Seekarten passieren, dass man »auf Schiet läuft«. Kräftige Äquinoktial-Tidenströme oder Sturmfluten können binnen weniger Stunden die Oberflächenstruktur des Meeresbodens derartig verändern, dass sich die Wassertiefen am selben Ort an nur einem Tag um einen Meter oder mehr ändern. So werden beispielsweise an der französischen Atlantikküste die Zufahrten einiger Häfen trotz zahlreicher Untiefen gar nicht betonnt, weil nach wenigen Tagen die Betonnung ohnehin geändert werden müsste. Kräftige Tidenströme überlagern sich dort mit wechselnden Windeinflüssen, was eine oft nicht vorhersehbare

Verlagerung von Sandbänken zur Folge hat. Man setzt dann Lotsen ein. Der ehemalige Thunfischerhafen **Étel** nahe Lorient in der Südbretagne ist ein Beispiel dafür. Er liegt im Mündungsbereich eines Flusses, der im Hinterland Binnenseecharakter hat und dementsprechend große Wassermassen transportiert. Die Küste ist von Dünen geprägt und genauso sieht der Meeresboden aus. Wanderdünen unter Wasser. Um dort auch ohne Betonnung die sichere Zufahrt zum Hafen zu ermöglichen, wird – sofern das Wetter es zulässt – täglich der Seenotrettungskreuzer über den Sandbänken zur Lotung eingesetzt. Hunderte von aktuellen Messdaten werden dort täglich mit ihrer GPS-Position aufgenommen und genutzt, um eine elektronische Tages-Seekarte zu erstellen, die einem Lotsen in einem Aussichtsturm nahe der Flussmündung als Beratungsgrundlage für ein- und auslaufende Schiffe dient.
Das sichere Hineinlotsen in den Hafen geschieht auf folgende Weise: Der auf die Lotsenhilfe angewiesene Skipper meldet sich per UKW über Kanal 13 beim »Sémaphore«, dem Signal-und Lotsenturm, und bittet um Kursberatung. Der Lotse ist in der Einfahrt nach Étel also weder mit an Bord noch fährt er mit einem Boot voran. Er erfasst vielmehr das einfahrende Fahrzeug visuell und per Radar. So leitet er den Rudergänger auf dem zu beratenden Schiff per UKW mit Kursanweisungen durch die Rinnen zwischen den Sandbänken. Noch vor 50 Jahren wurden die Anweisungen für die Kursänderungen mit über Drahtseile bedienten, weit sichtbaren Pfeilen übermittelt.
Auf der abgebildeten Seekarte ist rot umrandet der Bereich markiert, in dem sich die Wassertiefen unregelmäßig verändern. Man beachte auch die Karteneintragung »Barre d'Étel (voir nota)«, die auf zusätzliche Erklärungen zu den Tiefenangaben am Kartenrand hinweist. Der erklärende Text steht auf der Karte als Legende in französischer und englischer Sprache. Selbstverständlich sind auch in den Hafenhandbüchern und Revierführern Hinweise auf diese Besonderheiten zu finden. Es ist allerdings etwas irreführend, dass auf der Karte dennoch Tiefenangaben eingezeichnet sind, doch ist bei 0,6 Meter Kartentiefe jedem Skipper klar, dass er dort nur bei hohem Tidenstand einlaufen kann.
Navigatorisch problematisch ist in diesem Beispiel allerdings nicht allein die geringe Wassertiefe. Bei etwa vier Meter Tidenhub, wie er in Étel als Mittelwert auftritt, könnte sich der unerfahrene Skipper sagen, dass er mit einem Schiff mit 1,5 Meter Tiefgang mit halber Flut, also etwa drei Stunden nach NW, bequem einlaufen kann. Denn nach drei Stunden sind etwa zwei Meter Wasser bereits aufgelaufen. Allein reduziert auf die Wassertiefe bezogen ist dies richtig, doch kommt hier an der Küste der Biskaya noch ein weiterer Aspekt hinzu: Wenn 400 Seemeilen entfernt im Nordwesten über

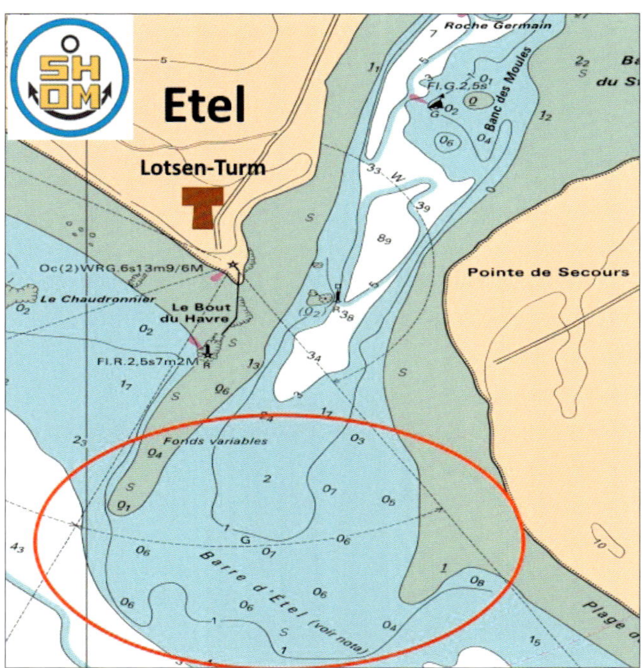

Seekarte Étel, Ansteuerung.

Irland ein Starkwindtief hinwegzieht, so rollt ein bis zwei Tage später die in Irland aufgewühlte See als lange Dünung durch die Biskaya auf die französische Atlantikküste. Dann kommt es selbst bei Flaute über Flachwasserbereichen zu Brechern, die für ein kleines Schiff bedrohlich bis gefährlich werden können. Darum ist es in Ansteuerungen wie Étel bei Dünung notwendig, mit der Flut auf eine deutlich größere Wassertiefe als den eigenen Tiefgang zu warten. Genaue Werte kann man nicht nennen, denn die notwendige Wassertiefe ist natürlich von der Höhe der Dünung und dem Tiefgang des Schiffes abhängig, aber als Richtlinie lässt sich formulieren, dass über die tidenbedingte Mindestwassertiefe hinaus mindestens die halbe maximale Dünungshöhe mit in die Rechnung einfließen muss. Dabei ist auch zu bedenken, dass es unter 100 Wellen mit Mittelwerthöhe eine Ausnahmewelle geben kann, die doppelt so hoch ist wie der Mittelwert.
Nun wird der vorausschauende Skipper sich vielleicht sagen, dass es im Hinblick auf das Auslaufen in ein paar Tagen zweckmäßig wäre, die Route auf dem Plotter aufzuzeichnen, um dieselbe Strecke dann rückwärts zu wählen. Doch weit gefehlt ... die Verlagerungen der Sandbank-Untie-

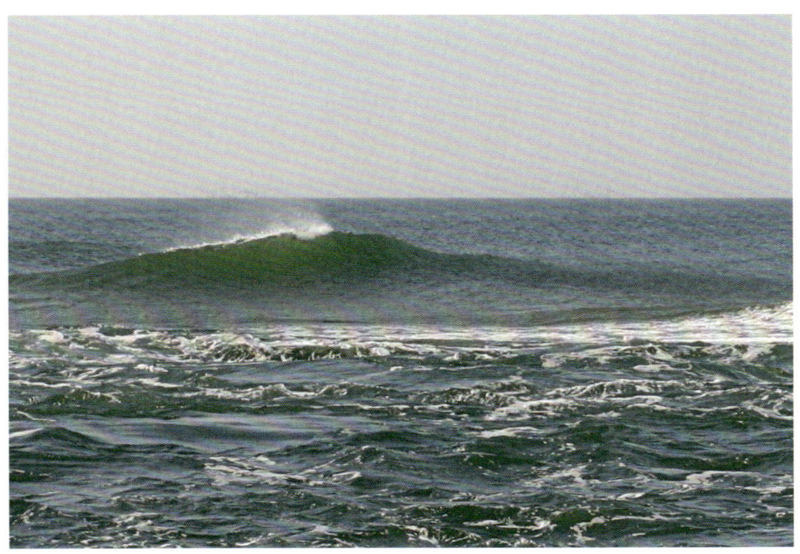

Dünung – Brecher über Sandbank.

fen sind vor einigen Häfen wie Étel derartig unvorhersehbar, dass es bei Springzeit und entsprechend starkem Stromeinfluss auf die Sände schon am nächsten Morgen nicht mehr möglich ist, den am Vortag aufgezeichneten Kursverlauf rückwärts zu nutzen.
Die Wasserstandsberechnung zum Überqueren einer Sandbarre mit bekannter Tiefe vor einer Hafeneinfahrt soll an einem anderen Beispiel behandelt werden, denn Étel hat ja keine für den Skipper kalkulierbaren Wassertiefen.

Ansteuerung Norderney

Wir segeln bei Wind aus Nord Bft 5 mit Kurs West entlang der Nordküste von Norderney und haben einen schwer seekranken Mann an Bord. Es ist Flut. Der Skipper fragt sich, ob er über das bei steifem auflandigen Wind nicht ungefährliche Dovetief hinweg unter die Südküste von Norderney gehen soll, um dort zu ankern, oder ob er aufgrund vielleicht noch zu geringer Wassertiefe im Dovetief den seekranken Mann weiter leiden lassen muss, um bis Borkum zu segeln. Die Yacht hat zwei Meter Tiefgang, was zwar bei Springniedrigwasser für den Hafen von Norderney ohnehin etwas zu viel ist, aber es wäre möglich, vor der Südküste in der gegebenen Notsituation zu ankern. Es läuft eine Welle von etwa einem Meter Höhe. Die höchsten Wellenberge haben etwa 1,5 Meter.

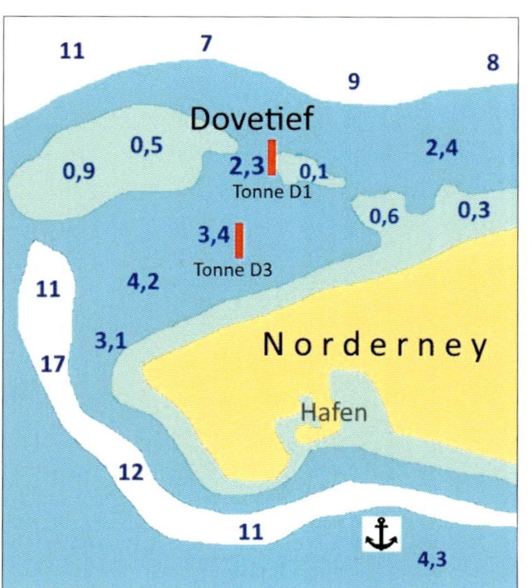

Seekartenausschnitt Norderney Dovetief.

Kartentiefe über dem Flach 2,3 Meter.
Uhrzeit zum Zeitpunkt der Rechnungen 16.10 Uhr.
Es herrscht Springzeit.
Niedrigwasser Norderney 14.05 Uhr mit 0,3 Meter Höhe.
Hochwasser Norderney 20.14 Uhr mit 3,2 Meter Höhe.

Das Beispiel soll genutzt werden, um zwei in Kapitel 3 vorgestellte Methoden zu vergleichen: das Ablesen an der BSH-Tidenkurve und die Zwölftelregel.
Zwei Argumente sprechen für die Wahl der Ablesemethode an der Tidenkurve (s. Kap. 3.1): Erstens ist der Tidenverlauf nicht sinusförmig (s. Abbildung) und zweitens muss die Rechnung schnell gehen, denn wir stehen kurz vor der Entscheidung den Kurs eventuell nach Backbord zu ändern, um in die Dovetief-Fahrrinne einzulaufen.

Bordzeit ist 2 Stunden 05 Minuten nach NW. Mit diesem Wert geht man nun auf die Zeitskala am unteren Rand und zeichnet die Senkrechte auf die Springzeitkurve. Am Schnittpunkt geht man waagerecht auf die Wassertiefenskala am rechten Rand und liest gerundet den Wert für den aktuellen Tidenstand ab: 1,8 Meter über Kartennull. Das Flach im Dovetief hat eine Kartentiefe von 2,3 Metern. Somit besteht momentan dort eine Wassertiefe von **4,1 Metern**. Bei zwei Meter Tiefgang und einer maximalen Wellenhöhe von 1,5 Metern ist das Einlaufen in die Dovetief-Fahrrinne somit möglich, wenngleich noch etwas knapp, für den Fall, dass eine außergewöhnlich hohe Welle durchläuft oder die Sände sich – so wie es in diesem Seegebiet häufiger vorkommt – seit der letzten Aktualisierung der Seekarte verschoben haben. Allerdings benötigt die Yacht noch eine Viertelstunde, bis sie über dem Flach steht, sodass etwa weitere 20 Zentimeter Wasser aufgelaufen sein werden. Der Skipper entscheidet, nach Norderney einzulaufen, reduziert jedoch seine Fahrt durch Einrollen der Genua, um Zeit zu gewinnen.

Zum Vergleich soll noch einmal mit der Zwölftelregel gerechnet werden, wissend, dass diese Methode nicht optimal zum Tidenverlauf passt.

NW um 14.05 Uhr und Bordzeit 16.10 Uhr bedeuten, wir befinden uns etwa zwei Stunden nach NW. Das entspricht 1/12 + 2/12 = 3/12 vom Tidenhub, also 3/12 von 2,8 Meter = 0,7 Meter über NW. Der Wasserstand bei NW beträgt 0,3 Meter. Demnach beträgt die Höhe der Gezeit um 16.10 Uhr 0,3 m + 0,7 m = 1 m. Dieser Meter addiert zur Kartentiefe über dem Dovetief von 2,3 Metern ergibt **3,3 Meter** Wassertiefe als Endergebnis, also 80 Zentimeter weniger als nach Ablesung an der Tidenkurve. Es zeigt sich hier, dass die mittels Zwölftelregel ermittelte Wassertiefe also erheblich geringer ist als die über die Tidenkurve ermittelte Tiefe. Man versteht die Ursache dafür, wenn man sich in der nicht-symmetrischen Tidenkurve die starke Wölbung in der Flutphase (links) anschaut. Hätte der Skipper unserer Yacht die Rechnung allein mit der Zwölftelregel gemacht, so wäre die Entscheidung, in die Passage des Dovetiefs abzufallen, bei dem gegebenen Seegang nicht vertretbar gewesen. Er hätte dann möglicherweise entschieden, etwa eine Stunde beigedreht auf höheren Wasserstand zu warten, oder er hätte beschlossen, die weiteren 30 Seemeilen bis Borkum weiterzusegeln. In anderen Ansteuerungen kann es aber auch genau andersherum sein, dass man mittels Zwölftelregel die Entscheidung fällt, einzulaufen und dann auf Grund läuft, weil der asymmetrische Tidenverlauf die Anwendung der Zwölftelregel verbietet. Konsequenz: Bevor sich der Skipper für die Anwendung einer bestimmten Rechenmethode entscheidet, muss er Kenntnisse haben über die Frage, ob der Tidenverlauf annähernd sinusförmig ist oder nicht (s. Ende Kap. 3).

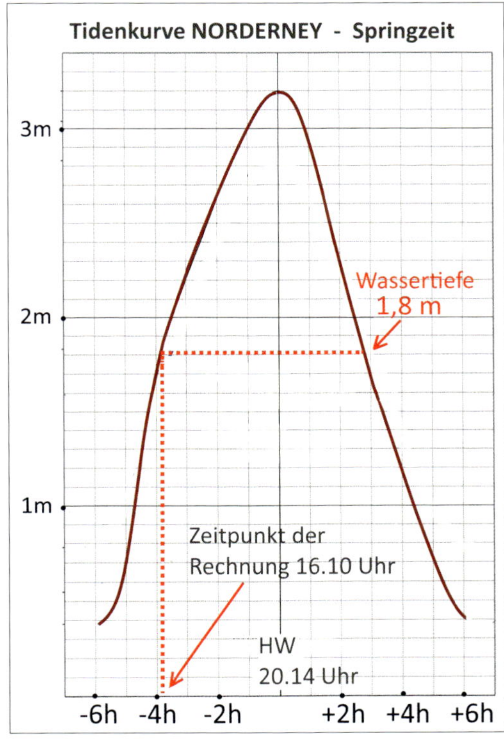

Tidenkurve Norderney mit Ablesung.

Ein Kuriosum

Manchmal muss der Skipper zu unkonventionellen Methoden greifen, um eine Sandbarre zu passieren.

Immer mehr europäische Yachten überwintern in der Karibik und suchen für das tropische Sommerhalbjahr einen hurrikangeschützten Hafen. In Guatemala gibt es im Rio Dulce einige hurrikansichere Marinas, die allerdings nur erreichbar sind, nachdem von See kommend nahe Livingstone eine Sandbank überquert wird (s. Abbildung). Bei einer Kartentiefe von lediglich 1,2 Metern ist es nur zu den Äquinoktial-Springtiden im Frühjahr mit einem Tidenhub von etwa 1,4 Metern zum Hochwasser möglich, auch mit einer größeren Yacht mit mehr als zwei Meter Tiefgang die Barre zu passieren, um in den Fluss einzulaufen, wo die Wassertiefen überall für größere Schiffe ausreichend sind. Ein Problem ergibt sich dort immer wieder, wenn Skipper, nachdem sie den Sommer im Fluss verbracht haben, im Herbst wieder auslaufen wollen: Das Hochwasser ist bei mittlerem Tidenhub nicht ausreichend, um über die Sandbank zu kommen. Nur bei Äquinoktial-Springtide im September reicht das Hochwasser. Doch das ist nur an drei Tagen im September der Fall. Manche Skipper mit schlechter Zeitplanung verpassen diese wenigen Tage und wären anschließend dazu verdammt, ein weiteres halbes Jahr im Fluss zu bleiben, wenn es denn nicht eine geniale, wenngleich sehr unkonventionelle, andere Lösung gäbe. Einige Fischer haben sich darauf spezialisiert, diesen Zu-spät-Skip-

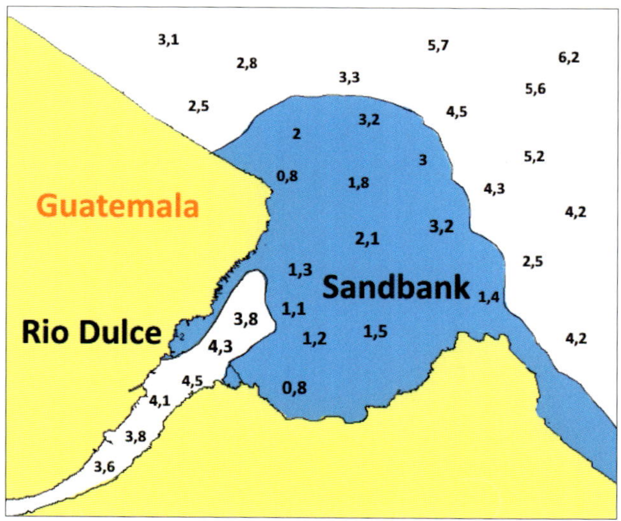

Sandbank Rio Dulce Guatemala.

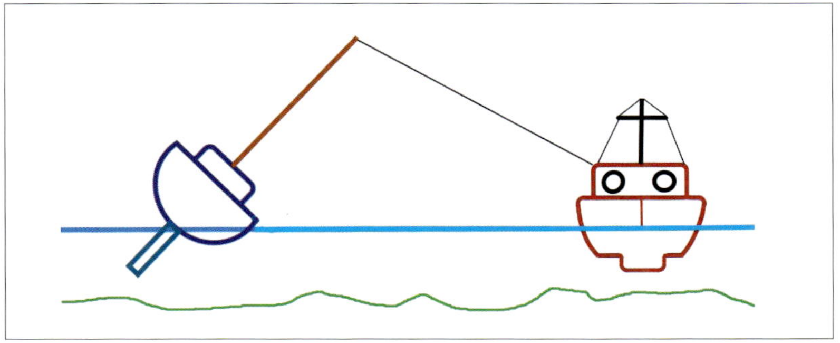

Gekrängte Yacht im Rio Dulce mit Fischerboot.

pern mit ihren Motorschiffen in ganz besonderer Weise zu helfen und sich selbst eine einträgliche Einnahmequelle zu schaffen:

Die Segelyacht fährt bis an den Rand der Sandbarre und bringt dann eine Leine vom Masttopp (verlängertes Spi-Fall) nach Backbord oder Steuerbord zur Seite zum Fischerboot aus in einem Winkel von etwa 45° schräg nach unten. Nun zieht das Fischerboot schräg zur Seite und krängt so die Yacht, bis etwa ein Krängungswinkel von 40° bis 50° erreicht ist. Gleichzeitig wird zu einem zweiten Fischerboot vor der Yacht eine Schleppleine ausgebracht. Alles Weitere ist eine Frage der geschickten Koordination der eingesetzten Kräfte zwischen den drei Fahrzeugen, die als Trio, die Yacht stark gekrängt, die Barre passieren. Bei 45° Krängung erreicht man bei einer Kielyacht etwa 30 % Verringerung des Tiefgangs. Ein Schiff mit zwei Meter Tiefgang gewinnt somit etwa 60 Zentimeter zusätzlichen Abstand zum Meeresboden, was im Rio Dulce ausreicht, um den anschließenden Winter nicht im Fluss verbringen zu müssen. Es versteht sich, dass der Yachtskipper ein hohes Vertrauen in die Stabilität seines Riggs haben muss.

Hafeneinfahrten mit Sill oder Stauschleusen

Historisch gesehen wurden die meisten Häfen als Naturhäfen in Buchten oder Flussmündungen angelegt, denn nur dort waren die Boote und Schiffe auch ohne aufwendige technische Bauten ein wenig geschützt vor Wind und Seegang. In zahllosen kleinen Naturhäfen liegen die Boote und Schiffe auch heute noch bei Niedrigwasser auf dem Trockenen bzw. im Schlick.

Im 14. Jahrhundert begann man an den gezeitengeprägten Küsten der Nordsee und des Atlantiks mit dem Bau von beweglichen Wehren, um Buchten oder Teile von Flussmündungen vom wechselnden Wasserstand des Meeres unabhängig zu machen, sodass die Boote im Wasser bleiben

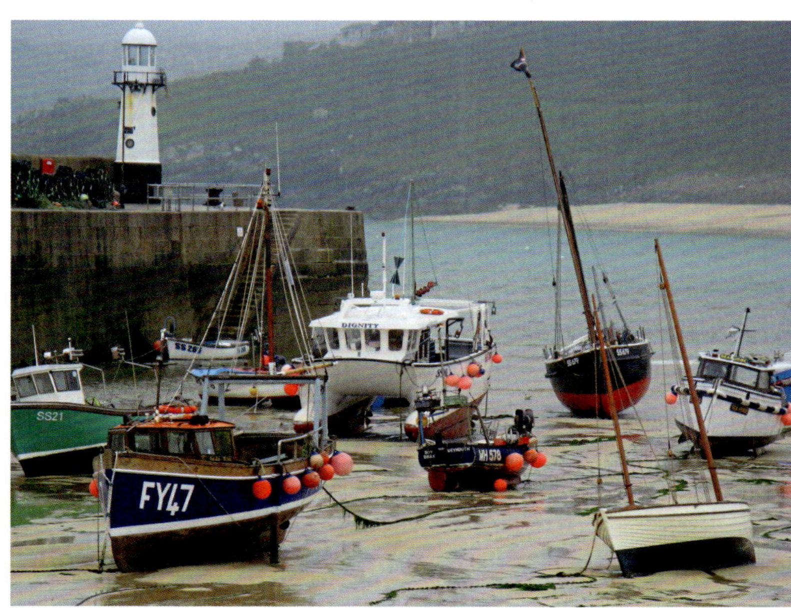

Hafen ohne Stauschleuse in Cornwall, St. Ives.

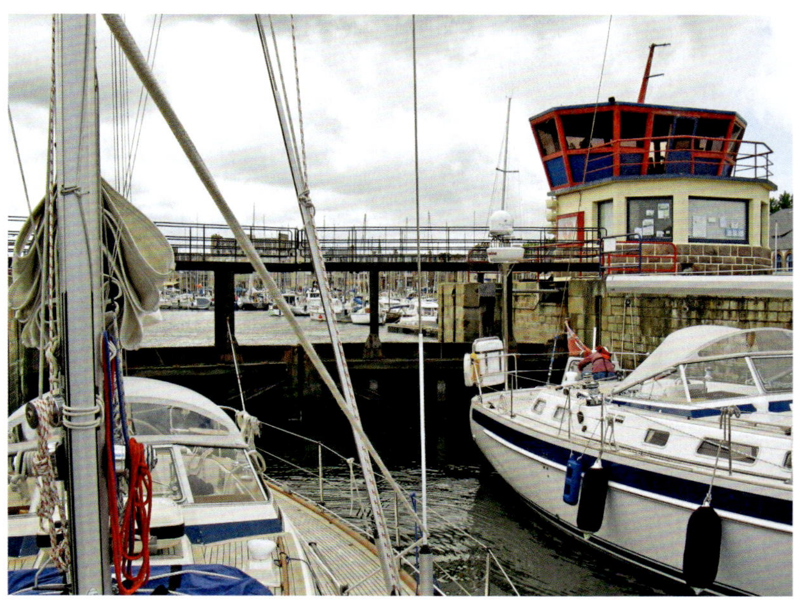

Yachten vor Schleusentor.

konnten. Es handelt sich dabei um ein einzelnes Tor, das kurz vor Hochwasser geöffnet und kurz nach Hochwasser wieder geschlossen wird, um zu gewährleisten, dass die Schiffe hinter dem Tor ständig genügend Wassertiefe haben und nicht trockenfallen können. Man spricht auch von einer Stauschleuse.

Stauschleusen öffnen in der Regel etwa symmetrisch um den Zeitpunkt des Hochwassers. Etwa eine Stunde vor HW wird das Tor geöffnet, sodass mit der Flut dann eine Stunde lang frisches Wasser ins Becken fließen kann, was nebenbei einen gewissen Reinigungseffekt hat. In vielen Häfen sind die Tore eine Stunde vor bis eine Stunde nach HW geöffnet. In manchen Häfen sind es auch zwei Stunden. Konkret hängt dies in erster Linie vom Tidenhub ab. Bei Springzeit sind die Öffnungszeiten meist etwas länger als bei Nippzeit. »Und wo erfahre ich diese Zeiten?«, wird sich der Skipper fragen. Im Törn- oder Hafenführer sollten die Zeiten zu finden sein und auch der UKW-Kanal, über den man den Hafenmeister erreicht.

Ein konkretes **Beispiel:**

Wir segeln in Südwest-England vor Cornwall auf dem Weg zu den Isles of Scilly, die 35 Seemeilen südwestlich von Land's End liegen. Die letzte Nacht haben wir in Falmouth verbracht und der nächste Hafen, bevor wir Kurs auf die Isles of Scilly nehmen wollen, ist Penzance, ein Hafen mit Stauschleuse. Die entscheidende Frage lautet: Wann müssen wir in Falmouth auslaufen, um in Penzance noch in den Hafen hineinzukommen, bevor das Schleusentor nach HW wieder schließt? Nach Penzance sind es ohne zu kreuzen etwa 36 Meilen. Es ist Nordwestwind mit 15 Knoten angesagt, was bedeutet, dass wir die erste Hälfte der Strecke bis Cape Lizard direkt segeln können, während die zweite Hälfte gekreuzt werden muss. Unsere Yacht läuft im Mittel um die 6 Knoten. Auf Kreuzkursen müssen wir erfahrungsgemäß die gerade gesegelte Strecke mit dem Faktor 1,6 multiplizieren, um auf die tatsächlich gesegelte Strecke zu kommen. Somit 16 Meilen direkt gesegelt plus 16 x 1,6 Meilen Kreuzkurs. Das macht etwa 42 Meilen zu segeln. Mit 6 Knoten sind das etwa sieben Stunden. Die entscheidende Frage lautet somit: Wann ist das Abendhochwasser in Penzance?

Aus den englischen Gezeitendokumenten entnehmen wir:

Penzance ist ein Anschlussort, Bezugsort ist Plymouth.

HW Plymouth ist um 16.45 Uhr.

Zeitkorrektur für Penzance: –1,05 h.

Somit HW Penzance um 15.40 Uhr.

Nach Hafenhandbuch öffnet das Schleusentor in Penzance eine Stunde vor bis eine Stunde nach HW.

Also frühestes Einlaufen um 14.40 Uhr. Spätestes Einlaufen um 16.40 Uhr.

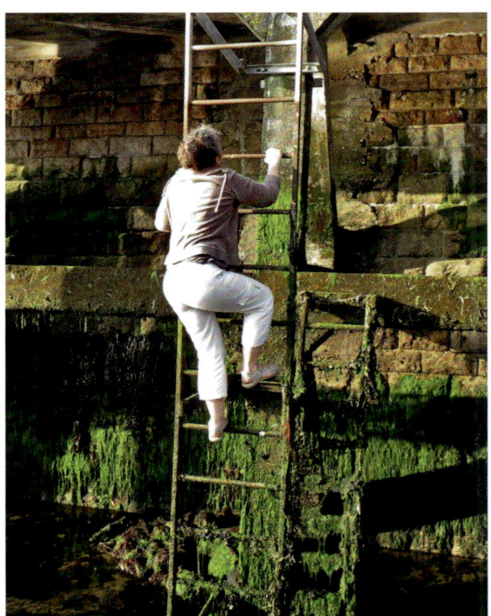

Frau an rostiger Leiter.

Wir rechnen mit mindestens sieben Stunden Segelzeit von Falmouth nach Plymouth, was bedeutet, dass wir um 7.40 Uhr in Falmouth auslaufen sollten, um zum ersten Öffnen der Schleuse in Penzance »auf der Matte« zu stehen. Bei dieser Rechnung haben wir zwei Stunden in Reserve, um – wenn alle Stricke reißen – spätestens kurz vor dem Schließen des Schleusentores um 16.40 Uhr in Penzance anzukommen. Das wird locker reichen, um abends im Admiral Benbow ein gutes Cornish Ale zu trinken.

Häfen mit Sill

Eine andere Form der Sperrtechnik gegen das Abfließen des Wassers nennt sich Sill. Es unterscheidet sich von einem Schleusentor dadurch, dass der Öffnungsmechanismus senkrecht statt waagerecht arbeitet und meist über ein Schwimmersystem automatisch ab einem gewissen Tidenstand öffnet.

In der Regel wird der Wasserstand über dem Sill an einem Pegel angezeigt, oft auch heutzutage digital, zusätzlich zu einer Art Ampel, die bei ausreichender Wassertiefe von Rot auf Grün schaltet.

Der Skipper ist allerdings gut beraten, sich nicht allzu präzise am angezeigten Wasserstand zu orientieren. Ich habe im Laufe der Jahre oft genug erlebt, dass der tatsächlich vorhandene Wasserstand um 20 bis 30 Zentimeter vom angezeigten Wert abwich.

Was die Zeitkalkulation für den Skipper betrifft, so gilt das Gleiche, wie bereits oben für die Stauschleuse beschrieben. Manche Sills öffnen schon etwa zur halben Flut, andere erst zwei Stunden vor Hochwasser. Fast alle öffnen spätestens eine Stunde vor Hochwasser. Entsprechend sind die Zeiten für das Schließen. Automatisierte Sills wie beispielsweise in Piriac in der Bretagne öffnen und schließen ohne Zutun des Hafenmeisters ab ei-

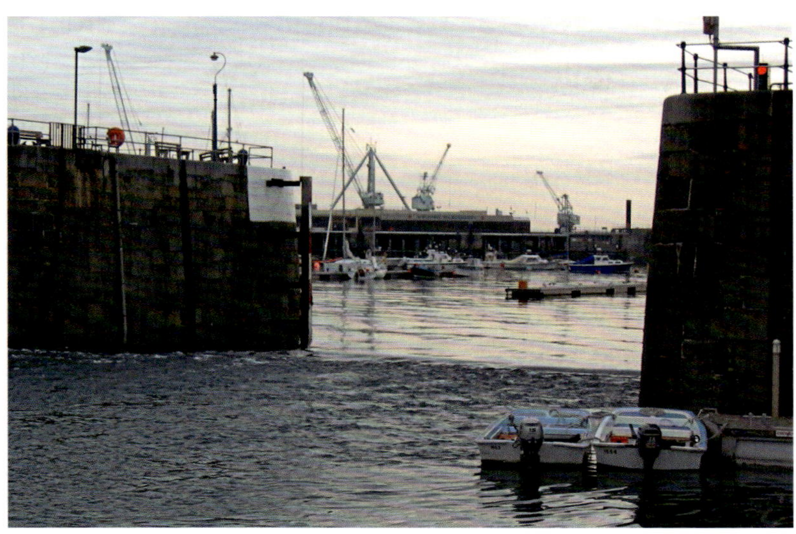

Sill in St. Peter Port Guernsey.

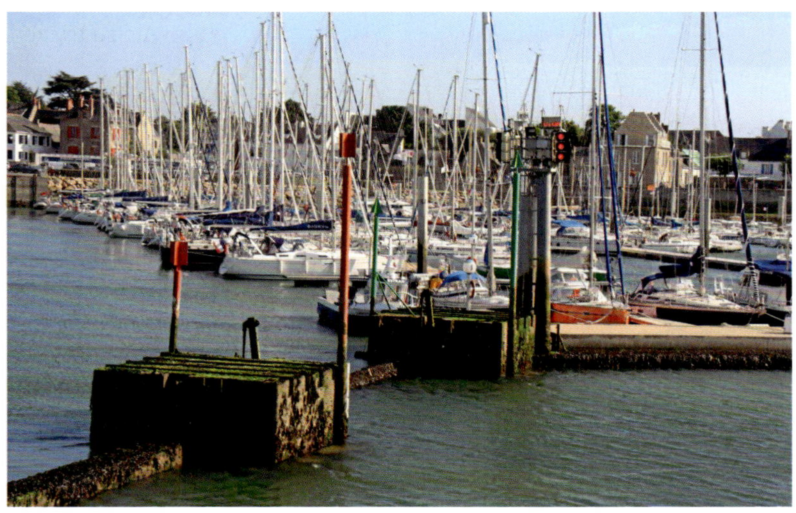

Sill in Piriac. (Foto von Ralf Paschold)

nem von der Hafenbehörde festgelegten Wasserstand. Nicht immer findet man in den Hafenhandbüchern zuverlässige Aussagen über die Öffnungszeiten. Dann hilft nur der Anruf beim Hafenmeister über UKW oder Mobiltelefon.

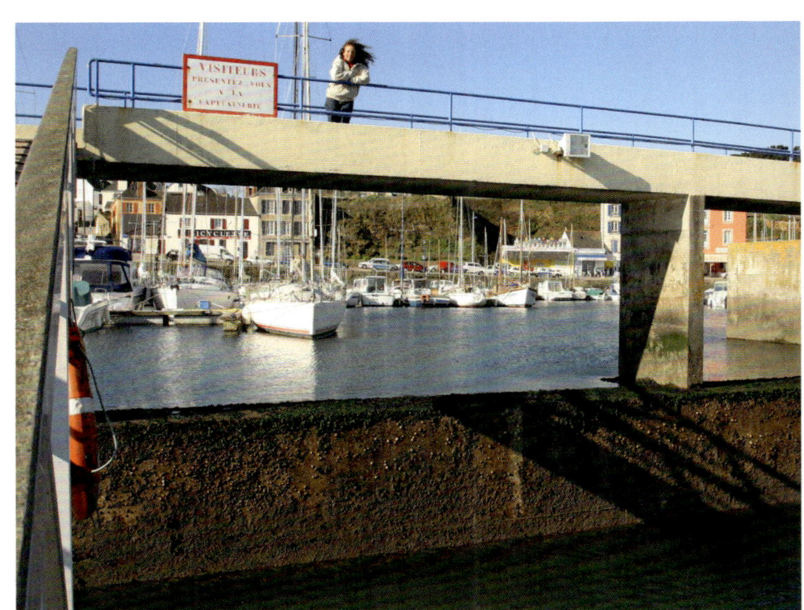

Hafen mit Sill.

Schleusen

Größere Häfen wie Bremerhaven oder Saint-Malo sind zwar bei jedem Wasserstand anzulaufen, aber sie haben dennoch ihre Hafenbecken durch Schleusen gegenüber dem tidenbedingten Wechsel des Wasserstandes gesichert. Der entscheidende Vorteil gegenüber einer einfachen Stauschleuse ist der, dass der Hafen in einem erheblich breiteren Zeitintervall angelaufen werden kann. Während die Stauschleuse die Zufahrt in der Regel nur etwa drei oder vier Stunden freigibt

BREMERHAVEN

Sportbootschleuse Neuer Hafen

Tel.: 0471-9412840 — ***UKW 69***

	Montag-Samstag	Sonn- und Feiertag	
April - Sept.	06:00 – 22:00	06:00 – 22:00	15 Min. vor Ankunft anmelden.
Okt. - März	08:00 – 18:00	08:00 – 18:00	15 Min. vor Ankunft anmelden.

Fischereihafenschleuse

Tel.: 0471-59613440 — ***UKW 10***

	Montag - Sonntag		
Januar - Dezember	24 Std.	Richtung Hafen h+30	Richtung Weser h+00

Einfahrsignal für Sportboote: weiß über 2 Grün

Schleusenzeiten Bremerhaven, Wasserschutzpolizei Bremen.

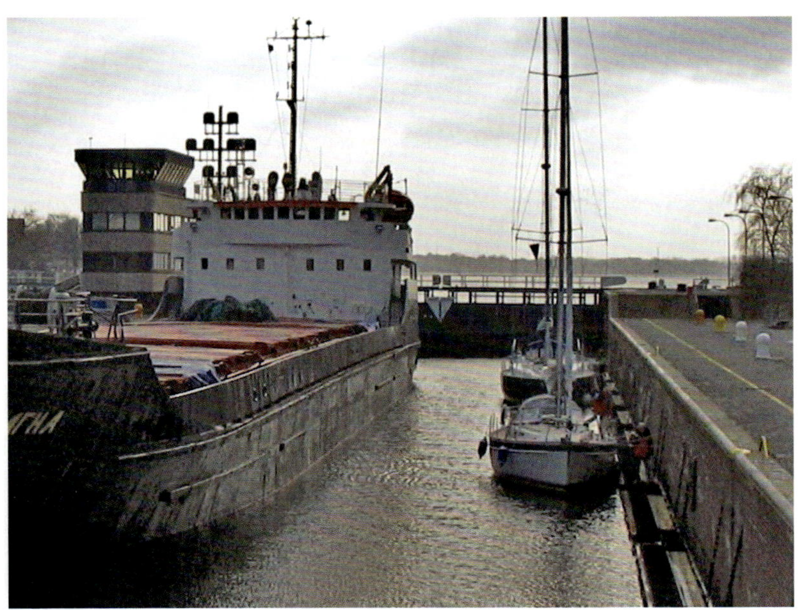

Schleuse im Nord-Ostsee-Kanal.

(Hochwasser +/–2 h), ermöglicht eine mit zwei Toren gebaute Schleuse die Zufahrt zum Hafen meist mindestens über acht Stunden (HW +/–4 h) oder in manchen Häfen sogar mehr, wie beispielsweise in Bremerhaven (s. Abbildung).

Die Schleusenzeiten ändern sich natürlich mit der Zeit des sich ändernden Hochwassers. Es sei denn, es wird 24 Stunden am Tag geschleust, was in vielen großen Häfen durchaus der Fall ist.

In manchen Häfen werden Sportboote gemeinsam mit Fahrzeugen der Großschifffahrt geschleust, wie z. B. in Kiel und in Brunsbüttel am Nord-Ostsee-Kanal. Der unerfahrene Yachtsegler ist verständlicherweise etwas verunsichert, wenn er zum ersten Mal mit seiner 7-Tonnen-Yacht direkt neben einem 50 000-Tonnen-Frachter in der Schleuse liegt. Dass dabei klare Verhaltensregeln eingehalten werden müssen, versteht sich von selbst. Das Wasser- und Schifffahrtsamt Kiel-Holtenau gibt für Freizeitskipper ein sehr gut informierendes »Merkblatt für Sportbootfahrer« heraus, das auch im Internet heruntergeladen werden kann.

Das Merkblatt enthält neben den wichtigen Informationen für das Befahren des NOK auch zahlreiche Hinweise, die für das Verhalten in Schleusen und bei Kanalfahrten im Allgemeinen wertvoll sind.

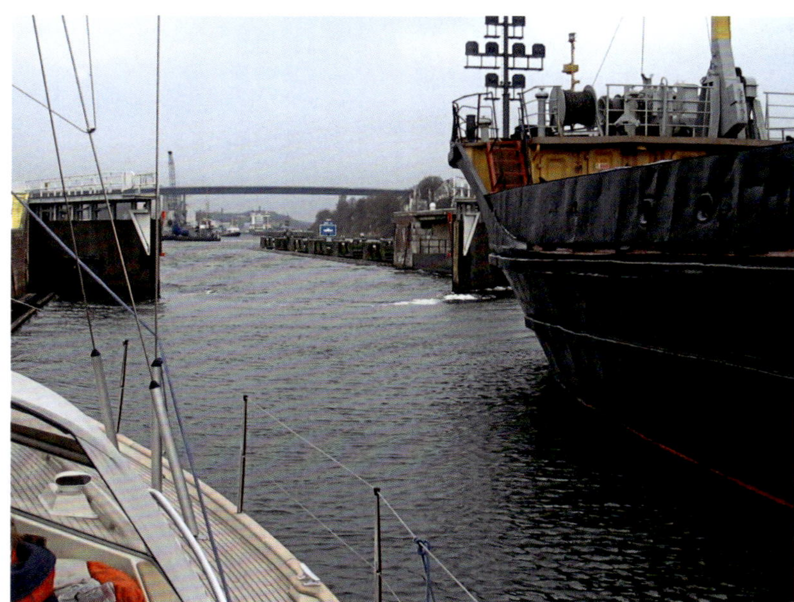

Geöffnete Schleuse im Nord-Ostsee-Kanal.

Stress in der Schleuse

Wer für sein Schiff einen Liegeplatz in den Niederlanden hat, kennt sich mit Schleusen aus, denn dort gehört das Durchfahren von Schleusen fast zum täglich Brot. Sofern zusammen mit der Großschifffahrt geschleust wird, verhalten sich die Yachtskipper in der Regel vorsichtig. Ganz anders geht es hingegen oft zu in reinen Sportbootschleusen. Abgesehen von der mehr oder weniger vorhandenen Kompetenz, das eigene Schiff unter beengten Platzverhältnissen zu manövrieren, ist es in Schleusen häufig die reine Rücksichtslosigkeit, die für Probleme sorgt. Wer am Sonntagnachmittag am Ende eines hochsommerlichen Wochenendes schon einmal in Lemmer/Niederlande an der Schleuse gestanden hat, weiß, wovon ich spreche: Hunderte von Skippern aus dem Ruhrgebiet müssen unter Zeitdruck zurück nach Hause und manövrieren in der Schleuse entsprechend stressgepeinigt.

Ob das Schleusen kostenpflichtig ist oder nicht, wird in verschiedenen Häfen und Ländern sehr unterschiedlich gehandhabt. Der Skipper muss sich im Einzelfall vor Ort informieren. Hafenhandbücher geben dazu Hinweise, die aber selten aktuell sind.

Törnplanung nach dem Schleusen

Beim Auslaufen, abgesehen von den Schleusenzeiten, muss sich der Skipper natürlich auch Gedanken machen über den weiteren Törnverlauf nach dem Schleusen, denn Tidenstand und Tidenstrom werden bei der weiteren Törnplanung zu beachten sein.

Ein Beispiel: Schleusen in St.-Malo und Törnplanung in Richtung St. Helier/Jersey

Wir haben die Nacht im Bassin Vauban, einem Hafenbecken hinter einer Schleuse in Saint-Malo verbracht und planen, am nächsten Tag Saint Helier auf der Insel Jersey in den englischen Kanalinseln anzulaufen. St. Helier ist wie St.-Malo ein tidenabhängiger Hafen, genauer gesagt ein Hafen mit einem Sill. Von St.-Malo nach Jersey sind es ohne zu kreuzen etwa 32 Seemeilen. Nach der Wettervorhersage können wir den ganzen Tag über mit einem frischen Westwind rechnen, sodass wir die 32 Meilen in etwa fünf bis sechs Stunden zurücklegen werden. HW St.-Malo ist um 03.44 Uhr und die letzte Schleusung am frühen Morgen nach HW ist um 06.30 Uhr. Mit anderen Worten, urlaubsmäßiges Ausschlafen wäre in dem Fall gestrichen. Die nächste Schleusung tagsüber beginnt um 13.00 Uhr, etwa drei Stunden vor dem nächsten HW um 16.19 Uhr. Die Antwort auf die Frage, welche der Schleusungen wir nehmen wollen, hängt in erster Linie davon ab, ob wir nach sechs Stunden Segelzeit zu einem passenden Zeitpunkt vor dem Sill in St. Helier auf Jersey sein werden. HW St. Helier ist etwa 30 Minuten früher als HW St.-Malo, also um 15.50 Uhr. So weit die Fakten. Wir gehen die zwei Alternativen durch. Erste Möglichkeit: Wir nehmen die frühmorgendliche Schleusung um 06.30 Uhr. Dann hätten wir gegen 07.00 Uhr St.-Malo verlassen und würden gegen 13.00 Uhr in St. Helier ankommen. Das Sill öffnet in St. Helier etwa zur halben Flut, was zu unserer geplanten Ankunftszeit passen würde. Somit Törnplanung gut, Schlafplanung schlecht.

Zweite Möglichkeit: Wir schleusen um 13.00 Uhr in St.-Malo und sind dann etwa gegen 19.00 Uhr vor St. Helier. Das wäre dann etwa drei Stunden nach HW St. Helier und somit der Zeitpunkt, zu dem das Sill schließt. Sofern der Wind durchsteht und wir die Segel gut trimmen, könnten wir es vielleicht eine knappe Stunde früher schaffen, kurz vor dem Schließen des Sills. Aber was tun wir, wenn die Zeit uns wegläuft, weil Wind und/oder Strom ungünstig sind? Eine leichte Grundberührung bei auflaufendem Wasser ist nicht wirklich schlimm. Doch wenn eine Yacht bei Ebbe in den englischen Kanalinseln Grundberührung hat, bleibt sie in den meisten Fällen für einige Stunden hängen. Das Wasser fällt dort bei neun bis elf Meter Tidenhub derartig schnell, dass jeder Versuch, durch Krängung und/oder Motorkraft freizukommen, in der Regel zum Scheitern verurteilt ist. Somit

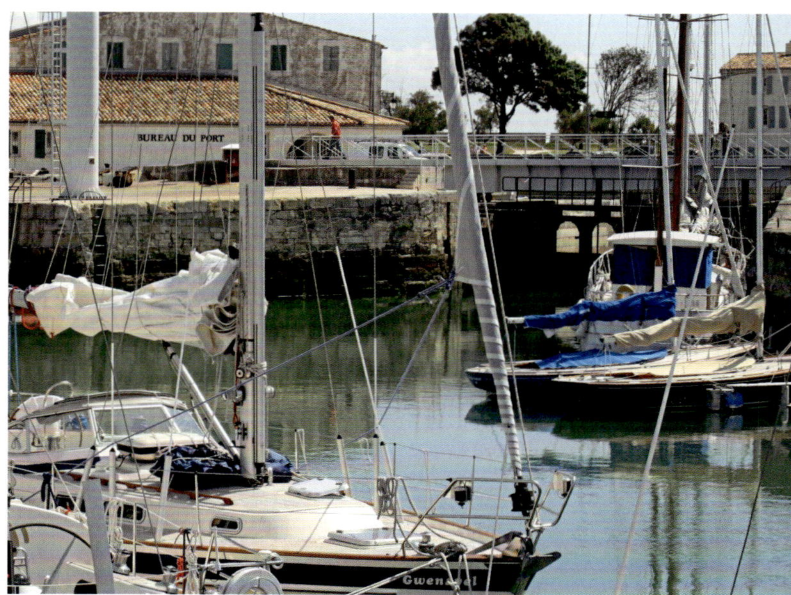

Im Schleusenhafen.

ist die Entscheidung hinsichtlich der Wahl der Zeit der Schleusung klar: Wecker stellen und früh raus!

Es gibt allerdings noch einen weiteren Aspekt in der Planung zu beachten: die in Richtung und Stärke wechselnden Gezeitenströme zwischen Start und Ziel. Bei der zeitlichen Planung wurde davon ausgegangen, dass bei dem vorhergesagten Wind etwa 5 bis 6 Knoten Fahrt über Grund gemacht werden. Dies ist jedoch eine Annahme, die im Ärmelkanal und insbesondere im Bereich der Kanalinseln aufgrund des Strömungseinflusses keineswegs immer realistisch ist. Um zu prüfen, ob der Tidenstrom zu unserer Törnplanung passt, soll der Strömungsatlas benutzt werden, wie er in Kapitel 2.4 vorgestellt wurde.

Die letzte Nacht war sternenklar und der Mond erschien als knapper Halbkreis, Tendenz zunehmend, woraus geschlossen werden muss, dass die Strömungspfeile für Nippzeit gelesen werden. Die beiden möglichen Alternativen sollen noch einmal verglichen werden. Erste Möglichkeit: Schleusung um 06.30 Uhr, drei Stunden nach HW. Für die folgenden sechs Stunden benötigt man also die Strömungskarten für HW +3 h, HW +4 h, HW +5 h, HW +6 h, HW –5 h und HW –4 h. Doch Vorsicht! HW mit Bezugsort St.-Malo! Sofern die im *Reeds* abgebildeten Strömungskarten oder andere englische Karten benutzt werden, ist darauf zu achten, dass sie keineswegs auf St.-

Malo, sondern meist auf HW Dover bezogen sind. Bei Benutzung des *Reeds* müsste man also zuerst einmal umrechnen, welche Zeitkorrektur an die HW-Zeit von Dover anzubringen ist, um auf die HW-Zeit von St.-Malo zu kommen. Nach *Reeds* liegt das HW Dover 5 h 06 min nach HW St.-Malo. Dies muss etwas kritisch betrachtet werden: Schon die Angabe von fünf Stunden und sechs Minuten gaukelt eine Genauigkeit vor, die in der Praxis nicht gegeben ist. Darüber hinaus liegt Dover mehr als 200 Meilen von St.-Malo entfernt und hat eine anders geformte Tidenkurve als St.-Malo. Beide Kurven sind nicht sinusförmig. Schaut man sich die Hochwasserzeiten von Dover und St.-Malo an verschiedenen Tagen des Jahres vergleichend an, so stellt man fest, dass die Differenz zwischen den Zeiten nicht immer fünf Stunden sechs Minuten beträgt. Es ist ein Mittelwert, der am Tag unserer Messung keineswegs zutreffen muss. Die Differenzen variieren grob zwischen vier und sechs Stunden. Daraus lässt sich nur ein vernünftiger Schluss ziehen: Es sollten nicht die englischen auf Dover bezogenen Strömungskarten benutzt werden, sondern die französischen, die direkt auf St.-Malo bezogen sind. Hoffentlich hat der Skipper dies schon früh genug bemerkt und in St.-Malo eine nautische Buchhandlung aufgesucht ...

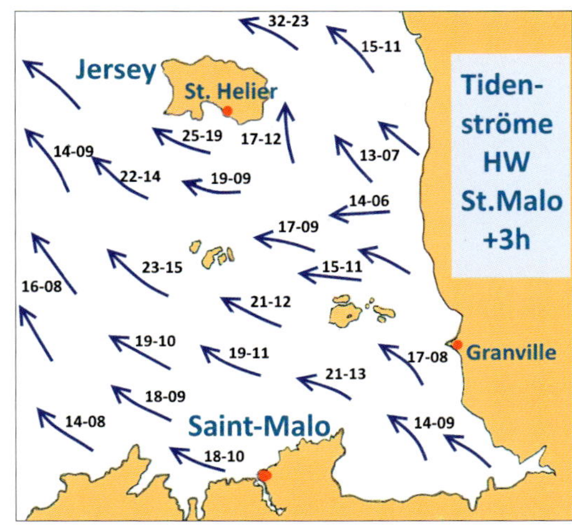

Strömungskarte Golf von Saint-Malo drei Stunden nach HW St.-Malo.

Den französischen Strömungskarten kann man entnehmen, dass von drei Stunden nach HW bis sechs Stunden nach HW St.-Malo der Tidenstrom zur Nippzeit mit etwa 1 bis 2 Knoten nach Nordwesten setzt (s. obenstehende Karte für drei Stunden nach HW St.-Malo). Zum Niedrigwasser kentert der Strom und setzt in den folgenden drei Stunden ebenfalls mit etwa 1 Knoten nach Osten. Mit anderen Worten, wir werden in der ersten Hälfte der Strecke bis Jersey nach Backbord und in der zweiten Hälfte nach Steuerbord versetzt. Damit ist auch klar, wo wir das Untiefengebiet der Minquiers passieren, das ziemlich genau in der Mitte zwischen St.-Malo und Jersey liegt (s. Seekartenausschnitt). Der Tidenstrom versetzt uns – wie bestellt –

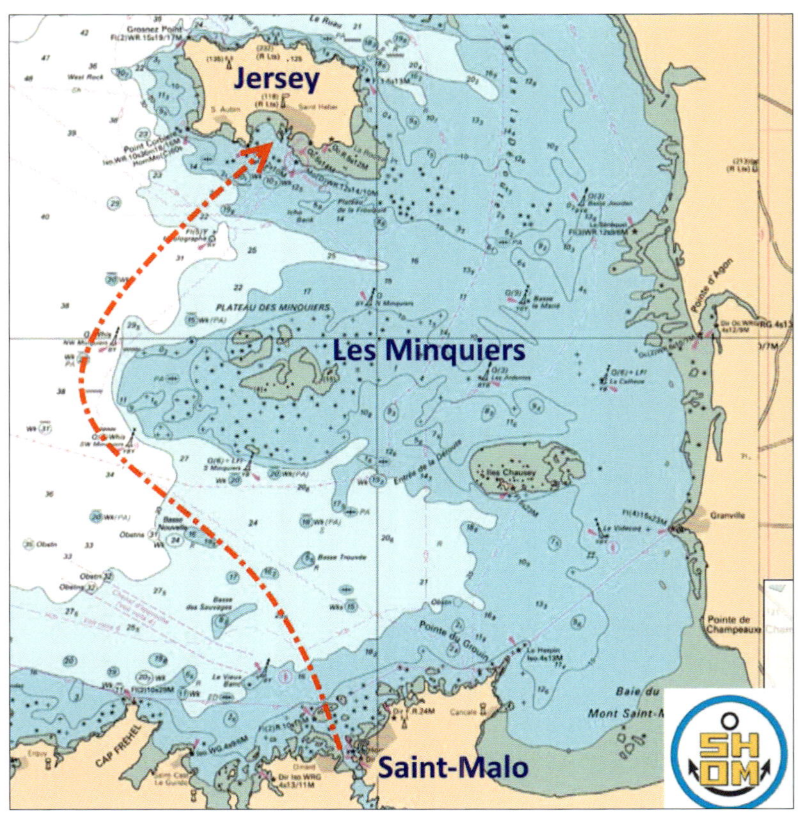

Seekarte Golfe de Saint-Malo mit Jersey.

westlich der Untiefen und korrigiert diese Versetzung auch selbst wieder nach Osten, nachdem wir die Steine passiert haben. Perfekt.

4.3 Im Hafen

Im Schleusenhafen

Wir haben es geschafft. Das Schleusentor hat sich tatsächlich zum angegebenen Zeitpunkt geöffnet. Wir passieren das Tor im Entenmarsch bewusst als eines der letzten Schiffe, denn wir wollen am nächsten Tag als eines der Ersten wieder auslaufen, hoffend, dass der Hafenmeister uns einen akzeptablen Liegeplatz zuweist. Es ist Hochsommer und dementsprechend beengt geht es im Hafen zu. Mit Bugstrahlruder fällt es nicht

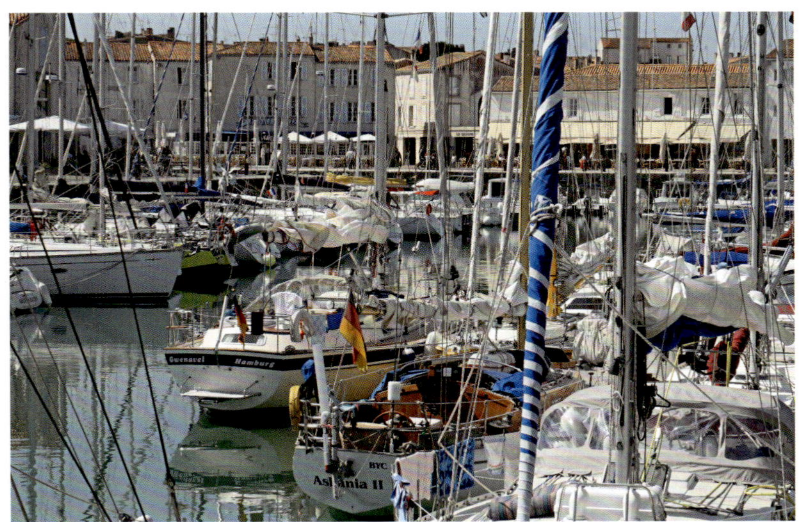

Im Schleusenhafen im Päckchen.

allzu schwer, unsere 12-m-Yacht zu manövrieren. Im Hinblick auf das für den kommenden Tag angesetzte Auslaufen würden wir gern vor dem Festmachen drehen und den Bug schon in Richtung Schleusentor legen. Außerdem ist am Abend mit Regen zu rechnen und wir hätten gern die Nase im Wind, um den Niedergang zur besseren Belüftung offen lassen zu können. Doch inzwischen liegen schon so viele Schiffe im Becken, dass auch mit Bugstrahlruder an drehen nicht mehr zu denken ist. Wir müssen ins Päckchen mit vier anderen Yachten.

Am Abend setzt in der Tat schräg von achtern ablandiger Starkwind ein und der Skipper des ersten Schiffes im Päckchen beginnt, etwas kritisch und mürrisch auf seine Heckklampe zu schauen. Die drei äußeren Boote zerren mit vereinten Kräften allesamt an seiner Klampe. Mit Recht macht er darauf aufmerksam, dass die außen liegenden Boote zusätzliche Landleinen ausbringen sollten.

Beim abendlichen Hafenspaziergang stelle ich fest, dass das schon ziemlich alt aussehende, teilweise hölzerne Schleusentor keineswegs dicht ist. Zwischen den zwei Torhälften pressen sich pro Minute sicherlich mehrere Kubikmeter Wasser hindurch. Auf die Nacht hochgerechnet könnte das durchaus den Wasserstand in der Schleuse bemerkenswert absenken, was bedeutet, dass die innere Yacht im Päckchen die Festmacher zur Pier etwas verlängern sollte.

In vielen Schleusenhäfen gibt es am Rand des Hafenbeckens Schwimmpontons, sodass ein durch Undichtigkeiten des Tores sinkender Wasserstand kein Problem darstellt für die festgemachten Schiffe. Hingegen gibt es in England und Frankreich mancherorts in kleineren Schleusenhäfen noch Becken mit Stautoren, wo die Festmacher direkt an Pollern auf der Pier belegt werden. Bei undichtem Tor muss dann unter Umständen die Länge der Festmacher entsprechend dem Wasserstand angepasst werden. Häfen mit Sill hingegen haben in der Regel nach Hochfahren des Sills konstanten Wasserstand. Außerdem sind sie meist mit Schwimmpontons ausgestattet, sodass der Skipper sein Schiff festmachen kann wie in einem tidenunabhängigen Hafen.

So wie es beim Einlaufen in einen Schleusenhafen manchmal zu stressigen Situationen kommt wegen der großen Zahl von Yachten, die gleichzeitig durch das Nadelöhr wollen, so ist es auch beim Auslaufen. Es ist immer wieder überraschend, wie sich das menschliche Verhalten nachteilig ändert, sobald sich die Herde in Bewegung setzt. Manch ein voreiliger Skipper wirft seine Leinen viel zu früh los und verursacht damit Stress für seine Nachbarn. Doch beobachtet man gelegentlich auch das Gegenteil, dass im Päckchen liegend mit drei oder mehr Booten, der Skipper der außen liegenden Yacht zum Zeitpunkt der Schleusenöffnung noch in der Koje liegt oder im Extremfall gar nicht an Bord ist. No comment!

Im Tiefwasserhafen an der Pier

In großen Häfen wie beispielsweise Cuxhaven, Oostende oder Boulogne hat der Skipper oft die Wahl zwischen tidenunabhängigen Liegeplätzen hinter einem Schleusentor oder tidenabhängig im Tiefwasserbereich an einem Schwimmsteg oder einfach an der steinernen Pier festzumachen. Das muss nicht heißen, dass das Schiff dort bei Niedrigwasser trockenfällt. Je nach Mondphase kann man an vielen Piers auch in Tidengewässern sehr wohl tagelang liegen, ohne Grundberührung zu bekommen. Während bei Nippzeit der Tidenhub so gering ist, dass es an der Pier liegend nicht zu einer Grundberührung kommt, ist die Situation eine Woche später zur Springzeit eine völlig andere. Hat die Yacht bei Nippzeit und drei Meter Tidenhub zum Niedrigwasser noch einen Meter Wasser unter dem Kiel, wird sie bei Springzeit und sechs Meter Tidenhub sicherlich am selben Liegeplatz trockenfallen.

Ein Beispiel aus dem Alltag des Tidenskippers:

Wir segeln einen Überführungstörn von Bremerhaven nach Lissabon und laufen unterwegs Boulogne am Osteingang in den Ärmelkanal an, um die Frau des Skippers, die mit dem Zug dort ankommen wird, an Bord zu nehmen. Wir haben die Absicht, danach noch am selben Tag wieder auszulaufen, weil Wind und Tide günstig sind. Aus diesem Grund gehen wir bewusst

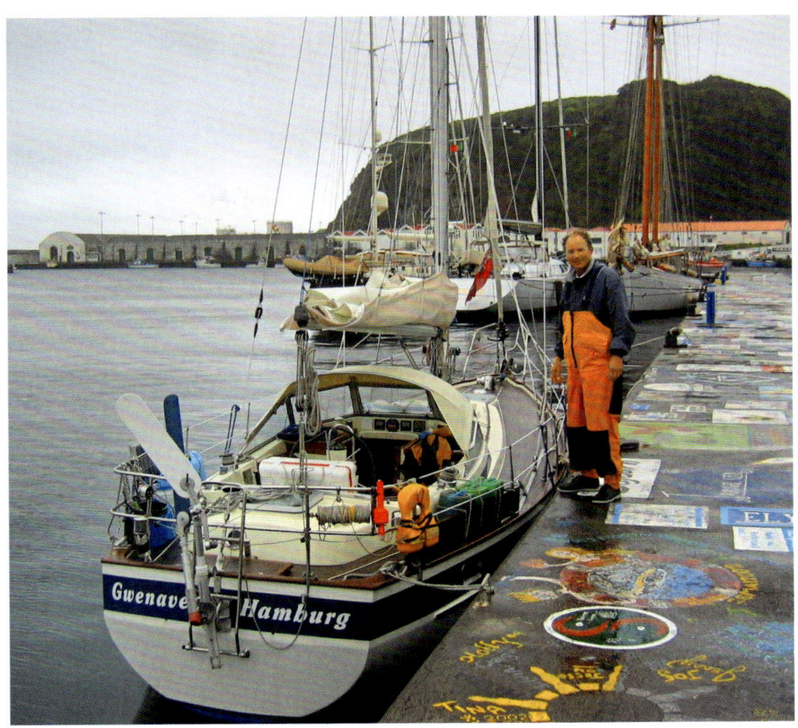

An der Betonpier bei HW.

nicht in den Schleusenhafen, da wir wegen der Schleusenzeiten sonst erst am folgenden Tag wieder auslaufen könnten. Wir machen darum, den Tiden ausgesetzt, gegen 11.30 Uhr an einer Betonpier fest, wo auch einige Fischer liegen. Wir planen, dass wir spätestens nach zwei Stunden wieder mit unserem neuen Besatzungsmitglied an Bord auslaufen können. Der Zug soll um 12.10 Uhr ankommen und mit dem Taxi sind es vom Bahnhof nur zehn Minuten zum Hafen. Gegen 12.30 Uhr müsste die Frau des Skippers an Bord sein. Bis dahin dürfte der fallende Wasserstand kein Problem darstellen.

Hochwasser war um 9.30 Uhr. Es ist Springzeit im Frühjahr und der Tidenhub beträgt etwa neun Meter. Um 11.30 Uhr zeigt unser auf die Wasserlinie korrigiertes Echolot 7,1 Meter Wassertiefe. Unser Schiff hat 2,2 Meter Tiefgang. Kurz nachdem wir das Schiff mit langen Leinen an der Pier festgemacht haben, klingelt das Telefon des Skippers: Seine Frau teilt ihm mit, dass der Zug etwa mit zwei Stunden Verspätung ankommen wird. Teufel … Wir liegen bei Springzeit-Ebbe, zwei Stunden nach Hochwasser an einer

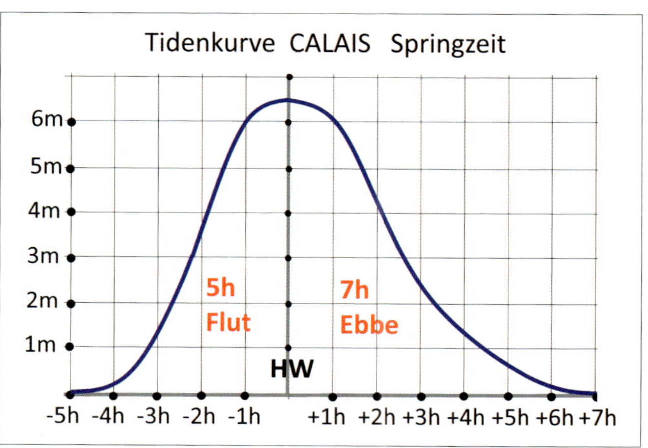

Pier bei etwa neun Meter Tidenhub und nun wird unser Zeitplan vollständig über den Haufen geworfen. Was tun? Können wir hier liegen bleiben und auf den verspäteten Zug warten, ohne Grundberührung zu bekommen? Das Schleusentor hat inzwischen geschlossen, sodass die Alternative des gezeitenunabhängigen Liegeplatzes nicht mehr existiert.

Wir müssen rechnen, nur mit welcher Methode? Zwölftelregel? Das ginge am schnellsten. Aber wir wissen nicht, wie die Tidenkurve von Boulogne aussieht. Sinusförmig? Das ist keineswegs sicher bei der Lage von Boulogne kurz hinter dem nadelöhrähnlichen Eingang in den Ärmelkanal. Es gibt an Bord keine Unterlagen mit der Tidenkurve von Boulogne. Es sind allerdings die Tidenkurven von Dover und auch von Calais an Bord, die fast identisch sind. Beide Häfen liegen ja nur etwa 30 Meilen nordwestlich von Boulogne. Der Skipper vermutet daher ganz richtig, dass die Tidenkurve von Boulogne vermutlich einen ähnlichen Tidenverlauf hat wie die von Dover und Calais (s. obenstehende Zeichnung).

Der Tidenverlauf von Dover und Calais ist, wie man der obenstehenden Abbildung entnehmen kann, keineswegs sinusförmig. Auffällig ist die Asymmetrie um die Senkrechte durch die HW-Zeit. Die Flut dauert nur fünf Stunden, während die Ebbe sieben Stunden fließt. Für den Skipper ist das günstig, denn wenn er mit der Zwölftelregel rechnet, so hat er dank der Asymmetrie noch etwas Reserve.

Wir rechnen also bewusst trotz der Asymmetrie nach Zwölftelregel, wissend, dass das Ergebnis ungenau sein wird, aber mit einer Abweichung zu unserem Vorteil. Wir benutzen die Angaben zu Bezugs- und Anschlussort aus den *Gezeitentafeln* des BSH, mit denen wir schon vor dem Einlaufen auf See die HW-Zeit von Boulogne ausgerechnet hatten.

Bezugsort ist Brest, es ist Springzeit.
HW Brest um 14.50 Uhr; HW-Höhe 7,6 m.
NW Brest um 21.15 Uhr; NW-Höhe 0,4 m.
Boulogne, Zeitunterschied zu HW Brest: –5 h 20 min.
Zeitunterschied zu NW Brest: –4 h 26 min.
Boulogne, Höhenunterschied zu HW Brest: +1,8 m.
Höhenunterschied zu NW Brest: 0,0 m.
Somit **HW-Zeit Boulogne: um 09.30 Uhr und HW-Höhe Boulogne 9,4 m** und **NW-Zeit Boulogne: um 16.49 Uhr und NW-Höhe Boulogne 0,4 m.**
Um 11.30 Uhr, also zwei Stunden nach HW, hatten wir 7,1 Meter Wassertiefe gelotet. Bis zur Ankunft der Frau des Skippers gegen 14.30 Uhr sind es noch drei Stunden. Diese drei Stunden sind die dritte, vierte und fünfte Stunde der Ebbe. Also 3/12 + 3/12 + 2/12 vom Tidenhub. Somit 8/12 von 9 m = 6 m.
Mit anderen Worten: Das Wasser wird in den nächsten drei Stunden noch sechs Meter fallen. In Bezug auf die gemessenen 7,1 Meter bedeutet dies, dass zur erhofften Ankunft der Frau vom Skipper die Wassertiefe nur noch 1,1 Meter betragen wird. Bei 2,2 Meter Tiefgang ist die Entscheidung klar: Wir können hier auf keinen Fall bleiben. Aber wohin? Die Schleuse ist zu. Unser Skipper schaut sich eine Zeit lang um und findet eine mögliche Lösung: Etwa 100 Meter hinter uns liegen drei Fischerboote im Päckchen an der Pier. Der Meeresboden steigt zur Pier hin sicherlich an, sodass das dritte Boot außen bestimmt in tieferem Wasser liegt als das erste direkt an der Pier. Wir werfen die Leinen los, fahren an den drei Fischerbooten langsam, sehr nahe vorbei und schauen gespannt auf das Display unseres Echolots: 9,2 Meter. Auf die Frage, ob wir kurz für zwei bis drei Stunden festmachen dürfen, antworten die Fischer zu unserem Glück mit einem Lächeln und einer einladenden Armbewegung. Wie gut uns und den Fischern das Bier anschließend schmeckt, muss ich nicht beschreiben.

Teilweise oder vollständig trockenfallende Häfen

Das Beispiel aus Boulogne zum Ende des letzten Kapitels sähe am gleichen Ort bei Nippzeit völlig anders aus, denn dann hätte die Yacht auch bei Niedrigwasser noch mehr als einen Meter Wasser unter dem Kiel. Der Skipper im Gezeitengewässer sollte sich also nicht darauf festlegen, grundsätzlich nur Tiefwasserhäfen mit Schwimmstegen oder Häfen mit Sill oder Schleusen anzulaufen. Zahlreiche Häfen, die bei Springzeit trockenfallen, sind bei Nippzeit durchaus problemlos 24 Stunden am Tag anzulaufen. Es ist eine Frage der Mondphase.
Zwar wurden die meisten deutschen Nordseehäfen im Laufe der letzten Jahrzehnte zu Schleusenhäfen umgebaut, aber es gibt noch einige Priel-

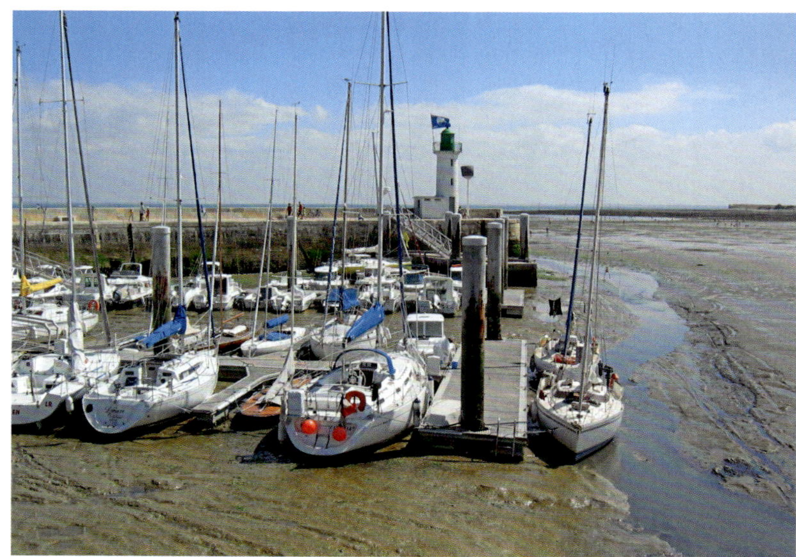

Trockenfallen trotz Schwimmsteg.

häfen, insbesondere auf den Halligen, die wie eh und je trockenfallen. Zweifellos sind diese Häfen nicht für moderne Cruiser-Racer mit schmalem tiefem Kiel geeignet, doch flachere, nicht zu große Fahrtenyachten mit längerem Kiel und weniger Tiefgang nehmen keinen Schaden, wenn sie sich bei Niedrigwasser, an Pfähle gelehnt, in den Schlamm setzen. Besonders eindrucksvoll und für den Ostseeskipper sicherlich anfangs beunruhigend sind Häfen, die zwar mit Schwimmpontons ausgestattet sind, aber dennoch völlig trockenfallen (s. Foto).

Die Schiffe auf dem Foto sind keineswegs alle Kimmkieler oder Integralschwerter. Auch Kielyachten mit mehr als 1,5 Meter Tiefgang liegen hier am Steg. In La Flotte auf Ile de Ré, nahe La Rochelle am französischen Atlantik ist es durchaus normal, dass man seinen Kiel bei Niedrigwasser tief in den weichen Hafenschlamm einsinken lässt. Der nicht-ortskundige Skipper sollte sich natürlich bei der Wahl des Hafens in solchen Gewässern vor der Entscheidung, die Nacht dort zu verbringen, beim Hafenkapitän informieren, ob der Meeresboden an den Stegen so weich ist, dass der Kiel sich weich hineinsetzen kann. Einen Hinweis geben immer schon die im Hafen liegenden Yachten. Sind es nur Motorboote, ist das ein Hinweis darauf, dass Kielyachten hier wohl bei Niedrigwasser Probleme bekommen.

Mehr zum Thema Trockenfallen im Kapitel 6.

Ob man mit einer Kielyacht an einem Ponton, einem Schwimmsteg oder an einer Hafenmauer festmacht, wo bei Niedrigwasser mit Grundberührung zu rechnen ist, muss in erster Linie davon abhängig gemacht werden, wie lange man dort liegen bleiben will. Da die Wasserstandsänderungen in der Zeitspanne von einer Stunde vor bis einer Stunde nach Hochwasser sehr gering sind (etwa 1/6 des Tidenhubs in zwei Stunden), kann man es sich auch in trockenfallenden Häfen erlauben, einen zweistündigen Landgang zu machen, um einkaufen zu gehen, die Stadt zu besichtigen oder im so verlockend aussehenden Fischrestaurant gegenüber vom Liegeplatz eine Seezunge zu essen. Es ist eine Frage des Tidenhubs, wie lang der Landgang ausgedehnt werden darf. Je nach Mondphase und Zeitpunkt des Festmachens sind auch manchmal drei, vier oder sogar fünf Stunden Landgang möglich, ohne Gefahr zu laufen, zu früh Grundberührung zu bekommen.
Ein Rechenbeispiel:
Während eines Nordsee-Urlaubstörns wollen wir Langeoog anlaufen. Allerdings möchten wir nur kurz zum Mittagessen und vielleicht noch für einen anschließenden Spaziergang im Hafen bleiben. Danach wollen wir wieder auslaufen, denn die Wetterlage ist bei schwachem Nordostwind ausnahmsweise bestens geeignet, südlich der Insel die Nacht vor Anker zu verbringen. Unser Schiff hat 1,8 Meter Tiefgang.
Langeoog ist Anschlussort zu Norderney als Bezugsort.
HW Norderney ist um 13.26 Uhr mit 3,1 m und
NW um 19.55 Uhr mit 0,4 m.
Korrekturen: Zeitunterschied für HW: +23 min und für NW +17 min,
Höhenunterschied für HW: +0,2 m und für NW: 0,0 m.
Wir laufen gegen 11.45 Uhr in der vorletzten Stunde der Flut ein und machen an einem Fingersteg fest. Unser Echolot ist nicht auf Wassertiefe, sondern auf Tiefe unter Kiel geeicht und zeigt 1,4 Meter an. Somit haben wir beim Anlegen 3,2 Meter Wassertiefe. Bleibt also nur zu klären, wann wir spätestens zurück an Bord sein müssen, um noch problemlos auslaufen zu können. Der Skipper möchte zum Zeitpunkt des Auslaufens noch mindestens 60 Zentimeter Wasser unter dem Kiel haben. Um wie viel Uhr wird das sein?
Mit den o.g. Korrekturwerten ergibt sich:
HW Langeoog: 13.26 Uhr + 23 min = **13.49 Uhr** mit einer Höhe von 3,1 m + 0,2 m = 3,3 m,
NW Langeoog: 19.45 Uhr + 17 min = **20.02 Uhr** mit einer Höhe von 0,4 m + 0,0 m = 0,4 m.
Es stellt sich wieder die Frage nach der passenden Methode zur Berechnung der gesuchten Uhrzeit.

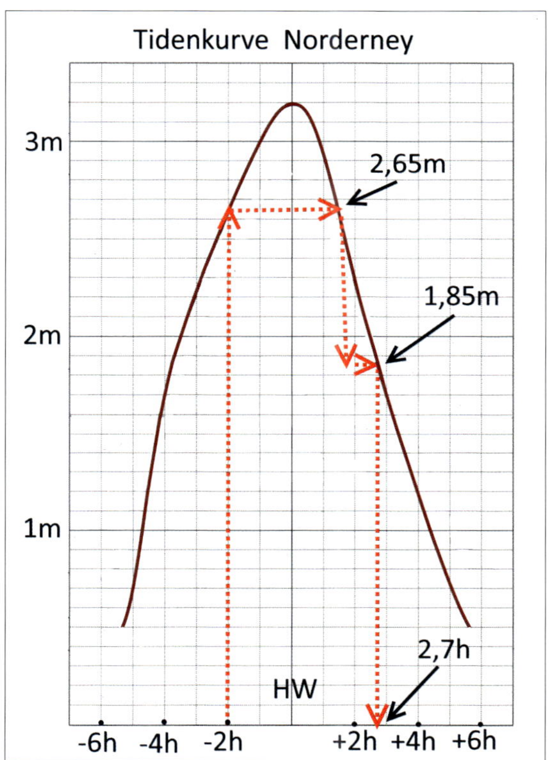

Die Niedrigwasserzeiten von Norderney und Langeoog sind gleich. Und der für den heutigen Tag berechnete Tidenhub ist bis auf zehn Zentimeter identisch mit dem Wert aus der Springzeit-Tidenkurve von Norderney. Es liegt somit auf der Hand, die Berechnungen mit dem grafischen Verfahren an der Tidenkurve von Norderney zu machen.

Es wird die bereits in Kapitel 4.2 dargestellte Tidenkurve benutzt. Festmachen um 11.45 Uhr war 2 h 04 min vor HW mit 1,4 Metern unter Kiel. Wir gehen mit diesem Wert auf die Zeitachse unten und zeichnen eine senkrechte Hilfslinie hoch bis an die Spring-Tidenkurve. Der Schnittpunkt entsteht bei 2,65 Metern. Es folgt eine waagerechte Hilfslinie nach rechts an die Kurve nach HW. Der Skipper möchte zum Ablegen noch mindestens 0,6 Meter unter dem Kiel messen. Das sind 80 Zentimeter weniger als beim Festmachen. Also gehen wir nun an der senkrechten Achse für Wassertiefe 80 Zentimeter hinunter und lesen dort 1,85 Meter ab. Jetzt wieder senkrecht hinunter auf die Zeitachse, wo wir 2 + 2/3 Stunden nach HW als Ergebnis ablesen. Also 2 Stunden 40 Minuten. Hochwasser Langeoog war um 13.39 Uhr. 2 Stunden 40 Minuten später bedeutet **16.19 Uhr**.

Mit anderen Worten: Gegen 16.15 Uhr muss die Crew am Nachmittag klar sein zum Ablegen. Zurück an Bord also gegen 16.00 Uhr. Reichlich Zeit, um nicht nur gemütlich im uns empfohlenen Hafenrestaurant essen zu gehen, sondern sogar noch genug Zeit für einen Spaziergang bis in den Ort. Oder wollen wir lieber die beliebte Langeooger Bimmelbahn nehmen?

4.4 Ankern

An der Nordseeküste ist das Ankern, abgesehen von einigen Stellen in Randbereichen großer Priele, eher unbeliebt, da meist zu starke Strömung setzt, die Wassertiefe bei Niedrigwasser nicht ausreicht oder einfach die Wetterlage ungeeignet erscheint. Außerdem ist es in weiten Bereichen des Wattenmeers sogar verboten. Anders ist dies in England, Irland, Frankreich und Nordspanien, wo es trotz teilweise großen Tidenhubs viele hervorragende, seemännisch vertretbare und landschaftlich sehr reizvolle Ankerbuchten gibt. Ankerverbote sind dort ausgesprochen selten. Ankern gehört in diesen Buchten zum normalen Skipperalltag.
An manchen Küstenabschnitten ist es sinnvoller zu ankern, als in einen Hafen einzulaufen, sofern man zeitlich unabhängig bleiben will im Hinblick auf das Auslaufen am nächsten Tag. Denn möglicherweise passen die Schleusenzeiten nicht zur Törnplanung.
Jeder gute Skipper auch aus tidenfreien Gewässern weiß, dass beim Ankern, insbesondere über Nacht, verschiedene Aspekte zu berücksichtigen sind:

- aktuelle Großwetterlage,
- lokale Besonderheiten beim Wetter,
- erwartete Wetterentwicklung,
- juristische Vorgaben der Behörden,
- aktuelle und zu erwartende Windrichtung,
- Beschaffenheit des Ankergrundes,
- Wassertiefe,
- möglicher Schwell,
- Zahl der schon vor Anker liegenden Yachten, Schwojekreise,
- Wünsche der Crew, mit Beiboot an Land zu gehen.

Im Tidengewässer kommt dem Punkt Wassertiefe natürlich besondere Bedeutung zu, denn die Kettenlänge sollte ja bei jedem Wasserstand ausreichen, um auch bei auffrischendem Wind möglichst sicher zu sein, dass der Anker nicht schlieren wird. Angenommen wir haben eine geschützte Ankerbucht gefunden, die oben genannten Aspekte sind alle zur Zufrie-

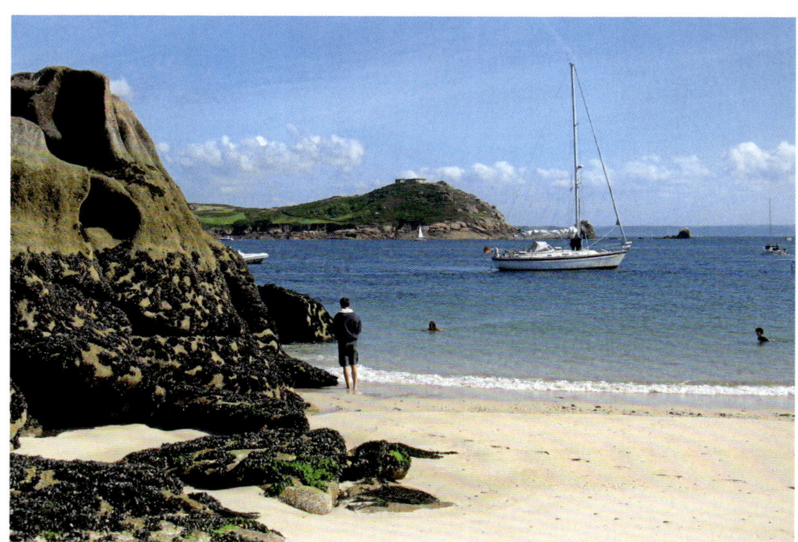

denheit des Skippers berücksichtigt und wir haben das Glück, genau zum Niedrigwasser in der Ankerbucht anzukommen. In diesem Fall ist die Berechnung der notwendigen Kettenlänge recht einfach: Die Wetterlage ist ruhig und konstant und wir wollen die unter diesen Bedingungen übliche 4-fache Wassertiefe als Kettenlänge legen. Wir haben zum Niedrigwasser mit 1,8 Meter Tiefgang auf drei Meter Wassertiefe geankert. Der Tidenhub beträgt fünf Meter. Das bedeutet, dass etwa sechs Stunden später zum Hochwasser die Wassertiefe 3 m + 5 m = 8 m betragen wird. Somit brauchen wir 4 × 8 m = 32 m Kette, um ruhig schlafen zu können. Dass sich dabei der Radius des Schwojekreises mit sinkendem Wasserstand vergrößert, darf im Hinblick auf den Abstand zu in der Nähe ankernden Schiffen nicht außer Acht gelassen werden.

Der Tidenstrom ist – außer in Flussmündungen – in Ankerbuchten in der Regel gering. Meist hat der Wind größeren Einfluss auf die Ausrichtung der Yacht als der Strom. Falls aber in Buchten mit nicht vernachlässigbarem Tidenstrom bei sehr leichten Winden oder Flaute geankert wird, so ist davon auszugehen, dass sich die Zugrichtung der Kette nach dem Kentern des Stroms ändern wird. Dies geschieht allerdings nicht plötzlich, sondern meist über etwa eine Stunde um das Stillwasser herum langsam und kontinuierlich. Doch hat nicht jeder Anker eine günstige Bauform, die ein erneutes Eingraben in den Meeresboden nach einer 180°-Drehung der Zugrichtung der Kette sicherstellt. Zwischen Danforth-, CQR-, Delta-, Rocna- und anderen Pflugscharankern gibt es erhebliche Unterschiede

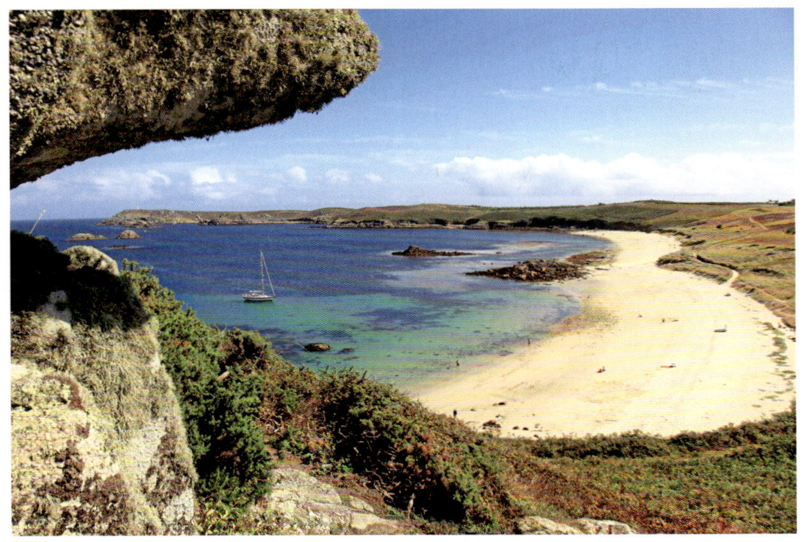

in ihrer Fähigkeit, sich nach 180°-Winddrehern wieder zuverlässig selbst einzugraben.

Normalerweise hat man nicht das Glück, zufällig genau zum Niedrigwasser die ausgewählte Ankerbucht anzulaufen, sodass die Entscheidung für den optimalen Ort zum Fieren der Kette tidenabhängig getroffen werden muss. Der Skipper sucht selbstverständlich nach einem möglichst ruhigen Ankerplatz für die Nacht, was bedeutet, dass er sein Schiff nah – wenngleich natürlich nicht zu nah – ans Ufer legen möchte, denn der Seegang wird bei ablandigem Wind mit zunehmendem Abstand vom Ufer größer. Außerdem möchte vielleicht die Crew mit dem Beiboot an den Strand, der Außenborder ist mal wieder defekt und niemand will sich allzu weit gegen den Wind in die Riemen legen ... Aber wie nah können wir heran an den Strand? In welchem Abstand zum Strand soll der Anker gelegt werden?

Ein konkretes Beispiel:

Gestern Abend hatten wir bei Nordwind an einer Gäste-Boje in St. Mary's auf den Isles of Scilly/Cornwall festgemacht; aber über Nacht hat der Wind auf West gedreht und der Liegeplatz ist nun voll dem Westwind mit entsprechendem Seegang ausgesetzt. Wir suchen einen besser geschützten Liegeplatz. Auf der Ostseite der nur vier Meilen entfernten Nachbarinsel St. Martin gibt es eine Ankerbucht, wie man sie sich reizvoller und bei dieser Wetterlage auch geschützter kaum vorstellen kann (s. Foto oben). Also: Leinen los! Eine gute Stunde später öffnet sich vor uns eine wahrhaft traumhafte Bucht mit einem einsamen Sandstrand, einge-

rahmt von gigantischen, von Algen und Flechten überwucherten Felsen. Hochwasser St. Mary's war um 10.34 Uhr, St. Martin hat etwa die gleiche HW-Zeit wie St. Mary's und inzwischen ist es 11.40 Uhr. Der Mond ist zunehmend mit einer Dreiviertel-Sichel, also Mittzeit, einen Tag vor Springzeit.
HW St. Mary's um 10.34 Uhr mit 5,0 m Höhe,
NW St. Mary's um 16.21 Uhr mit 0,4 m Höhe,
somit Tidenhub heute 4,6 m.
Wir planen wegen des auch für die nächsten Tage angesagten kräftigen Westwindes – und auch wegen der Schönheit der Insel – zwei Tage zu bleiben. Mit anderen Worten: Angesichts des zunehmenden Mondes in Richtung Springzeit ist nicht der heutige Tidenhub entscheidend für die Wahl des Ankerplatzes, sondern der Tidenhub in zwei Tagen. Es sei denn, wir verholen das Schiff morgen oder übermorgen ein paar Schiffslängen auf größeren Abstand zum Strand. Aber das ist vermeidbar, wenn wir schon heute den passenden Ankerplatz für übermorgen wählen.
Aus dem lokalen Tidenkalender vom Hafenbüro aus St. Mary's entnehmen wir die Tidenverhältnisse für übermorgen:
HW St. Mary's um 12.15 Uhr mit 5,5 m Höhe,
NW St. Mary's um 18.09 Uhr mit 0,1 m Höhe,
somit beträgt der Tidenhub in zwei Tagen 5,4 m.
Die Segel sind geborgen, Maschine kleine Fahrt, Anker klar zum Fallen, das Echolot zeigt 7 m ... 6,8 m ... 6,5 m ... 6,1 m ... 5,7 m ... Wo soll der Anker fallen?
Der Skipper hat zwar keine Tidenkurve von St. Mary's an Bord, aber bei der Lage des Archipels 35 Meilen vor der Küste Cornwalls ist klar, dass die Wasserstandsänderungen hier sinusförmig verlaufen. Er rechnet darum mit der Zwölftelregel:
Momentan haben wir eine Stunde sechs Minuten nach HW St. Mary's. Folglich liegen wir 1/12, gerundet 1/10 des heutigen Tidenhubs unter dem Hochwasserstand. Das sind 46 Zentimeter, gerundet 50 Zentimeter. Das Wasser fällt heute also noch gute vier Meter. Wir haben zwei Meter Tiefgang und wollen mindestens einen Meter Sicherheitsabstand zwischen Kiel und Meeresboden bei Niedrigwasser. Das bedeutet, wir brauchen mindestens 4 m + 2 m + 1 m = 7 m Wassertiefe, um diese Bedingungen einzuhalten. Heute!
Doch in zwei Tagen ist das Niedrigwasser 0,3 Meter niedriger als heute. Sicherheitshalber aufgerundet auf einen halben Meter. Das heißt, wir brauchen nicht sieben Meter Wassertiefe, sondern 7,5 Meter am Ankerplatz. Wir fahren unter Maschine auf diese berechnete Wassertiefe und anschließend einen Kreis um diesen Punkt mit einem Radius von etwa der notwendigen Kettenlänge von mindestens 35 Metern. Es ist nicht weiter überra-

schend, dass die Wassertiefe während dieser Lotungsrunde zum Strand hin geringer wird. Mit anderen Worten, falls der Wind im Laufe der nächsten beiden Tage auf östliche Richtungen drehen sollte, so wäre die Wassertiefe bei Niedrigwasser nicht ausreichend. Ostwind würde aber ohnehin für diese Bucht bedeuten, dass der Wind auflandig bläst, eine Legerwallsituation; das muss nun wirklich nicht sein. Zum Glück sind wir nicht im Mittelmeer, sondern im Atlantik, wo die Wettervorhersagen auf zwei bis drei Tage ausgesprochen zuverlässig sind. Und die sommerliche Großwetterlage ist klar: Ein Azorenhochkeil geht bis tief in die Biskaya und beschert uns auf seiner Nordostflanke beständigen Westwind für mindestens zwei Tage. Ideal, um diese verlockende Insel zu erkunden. Wir runden vorsichtshalber unsere Rechnung noch mit einem zusätzlichen Lotsenfuß auf und so fällt der Anker schließlich auf acht Meter Wassertiefe. Bei der gegebenen Windstärke von Bft 4 würden 35 bis 40 Meter Kette ausreichen, aber alle wollen an Land, auch der Skipper, und darum ist es schon beruhigender, wenn das Boot an 50 Meter Kette hängt. Um das Schwojen müssen wir uns keine Gedanken machen, denn – es ist kaum zu glauben – wir sind allein in dieser traumhaften Bucht, kein zweites Schiff, so weit das Auge reicht. Klarmachen zum Landgang! Am Strand ziehen wir das Dingi deutlich über die durch angeschwemmte Algen erkennbare Hochwasserlinie, denn wir planen zwar in etwa drei Stunden zurück zu sein, doch wer weiß ...
Ankerwache? Unter den gegebenen Umständen – der Wind hat inzwischen noch etwas nachgelassen und auch der abendliche Seewetterbericht verspricht weiter eine hochsommerliche Westwindlage – halten wir eine Ankerwache nicht für notwendig. Lediglich am GPS aktivieren wir den Ankeralarm mit einem Radius von 50 Metern. Am nächsten Morgen kurz nach Sonnenaufgang wird der Skipper wach, schaut auf die Uhr und sieht, dass wir uns nahe am Niedrigwasser befinden müssen. Ein Blick aufs Echolot bestätigt dies zwar, doch mit einem Messwert, der etwa 30 Zentimeter unter dem am Vortag berechneten Wert liegt. Natürlich, das Hochdruckgebiet! Das Barometer zeigt 1038 Hektopascal an, 25 mehr als der Mittelwert von 1013 Hektopascal. Die Differenz wird verständlich (s. dazu Kap. 1.4).

4.5 Im Fluss

Vor oder in Flussmündungen an sandigen Küsten bilden sich häufig Untiefenzonen in Form von Sandbarren. Durch den Wechsel der Gezeiten insbesondere bei großen Springtiden können sich diese Barren verlagern. Wenn diese Gefahr besteht, so findet man dazu Eintragungen in der Seekarte. Auch die See- und Hafenhandbücher sollten dies erwähnen.

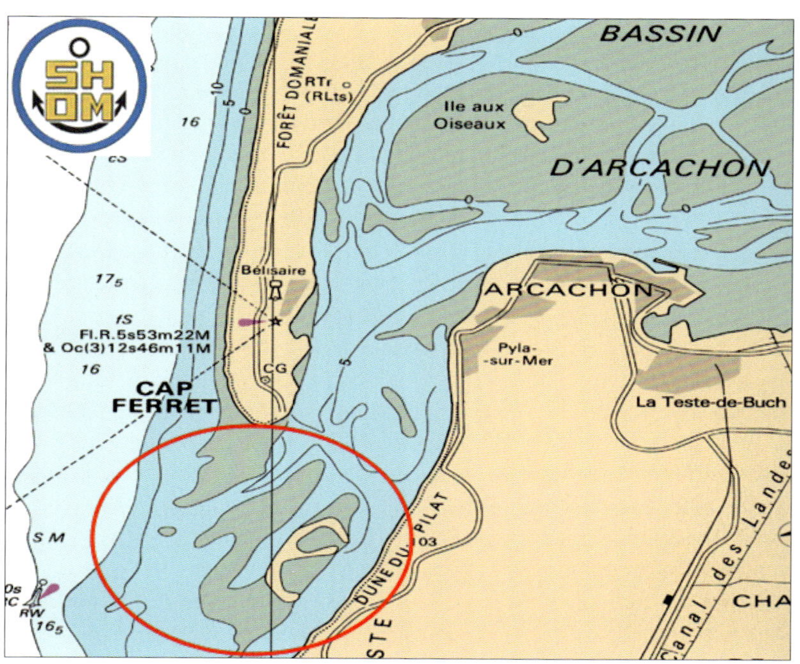

Veränderliche Sandbänke vor Arcachon.

Wenn in der (offiziellen und aktualisierten!) Seekarte dazu nichts vermerkt ist, kann der Skipper davon ausgehen, dass die Wassertiefen auf LAT bezogen konstant sind. Die nebenstehende Karte zeigt das Beispiel von Arcachon an der französischen Atlantikküste, wo es zwar ein betonntes Fahrwasser zwischen den Sandbänken gibt, dessen Tonnen jedoch mehrfach im Laufe des Jahres neu verlegt werden müssen, weil sich das Fahrwasser in seinem Verlauf und der Tiefe unvorhersehbar ändert. Darum sind auf der Seekarte keine Tonnen eingezeichnet. Der Hinweis auf diese Besonderheit steht als Text am Kartenrand.

Asymmetrie der Tide

Wie schon in Kapitel 1.5 erwähnt, kommt es in der Regel in großen Flussmündungen unter dem Einfluss des talwärts fließenden Brackwassers zu Verzerrungen der Tidenkurve. Während die Ebbe durch das Flusswasser verstärkt wird, wird die Flut in gleicher Weise behindert, sodass je nach Süßwassermenge die Ebbe bis zu eine Stunde verlängert und die Flut um bis zu eine Stunde verkürzt werden kann. Das bedeutet, dass in diesem Fall für Gezeitenrechnungen nicht einfach die Zwölftelregel benutzt wer-

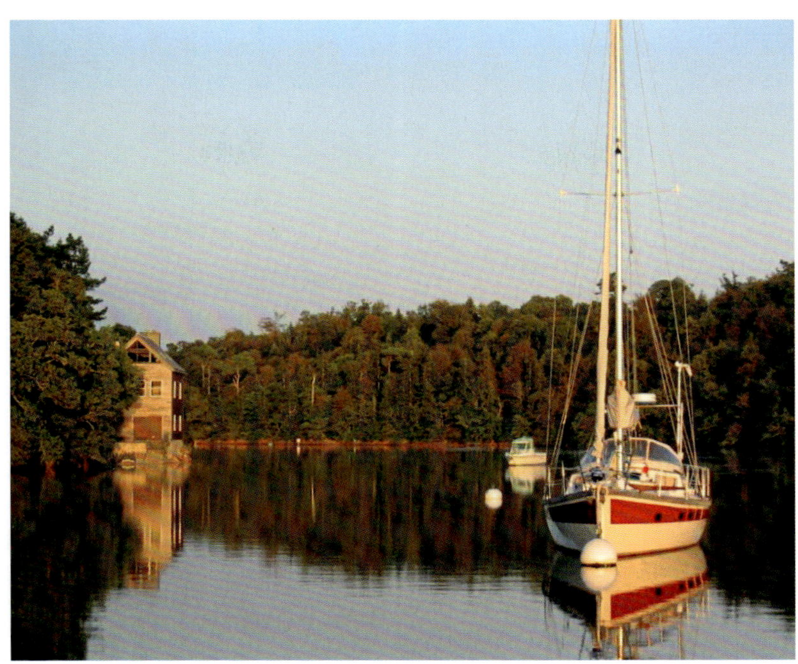

den darf. Es gibt aber zwei verschiedene Möglichkeiten, mit einer modifizierten Zwölftelregel zu arbeiten.

Die erste Methode: Man kann sich die etwa einstündige Asymmetrie zunutze machen und vereinfachend (und damit allerdings auch vergröbernd!) die Uhrzeit für den Zeitpunkt der zu berechnenden Tiefe ebenfalls um eine Stunde fiktiv verschieben. Aber Vorsicht: in die richtige Richtung! Richtig heißt dabei so, dass eine Sicherheitsmarge entsteht. Für die Berechnung von Wassertiefen während der Flut zieht man also einfach eine Stunde von der tatsächlichen Uhrzeit ab, während bei Berechnungen während der Ebbe eine Stunde zur wahren Uhrzeit addiert wird. Selbstverständlich ist das eine Notlösung und vergröbert recht stark, doch entsteht dadurch eine Sicherheitsmarge, die in den allermeisten Fällen ausreichen dürfte, um genügend Wasser unter dem Kiel zu behalten.

Die zweite, allerdings nicht sehr verbreitete Methode: Die asymmetrische Tidenkurve sei durch 5 + 7 Stunden statt 6 + 6 Stunden gekennzeichnet. Statt den Tidenhub zu sechsteln, dividieren wir ihn für die Flut durch 5 und für die Zeit der Ebbe durch 7. Nun passt allerdings nicht mehr die Zwölfteilung. Sie wird in der Flut ersetzt durch eine Neunteilung und in der Ebbe durch eine Sechzehnteilung.

Flut	Ebbe
1. Stunde: 1/9 vom Tidenhub	1/16 vom Tidenhub
2. Stunde: 2/9 vom Tidenhub	2/16 vom Tidenhub
3. Stunde: 3/9 vom Tidenhub	3/16 vom Tidenhub
4. Stunde: 2/9 vom Tidenhub	4/16 vom Tidenhub
5. Stunde: 1/9 vom Tidenhub	3/16 vom Tidenhub
6. Stunde:	2/16 vom Tidenhub
7. Stunde:	1/16 vom Tidenhub

Zugegebenermaßen ist diese Methode nicht sehr praxisgerecht, denn die Ungenauigkeiten, die sie beinhaltet, sind etwa genauso groß wie beim Ablesen an einer selbst gezeichneten Tidenkurve nach dem Vorbild der BSH-Kurven für Springzeit und Nippzeit.

Liegeplätze im Fluss

Im westlichen Teil des Ärmelkanals gibt es auf englischer wie auf französischer Seite zahlreiche reizvolle kleine Flüsse, deren Wassertiefe ausreichend ist, um mit der Flut viele Meilen tief ins Hinterland zu fahren. Entscheidend für die Flussfahrt ohne böse Überraschungen ist geschicktes Tiden-Timing. Der äußerst malerische River Fal in Cornwall nördlich von Falmouth ist auf etwa acht Seemeilen auch für Yachten mit zwei Meter Tiefgang flussaufwärts bis ins Städtchen Truro befahrbar. Vorausgesetzt, dass die Flut passend genutzt wird. Falmouth mit seinen Marinas an der Flussmündung ist ein tidenunabhängig anzulaufender Tiefwasserhafen. Auf der Seekarte ist die obere Hälfte des Flusslaufs bis Truro allerdings grün eingezeichnet, also trockenfallend, doch zeigt andererseits der englische Hafenführer, dass es in Truro an der Stadtpier Liegeplätze für mehrere Yachten gibt. Ausreichende Wassertiefe ist dort für Yachten mit zwei Meter Tiefgang jedoch nur etwa von einer vor bis einer Stunde nach Hochwasser gegeben. Das Hochwasser in Truro verzögert sich auf den acht Seemeilen Flussbettlänge im Vergleich zu Falmouth um etwa eine Stunde. Eine Yacht braucht für diese Strecke den Fluss hinauf mit der Flut etwa eineinhalb Stunden.

Unser Zeitplan: Um die zwei Stunden an der Pier voll zu nutzen, aber nicht die kommende Nacht dort trockengefallen zu verbringen, müssen wir eine Stunde vor HW ankommen und eine Stunde nach HW wieder ablegen.

Falmouth ist Anschlussort für den Bezugsort Plymouth. Uns interessiert in diesem Fall nur das Hochwasser. Dem *Reeds* oder den BSH-*Gezeitentafeln* entnehmen wir:

HW Plymouth: 11.44 Uhr mit 5,2 m Höhe,
Zeitkorrektur für HW Falmouth: -30 min,
Höhenkorrektur für HW Falmouth: –0,3 m,
somit gilt HW Falmouth: 11.14 Uhr mit 4,9 m Höhe.
Etwa eine weitere Stunde braucht die Flut den Fluss hoch bis Truro.
Also HW Truro: 12.14 Uhr.
Wir brauchen etwa 1 1/2 Stunden für die Flussfahrt, aber wir wollen ja nicht zum Hochwasser ankommen, sondern eine Stunde vorher. Somit ergibt sich, dass wir in Falmouth gegen **9.45 Uhr** ablegen müssen.
Der Stadtbummel im Old-English Truro war ein voller Erfolg, denn Skipper und Frau konnten in einem staubigen Nautiquitäten-Laden endlich die alte Petroleumlaterne finden, nach der sie schon jahrelang gesucht hatten. Leinen los und mit der Ebbe den Fluss wieder hinunter, zurück nach Falmouth.
Mit der Ebbe einem teilweise trockenfallenden Flusslauf zu folgen, ist indes nicht ganz ohne Risiko. Gerade im Fluss ist oft die Aufmerksamkeit für navigatorische Aspekte deutlich herabgesetzt, weil – im Vergleich zum Segeln auf offener See – alles so friedlich verläuft. Der Skipper übergibt das Ruder auch schon mal an ein weniger erfahrenes Crewmitglied und macht sich einen Tee.
Gerade im Hochsommer bei bestem Wetter kommt es dann gar nicht selten vor, dass man Yachten mit starker Krängung am Rand eines Flussfahrwassers festgekommen liegen sieht. Bei Flut wäre das kein Beinbruch, aber bei Ebbe ... (mehr dazu in den Kap. 4.8. und 4.9).
Nach längerer, anstrengender Seefahrt bei viel Wind und Welle ist es umso angenehmer, die Nacht im Fluss zu verbringen. Häufig hat der Skipper die Wahl zwischen Bojen und Schwimmstegen oder zu ankern.
Das Einfachste ist es, an eine **Boje** zu gehen. Gästebojen sind meist als solche gekennzeichnet. Das Bojenmanöver gestaltet sich allerdings unter Umständen nicht ganz einfach, wenn nämlich zusätzlich zur Strömung auch noch kräftiger Wind weht. Bevor an die Boje zum Festmachen herangefahren wird, sollte man darum einen Probelauf fahren, um zu prüfen, wie sich die beiden Kräfte überlagern. Ist der Strömungseinfluss stärker als der Windeinfluss oder umgekehrt? Es kommt dabei natürlich auch ganz wesentlich auf den Winkel an wie Strom und Wind zueinander stehen. Das Bojenmanöver wird in der Regel nur dann gelingen, wenn der Rudergänger die Überlagerung der Kräfte richtig einschätzt und er das Schiff gegen die Resultierende der beiden Kräfte langsam an die Boje fährt.
Auch das Ablegen ist nicht ganz unproblematisch. Im tidenfreien Revier ist es der Skipper gewohnt, sich nach dem Loswerfen des Festmachers vom Wind etwas abtreiben zu lassen, um Abstand zur Boje zu bekommen. Viel-

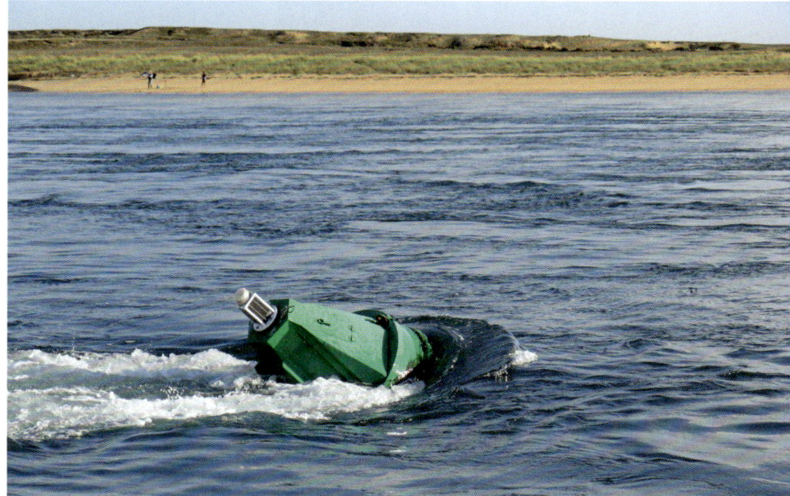

leicht unterstützt er das Manöver sogar durch Einlegen des Rückwärtsgangs. Im Fluss mit kräftigem Tidenstrom kommt es dann möglicherweise schnell zu einer Kollision mit dem Nachbarn achteraus, denn durch die Überlagerung von Strom, Wind und Motorkraft beschleunigt das Schiff auf eine überraschend hohe Fahrt über Grund. Sollten die Bedingungen durch extrem kräftigen Wind und Äquinoktial-Tidenstrom zu schwierig werden, so bleibt immer noch die Möglichkeit, auf das nächste Stillwasser am Ende der Ebbe oder der Flut zu warten.

Auch Schwimmstege sind keine Garantie für stressfreie An- und Ablegemanöver. Die oben beschriebene Problematik der Kräfteüberlagerung gilt

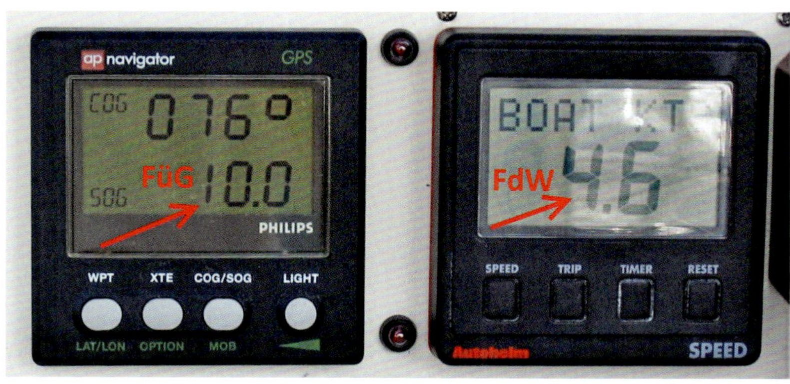

Logge / GPS-Instrumente mit großer Differenz zwischen FdW und FüG.

dort ganz genauso. Es kann sogar passieren, dass es vorübergehend völlig unmöglich wird abzulegen. Schwimmstege sind leider nicht überall so angelegt, dass die Liegeplätze parallel zum Strom liegen. Wenn sie – wie es gar nicht selten vorkommt – im rechten Winkel zum Flussbett und damit zum Strom liegen, wird bei kräftigem Gezeitenstrom die Yacht unter Umständen mit einer derartigen Kraft gegen den Ponton gepresst, dass es auch mit Motorkraft und / oder Leinenmanövern nicht mehr möglich ist abzulegen, ohne einen Schaden am eigenen oder am Nachbarboot zu verursachen. Da hilft dann nur noch, auf das nächste Stillwasser zu warten. Eine solche Situation wirft möglicherweise den kompletten Törnplan für den begonnenen Tag durcheinander, denn eventuell muss der Skipper geschlagene drei oder vier Stunden bis zum nächsten Stillwasser warten. Diese Stunden fehlen dann aber vielleicht, um auf der geplanten Tagesstrecke beispielsweise eine strömungsreiche Engstelle zwischen dem Festland und einer Insel mit dem richtigen Tiden-Timing zu passieren. Mit anderen Worten, es ist für eine im Tidenrevier erfolgreiche Törnplanung unabdinglich, schon abends bei der Wahl des Liegeplatzes für die Nacht, die Tidensituation am nächsten Morgen mit in die Überlegungen einzubeziehen.

Bleibt noch die Möglichkeit, im Fluss zu ankern. In der Tat ist dies oft die ruhigste Art, die Nacht zu verbringen. Keine Strömungsprobleme beim Heranmotoren an eine Boje, kein Risiko, zu kräftig auf den Ponton gepresst zu werden, keine Kollisionsgefahr mit dem Nachbarn, oder doch?

Nun, es kommt drauf an. Ankern ist sicherlich nicht sinnvoll mitten im Flussbett wegen der möglichen Behinderung anderer Fahrzeuge. Doch nicht selten gibt es Ausbuchtungen mit kleinen Seitenarmen, wo der Anker am Rand des Flussbettes in auch zum Niedrigwasser ausreichender Tiefe fallen gelassen werden kann. In Seitenarmen ist der Tidenstrom meist deutlich geringer als im Fahrwasser. Im Hochsommer gibt es allerdings in Westeuropa – abgesehen vielleicht von einigen Wattenrevieren – kaum noch einen Ankerplatz, an dem man völlig allein liegt. Somit muss dann auch im Fluss der Abstand zum Nachbarschiff mit in die Berechnung der zu steckenden Kettenlänge einfließen. Der Skipper sollte dabei bedenken, dass sein Schiff nach dem Kentern des Stroms für etwa sechs Stunden in entgegengesetzter Richtung liegen wird. Dass der Anker sich nach der Drehung nicht wieder eingräbt, ist im Fluss eher unwahrscheinlich, denn meist besteht der Grund aus weichem Schlamm. Zwei Anker zu legen, sei es als Bug- und Heckanker oder die beiden Anker zu vermuren, kann im Einzelfall eine Lösung sein, die den Platzbedarf um das Schiff herum deutlich verringert, doch ist das nur sinnvoll, wenn die Nachbaryachten dies genauso handhaben. In der Praxis sieht man es so gut wie nie. Es ist

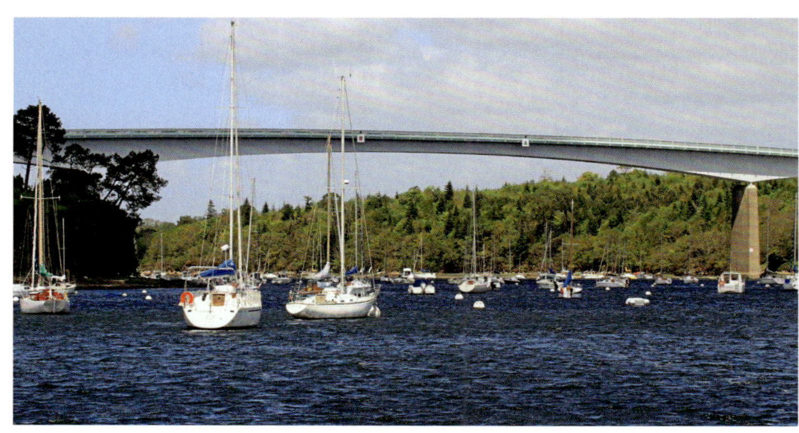

zu kompliziert. Ohnehin – was die Dimensionierung des Ankergeschirrs betrifft – sind erfahrene Fahrtenskipper mit Recht der Meinung, dass es besser ist, einen etwas überdimensionierten Anker an einer langen und schweren Kette zu fahren, als zusätzlich zu einem »normalen« (oft zu leicht) dimensionierten Ankergeschirr einen zweiten Anker an zweiter Kette für Extremfälle auf Stand-by zu haben.

Brücken

Vielleicht meint der Leser, es sei selbstverständlich, dass sich der Skipper vor dem Passieren einer Brücke über deren freie Höhe informiert.

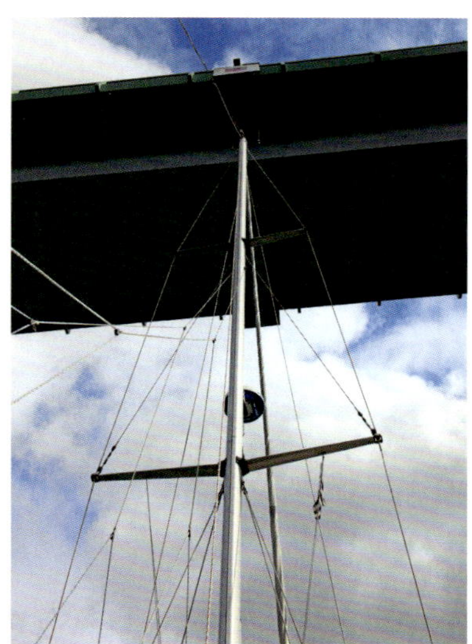

Dass dem keineswegs immer so ist, haben vor einiger Zeit in Norddeutschland zwei Katamaran-Segler bewiesen, die gleich am zweiten Tag ihrer in Buchform veröffentlichten Weltumsegelung ihr Rigg unter der Fehmarnsundbrücke abrasierten.

In Seekarten ausreichend großen Maßstabs und auch in den Hafenhandbüchern sind die freien Durchfahrtshöhen von Brücken angegeben. Die Frage ist allerdings: Welches Wasserniveau wird dabei zugrunde gelegt? Im Fluss Odet bei Bénodet in der Bretagne (s. nebenstehende Abbildung S. 111) va-

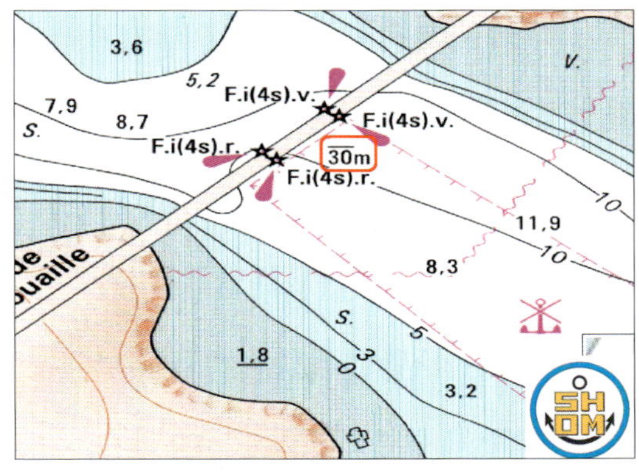

Seekarte mit Brücke, freie Höhe 30 m.

riiert die Höhe unter der Brücke bis zu sieben Meter zwischen Hoch- und Niedrigwasser (s. Seekarte). Heutzutage ist es in Europa in vielen Ländern üblich, die freie Durchfahrtshöhe unter einer Brücke im tidenabhängigen Fluss auf den astronomisch höchstmöglichen Wasserstand zu beziehen (HAT = Highest Astronomical Tide). Dies entspricht dem Tidenkoeffizienten von 120 (s. Kap. 2.3). Auf neueren Karten ist dies auch so. Da die Definition aber erst einige Jahre alt ist, kann der Skipper keineswegs davon ausgehen, dass die ihm vorliegende Karte nach dieser Norm gezeichnet wurde. Früher war es üblich, die Höhe auf mittleres Spring-Hochwasser zu beziehen. In manchen Ländern wird auch noch der »mittlere Wasserstand« genommen.

Der Leser mag es glauben oder nicht: Es wurden schon Segelyachten, die in einer Werft flussaufwärts oberhalb einer Brücke gebaut und aufgeriggt wurden, mit mehreren hundert Kilo schweren Sandsäcken am Spifall auf ausreichende Krängung gebracht, um die Durchfahrt unter der störenden Brücke zu ermöglichen.

5. Mögliche Tidenprobleme im Küstenbereich

5.1 Streckenplanungsaspekte

In der Nordsee nimmt die Intensität des Tidenstroms mit zunehmendem Abstand von der Küste zwar in der Regel deutlich ab, doch erreicht er auch mittendrin im freien Wasser zwischen Dänemark und England bei Springzeit um die 1,5 Knoten. Das bedeutet, dass es bei einer Nordseeüberquerung beispielsweise auf den 400 Meilen von Cuxhaven nach Edinburgh durchaus Sinn macht, darüber nachzudenken, welchen Kurs man relativ zur Tide steuert, um möglichst schnell ans Ziel zu kommen. Bekanntlich ist der geradlinige Direktkurs oft nicht der schnellste Kurs. Das gilt insbesondere beim Kreuzen, wo je nach Bug mal der Backbordschlag, mal der Steuerbordschlag der bessere ist, je nachdem wie der Strom setzt. Mit GPS ist die Beurteilung heutzutage ja kein Problem mehr, weil jederzeit die Fahrt über Grund mit der Fahrt durchs Wasser verglichen werden kann. Manche GPS-Geräte/Kartenplotter haben eine sogenannte VMG-Funktion (velocitiy made good). Dabei wird rechnerisch die momentane Fahrt über Grund während des Kreuzschlages auf die geradlinige Direktverbindung zwischen momentanem Standort und Ziel projiziert, sodass der Navigator, ohne selbst rechnen zu müssen, sofort sehen kann, ob es sich lohnt etwas abzufallen, oder vielleicht doch besser auf den anderen Bug zu gehen. Vorausgesetzt, dass die Logge an Bord geeicht ist, kann der Skipper aber auch ohne VMG-Taste am GPS sehen, ob der Bb-Bug oder der Stb-Bug der schnellere ist. Er muss dann allerdings den Kurswinkel zum Ziel in seine Überlegungen mit einbeziehen und selbst trigonometrisch das berechnen, was sonst die VMG-Funktion für ihn übernimmt.

In einigen Bereichen des Ärmelkanals – und nicht nur in der Engstelle bei Dover–Calais – kann der Tidenstrom bei Springzeit bis zu 4 Knoten betragen. Dies gilt auch für das tiefe Wasser beispielsweise in der Mitte zwischen der Ile of Wight und Cherbourg. In Küstennähe kann es dann manchmal sinnvoller sein, während der sechs Stunden der entgegensetzenden Tide zu ankern oder während dieser Zeit einen Hafen anzulaufen, statt weiterzusegeln. Gegen einen Gezeitenstrom von mehr als 3 Knoten

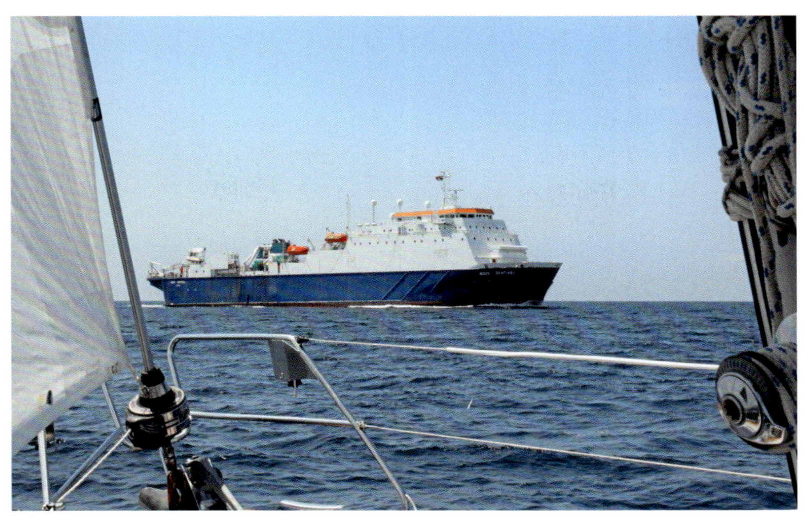

zu kreuzen, macht häufig überhaupt keinen Sinn, denn durch die tidenbedingte zusätzliche Abdrift erhöht sich der Wendewinkel über Grund bei den meisten Fahrtenyachten dann auf Werte von 150° und mehr. Sofern sich an der Küste ein geeigneter Ankerplatz findet, sollten sich in dem Fall Crew und Skipper lieber sechs Stunden lang ausruhen und auf den günstigen Strom warten, statt stur gegenanzubolzen. Grundsätzlich gilt im Ärmelkanal, dass Kurse von Ost nach West besser mit der Ebbe und Kurse von West nach Ost mit der Flut gesegelt werden, denn – abgesehen von einigen wenigen Passagen hinter kleinen Inseln an der Küste – die Ebbe setzt nach Westen und die Flut nach Osten. Detailliertere Aussagen dazu findet der Skipper natürlich im Stromatlas (BSH oder Reeds oder British Admiralty oder SHOM, s. Kap. 2).

Beim Segeln hoch am Wind in einem kräftig mitschiebenden Strom aber schwachem Wind wundert sich manch ein Skipper gelegentlich darüber, dass sein Schiff deutlich stärker krängt, als es bei der geringen Windstärke zu erwarten wäre. Die Ursache ist natürlich die gesteigerte Fahrt über Grund, die bei beispielsweise 4 Knoten Strom den scheinbaren Wind etwa um Bft 1 verstärkt.

Befahren von Verkehrstrennungsgebieten mit Tideneinfluss

Da das Thema sicherheitsrelevant und von juristischer Bedeutung ist, werden im Folgenden die Teilbereiche der Regel 10 aus den Kollisionsverhütungsregeln (KVR), die für das Segeln im Tidenrevier von Bedeutung sind, auszugsweise zitiert:

»(b) Ein Fahrzeug, das ein Verkehrstrennungsgebiet benutzt, muss

(i) *auf dem entsprechenden Einbahnweg in der allgemeinen Verkehrsrichtung dieses Weges fahren;*

(ii) sich, soweit möglich, von der Trennlinie oder der Trennzone klarhalten;

(iii) in der Regel an den Enden des Einbahnwegs ein- oder auslaufen; wenn es jedoch von der Seite ein- oder ausläuft, muss dies in einem möglichst kleinen Winkel zur allgemeinen Verkehrsrichtung erfolgen.

(c) Ein Fahrzeug muss soweit wie möglich das Queren von Einbahnwegen vermeiden; *ist es jedoch zum Queren gezwungen, so muss dies möglichst mit der Kielrichtung im rechten Winkel zur allgemeinen Verkehrsrichtung erfolgen.*

(...)

(e) Außer beim Queren oder beim Einlaufen in einen Einbahnweg oder beim Verlassen eines Einbahnweges darf ein Fahrzeug in der Regel nicht in eine Trennzone einlaufen oder eine Trennlinie überfahren, ausgenommen

(i) in Notfällen zur Abwendung einer unmittelbaren Gefahr;

(ii) zum Fischen innerhalb einer Trennzone.

(f) Im Bereich des Zu- und Abgangs der Verkehrstrennungsgebiete muss ein Fahrzeug mit besonderer Vorsicht fahren.

(g) Ein Fahrzeug muss das Ankern innerhalb eines Verkehrstrennungsgebietes oder im Bereich des Zu- und Abgangs soweit wie möglich vermeiden.

(h) Ein Fahrzeug, das ein Verkehrstrennungsgebiet nicht benutzt, muss von diesem einen möglichst großen Abstand halten.

(i) Ein fischendes Fahrzeug darf die Durchfahrt eines Fahrzeugs auf dem Einbahnweg nicht behindern.

(j) *Ein Fahrzeug von weniger als 20 Meter Länge oder ein Segelfahrzeug darf die sichere Durchfahrt eines Maschinenfahrzeugs auf dem Einbahnweg nicht behindern. ...«*

Die kursiv herausgehobenen Textstellen sind für uns von besonderem Interesse.

Für das Befahren der Einbahnzone gemeinsam mit der Großschifffahrt ergibt sich aus dem Text der *KVR*, dass der Skipper verpflichtet ist, seinen Kurs über Grund so nah wie möglich **parallel zum Kurs der Großschifffahrt** zu halten. Im Hinblick auf möglicherweise quer setzenden Tidenstrom bedeutet dies, dass er **den Strom durch Gegenhalten kompensieren** muss.

Anders ist es beim Queren von Verkehrstrennungsgebieten. *»Ist es* [unser

Kleinfahrzeug] *jedoch zum Queren gezwungen, so muss dies möglichst mit der* ***Kielrichtung im rechten Winkel zur allgemeinen Verkehrsrichtung*** *erfolgen.«*

Will ein Skipper also beispielsweise mit seiner Yacht von Hirtshals in Dänemark nach Risør in Südnorwegen oder in Cornwall von Land's End zu den Isles of Scilly, so muss er in beiden Fällen ein Verkehrstrennungsgebiet mit zeitweise kräftig quer setzendem Gezeitenstrom durchfahren. Nach *KVR* ist er gezwungen, den Tidenstrom nicht auszugleichen, sondern die Stromversetzung beim Steuern unberücksichtigt zu lassen.

Quer setzender Tidenstrom im freien Seeraum

Zwar nicht juristisch, aber navigatorisch interessant ist die Frage, ob es unter dem Gesichtspunkt der Verkürzung der Segelzeit auf hoher See vorteilhaft ist, den Strom auszugleichen oder ob man sich dem Ziel schneller nähert, wenn man sich im Tidenstrom quer versetzen lässt und stur seinen Kompasskurs fährt. Diese Frage ist beispielsweise beim Überqueren des Ärmelkanals zwischen England und Frankreich auf den 110 Seemeilen zwischen Plymouth und Roscoff (s. untenstehende Abbildung) von Bedeutung.

Die Schlangenlinie zwischen England und Frankreich zeigt den ungefähren Kurs über Grund **ohne** Kompensation der Strömung auf der etwa 24-stündigen Überfahrt unter dem wechselnden Einfluss von westwärts setzender

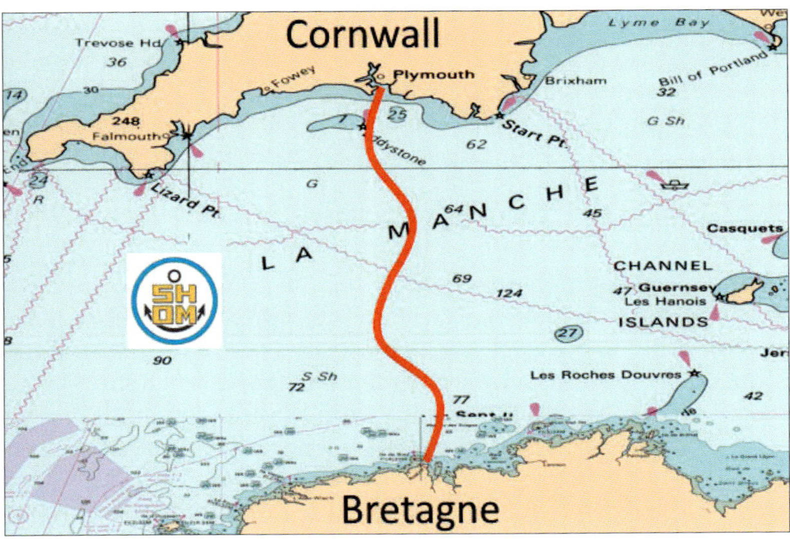

Überquerung des Ärmelkanals von Plymouth nach Roscoff im Tidenstrom.

Ebbe und ostwärts setzender Flut. Diese Linie ist zweifellos länger als die geradlinige Direktverbindung. Doch ist die Segelzeit deshalb auch länger? Dass dies nicht der Fall ist, kann man sich folgendermaßen an einem Beispiel klarmachen: Wir wollen von A im Norden nach B im Süden, Kartenkurs 180°. Der Abstand AB betrage zwölf Seemeilen. Die Ebbe setze im Mittel mit 1 Knoten nach Westen und entsprechend die Flut mit gemittelt 1 Knoten nach Osten.

Erster Fall: Es soll angenommen werden, dass der Skipper den Strom **nicht** kompensiert. Die Yacht sei zwei Stunden lang mit 6 Knoten Fahrt durchs Wasser unterwegs. Auf halber Strecke nach einer Stunde wird die Yacht also durch den Ebbstrom eine Seemeile nach Westen versetzt sein. Doch wird diese Versetzung in der zweiten Hälfte durch die genauso stark nach Osten setzende Flut wieder vollständig aufgehoben. Die Yacht ist also nach zwei Stunden am Punkt B.

Als zweiter Fall soll alternativ angenommen werden, dass der Skipper sich entscheidet, den Stromeinfluss durch einen Kurskorrekturwinkel so zu kompensieren, dass sein Kurs über Grund immer auf der geradlinigen Verbindung von A nach B liegt. Das Gegenhalten im Tidenstrom verringert seine Fahrt über Grund. Bei den angenommenen Verhältnissen verringert sich der Wert von 6 Knoten auf etwa 5,9 Knoten. Dies gilt sowohl während der Ebbe als auch während der Flut, sodass das Schiff nach zwei Stunden nicht 2 × 6 Seemeilen zurückgelegt hat, sondern 2 × 5,9 = 11,8 Seemeilen. Somit ergibt sich, dass es sich unter Zeitgesichtspunkten nicht lohnt gegenzuhalten. Im Gegenteil, das Schiff ist schneller am Ziel, wenn es den Tidenstrom nicht kompensiert. Dass es andere Situationen gibt, wo es nicht um Zeitgewinn, sondern beispielsweise um das Passieren von Gefahrenstellen geht, bleibt davon unberührt.

5.2 Gezeitenströme als Gefahr

Wind mit oder gegen den Strom

Wir segeln einen Überführungstörn von Cuxhaven nach Cherbourg. Eigentlich war es geplant, mit dem bisher steifen Ostwind von Bft 5 die Engstelle bei Dover–Calais noch mit der letzten Stunde der Ebbe zu durchqueren, um zum Niedrigwasser in Boulogne anzukommen. Doch Rasmus ist uns nicht gut gesonnen, der Wind lässt deutlich nach und wir müssen motoren, um im Zeitplan zu bleiben. Aus einem unerfindlichen Grund überhitzt jedoch die Maschine und so setzen wir wieder die Segel, haben aber inzwischen eine gute Stunde in unserer Zeitplanung verloren. Zum Glück frischt der Wind auf und wir sind guter Hoffnung, es doch noch am

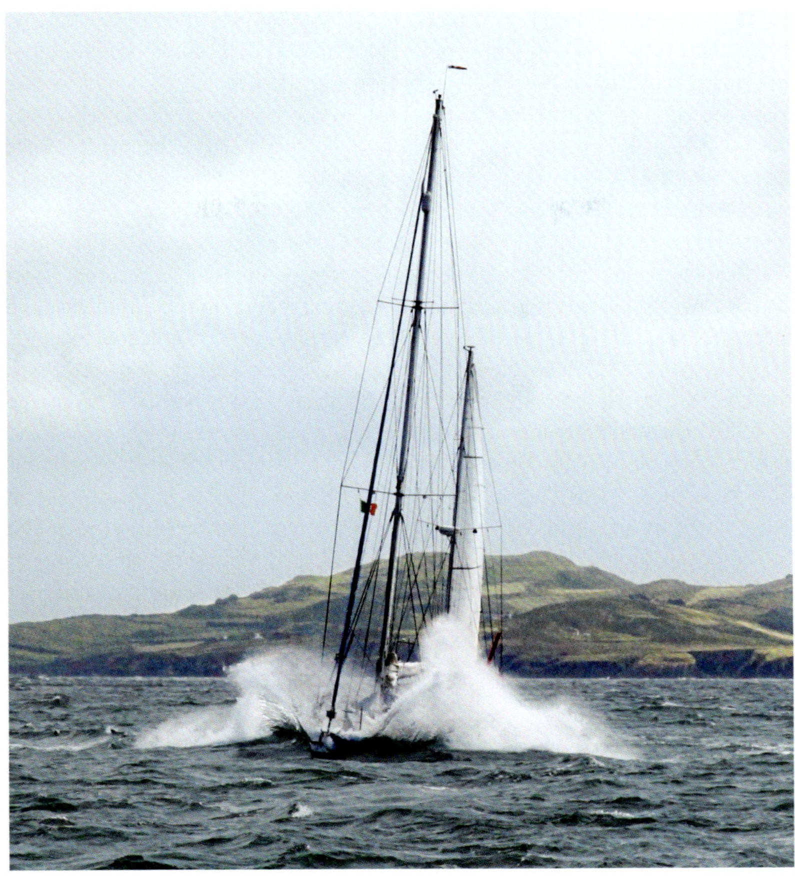

Motorsegler in grober See stampfend.

selben Tag bis Boulogne zu schaffen. Zumal die See trotz des steifen Windes verblüffend ruhig ist. Noch etwa sechs Meilen bis zur Engstelle. Inzwischen – durch unseren Zeitverlust ist das Stillwasser vorbei – setzt der Flutstrom leicht mit 0,5 Knoten gegen uns. Eine Stunde später hat sich die See vollkommen verändert. Der Ostwind bläst nach wie vor mit Bft 5, aber es setzen nun 3 Knoten Tidenstrom gegen uns. Der Bug unserer Yacht durchpflügt stampfend mehr als zwei Meter hohen, oft brechenden Seegang. Wir machen nur noch 3 Knoten Fahrt über Grund, Tendenz auf 2 Knoten abnehmend, Seegang weiter zunehmend. Wir entscheiden, das Ziel Boulogne aufzugeben und nehmen Kurs auf das nur zwei Meilen querab liegende Calais.

Was war passiert? In der Nordsee, dem Ärmelkanal oder an der französischen Atlantikküste tritt dieses Phänomen im 6-stündigen Wechsel regelmäßig auf. Sofern der Tidenstrom in dieselbe Richtung setzt, in der auch die Windsee läuft (Wind mit Strom), kommt es zu einer Streckung der Wellenlänge und zu einem angenehmen Abflachen der Wellenberge. So bringt eine bei Westwind von Westen kommende Dünung zusammen mit der ebenfalls von West nach Ost laufenden Flut im Ärmelkanal keine Probleme mit sich. Mit der Flut beispielsweise von Cherbourg nach Dover ostwärts zu segeln, macht auch bei steifem Westwind keine Probleme, denn die Wellenkämme werden lang auseinandergezogen. Hingegen gestaltet sich die Situation völlig anders, wenn einige Stunden später auf der gleichen Strecke bei gleichem Wind gegen die nun westwärts laufende Ebbe gesegelt wird (Wind gegen Strom). Der Ebbstrom steht dem Wind und somit auch der Windsee und Dünung entgegen und es kommt zu einer Stauchung, einer Verkürzung der Wellenlänge bei gleichzeitigem Anschwellen der Wellenhöhe. Die Welle wird kurz und steil und baut rollende Brecher auf. Das Boot arbeitet schwer in der groben See und kommt wegen der Stampfbewegung nur noch langsam oder gar nicht mehr voran.

Berüchtigte Beispiele für Wind-gegen-Strom-Gefahrenstellen sind die Passagen zwischen Cherbourg und Alderney (Raz Blanchard), zwischen Jersey und Guernsey (Little Russel, Great Russel) und die Passage zwischen der Westspitze der Bretagne (Pointe du Raz) und der vorgelagerten Insel Sein (Raz de Sein). Im 6-stündigen Rhythmus wechselt hier der Seegang regelmäßig zwischen gefährlichen Brechern und »Ententeich«. Auch im Skagerrak, vor Land's End, zwischen Schottland und den Orkneyinseln und bei Gibraltar kann dieses Phänomen insbesondere bei Springzeit zu einem echten Problem werden. Bei Portland Bill, einem markanten Kap an der englischen Südküste, kommt es schon bei nur 5 Windstärken ge-

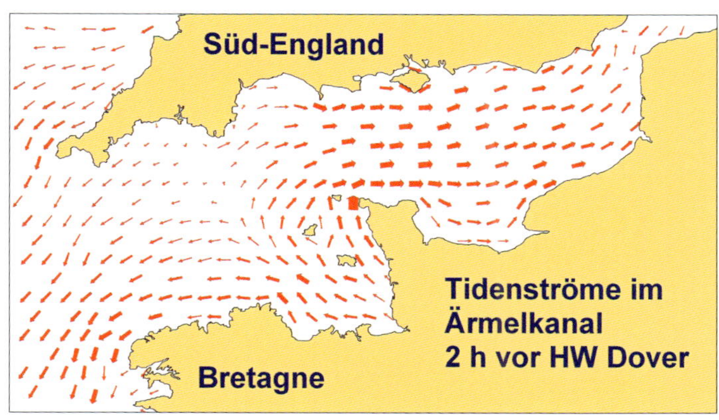

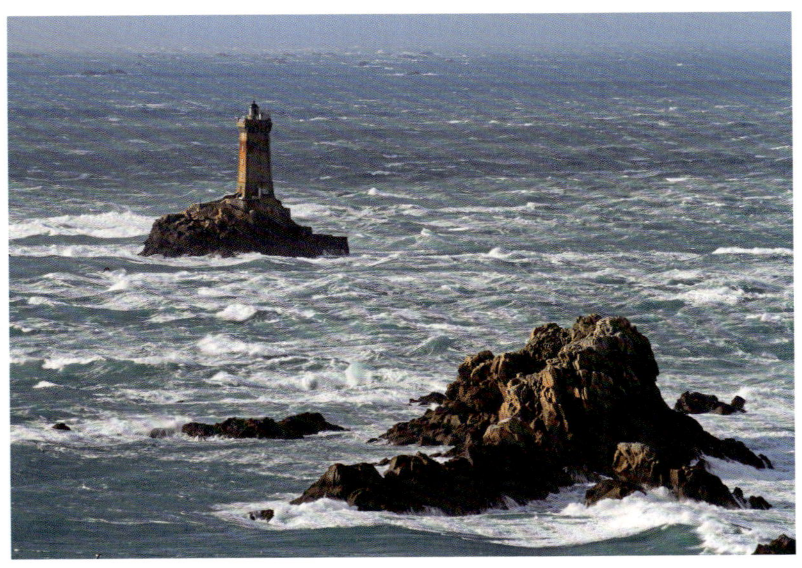

Pointe du Raz bei Starkwind gegen Strom.

gen einen Springzeit-Tidenstrom von 5 Knoten zu drei bis vier Meter hohen Brechern, die jede Yacht besser vermeiden sollte.
Vorausgesetzt der Skipper verfügt über alle Informationen über den Verlauf der Tide (Gezeitenkalender, Strömungsatlas) und er kennt die Wetterlage mit den zu erwartenden Windrichtungen und Windstärken, dann lassen sich diese Passagen durchaus gefahrlos durchsegeln, sofern lange genug gewartet werden kann, bis Wind und Strom etwa in die gleiche Richtung setzen. Ist absehbar, dass die Wartephase zu lang sein wird und nicht mehr in die Törnplanung hineinpasst, so gibt es bei relativ kurzen Passagen von weniger als etwa acht Seemeilen Länge noch eine Alternative: Der Tidenstrom ist in der letzten halben Stunde vor Hoch- oder Niedrigwasser und in der ersten halben Stunde nach Hoch- oder Niedrigwasser selbst bei Springzeit schwach bis null. Bei sehr präzisem Timing unter Benutzung eines Strömungsatlasses lässt sich somit etwa eine ruhige Stunde um das Stillwasser herum nutzen, um die Passage hinter sich zu bringen.
Bestehen Zweifel oder Unklarheiten bei der Beurteilung der Strömungssituation, so kann der Skipper an diesen Gefahrenstellen jederzeit über UKW Kanal 16 von der nächsten Seefunkstelle an Land Beratung erbeten. In England und Frankreich gibt es überall entlang der Küste Marinebeobachtungsstationen, die dem Skipper gern über UKW weiterhelfen. Der Arbeitskanal wird über Kanal 16 mitgeteilt.

Grundsätzlich sollte – wenn irgend möglich – eine Wind-gegen-Strom-Situation vermieden werden, sofern der Wind mit mehr als Bft 5 bläst und ein Strom von mehr als 2 Knoten dagegen steht. Um diese Situationen in die Planung mit einbeziehen zu können, sollte auf jeden Fall ein guter Strömungsatlas für das zu befahrende Seegebiet an Bord sein.

Dünung gegen Strom

Nicht nur Wind-gegen-Strom ist gefährlich. Selbst bei Flaute kann es in Küstennähe zu hohen Brechern kommen, wenn eine lange, alte Dünung gegen einen kräftigen Tidenstrom läuft. Was versteht man unter Dünung? Man unterscheidet zwischen **Windsee** und **Dünung**. Die Windsee ist die kurzzeitig, simultan mit dem Wind aufgebaute Welle, während die Dünung die Welle beschreibt, die auch nach Abflauen des Windes zeitlich verzögert nachläuft. Beide Wellentypen können je nach Windgeschwindigkeit und Fetch – also der Weite des Seegebietes, auf die der Wind wirken kann – höher oder niedriger ausgeprägt sein. Der Wind mag sich vollständig legen, aber die Dünung läuft trägheitsbedingt manchmal mehrere Tage lang ohne Windeinfluss viele hundert Meilen weiter.

So kann ein Starkwind von Bft 8 vor der irischen Südküste eine Welle aufbauen, die noch zwei Tage nach dem Abflauen des Windes mit drei Meter Höhe 700 Seemeilen weiterläuft bis nach Biarritz in die südliche Biskaya, wo sich die Wellensurfer in den Brechern austoben, ohne auch nur einen Hauch von Wind zu haben.

Grundsätzlich muss Dünung nicht weiter störend für den Segler sein. Im Gegenteil: Es kann durchaus angenehm sein, von den lang gezogen heranrollenden, flach ansteigenden Wellen langsam angehoben und nach dem Durchlaufen des Wellenberges unter dem Kiel ebenso langsam wieder abgesenkt zu werden. Doch gilt dies nur, sofern die Wellenlänge – also der Abstand zwischen benachbarten Wellenbergen – ausreichend groß ist, mindestens etwa 100 Meter.

Hohe Dünung wird gefährlich, wenn sie in Küstennähe auf dem Festlandsockel in flacheres Wasser läuft. Verringert sich die Wassertiefe in Küstennähe derart, dass sie geringer wird als etwa die halbe Wellenlänge, so werden die Wellenkämme steiler und steiler und beginnen bei weiter abnehmender Wassertiefe schließlich zu brechen. Dieser Effekt wird durch entgegensetzende Gezeitenströme mancherorts in gefährlicher Weise gesteigert.

Eine Dünung von beispielsweise 4 Meter Höhe und 150 Meter Wellenlänge auf hoher See kann bei mehr als 100 Meter Wassertiefe durchaus ungefährlich sein, während dieselbe Dünung bei nur 15 Meter Wassertiefe und entgegengesetztem Tidenstrom bedrohliche Brecher verursachen wird,

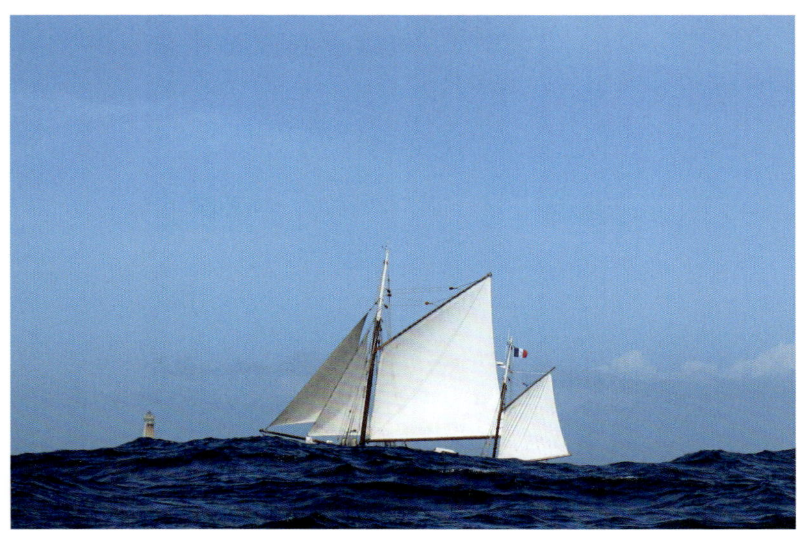

Hohe Dünung auf offener See.

die im Abstand von weniger als 50 Meter steil heranrollen. Beim Übergang von der Tiefsee auf den flacheren Festlandsockel bildet sich so aus einer zwar hohen, aber lang gezogen, sanft heranziehenden Dünung eine manchmal gefährlich brechende Welle, die leicht das Cockpit einer Yacht vollständig überflutet. Man spricht in diesem Zusammenhang auch von **Grundseen**. Sie können beispielsweise in deutschen oder holländischen Revieren im Übergang vom tiefen Wasser ins Wattenfahrwasser auftreten. Besonders gefährlich wird die Situation für den Skipper, wenn ein kräftiger Gezeitenstrom gegen die Dünungsrichtung läuft. Es kommt zu einem Staucheffekt, wie er schon bei der Situation Wind-gegen-Strom weiter oben beschrieben wurde. In einigen Hafeneinfahrten vor der französischen und portugiesischen Küste ist dieser Staucheffekt so extrem ausgeprägt, dass es unmöglich sein kann, bei hoher Dünung und gleichzeitiger Ebbe den Hafen anzulaufen. Beispielsweise liest man ganz lapidar im Seehandbuch des BSH für die Biskaya, dass die Einfahrt nach Arcachon bei einer alten Dünung von West und gleichzeitigem Ebbstrom »nicht befahrbar« ist. Zahlreiche Sandbänke und schmale, sich zeitweise verlagernde Fahrwasser sind die Ursache. »Nicht befahrbar« bedeutet für den Skipper einer Yacht, dass das Schiff quer schlagen und durchkentern kann und die Möglichkeit besteht, sein Schiff oder sogar sein Leben zu verlieren.

Bei Nacht ist besondere Vorsicht geboten, denn die Höhe einer heranrollenden See kann nicht früh genug erkannt werden. Und so kann es in

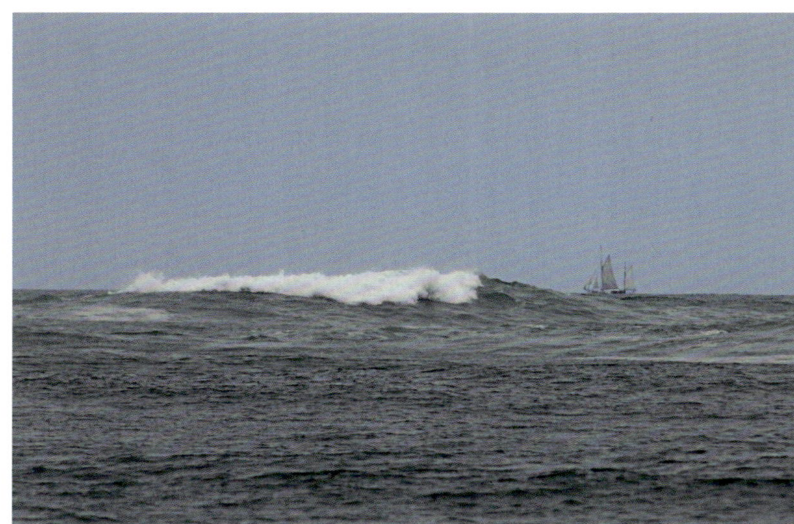

Brecher auf hoher See über Sandbank.

flacher werdendem Wasser in einer hohen Dünung insbesondere gegen einen Ebbstrom in Flussmündungen oder Hafeneinfahrten zu schweren Brechern über Deck kommen.

Aber nicht nur in Küstennähe kommt es zu Brechern. Auch über isoliert weiter draußen vor der Küste liegende Untiefen und Sandbänke können schwere Brecher selbst bei Flaute entstehen. Insbesondere dann, wenn ein Gezeitenstrom darüber hinwegsetzt. Untiefen sind bei Dünung immer eine Gefahrenquelle, selbst dann, wenn sie auf der Karte mit einer Wassertiefe eingezeichnet sind, die im Prinzip bei ruhiger See ein Befahren ermöglichen würden. Läuft auf hoher See bei sonst ruhigem Wetter eine lang gestreckte, etwa drei bis vier Meter hohe, aber nicht rollende, gefahrlose Dünung, so wird sich diese Welle über einer beispielsweise zehn Meter unter Wasser liegenden Sandbank (z. B. auf der Doggerbank in der Nordsee oder auf dem Plateau de Rochebonne in der Biskaya) zu schweren Brechern mit mindestens fünf bis sechs Meter Höhe aufbauen. Selbst eine mittelgroße Yacht kann darin kentern. Gleiches gilt über felsigen Untiefen, die aus großer Tiefe wie Hochhäuser bis wenige Meter unter die Meeresoberfläche hinaufragen. Die bretonische und galizische Atlantikküste ist gespickt mit solchen Gefahrenstellen. Um zu vermeiden, über diesen Untiefen in Brecher zu kommen, genügt es, den Kurs so abzusetzen, dass genügend Abstand gewahrt ist, um in tiefem Wasser zu bleiben. Detaillierte Seekarten sind dazu natürlich unentbehrlich.

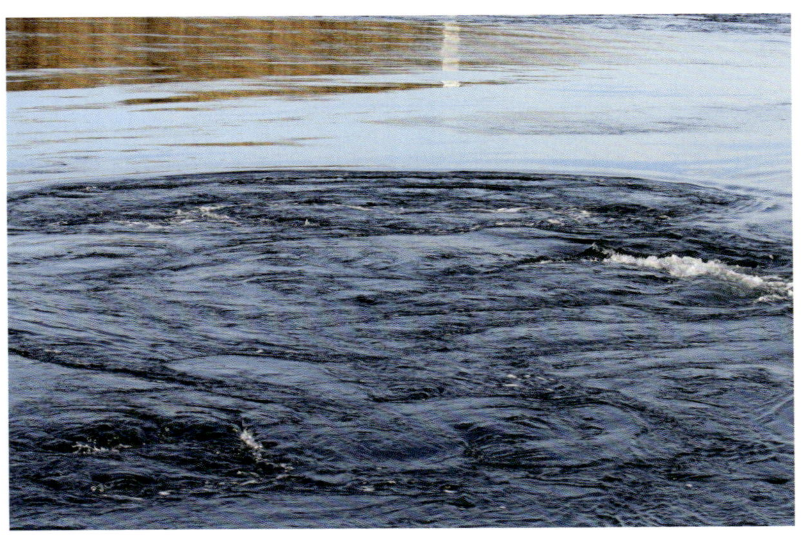

Whirlpool im Tidenstrom.

Strömungswirbel in Küstennähe

Es muss im Tidenstrom nicht immer hoher Seegang sein, der den Skipper verunsichert. In wind- und dünungsgeschützten, aber engen Fahrwassern zwischen Inseln oder vor Kaps tritt bei starkem Gezeitenstrom über sehr unregelmäßigem Meeresboden häufiger ein Phänomen auf, das Kanufahrer als sogenannte Töpfe beim Befahren von Flüssen kennen. Urplötzlich verwirbelt die Wasseroberfläche Whirlpool-artig und es wird völlig unmöglich, Kurs zu halten. Selbst eine 12-Tonnen-Yacht kann dann binnen Sekunden bis zu 50° und mehr aus dem Ruder laufen und wird vorübergehend manövrierunfähig. Das obenstehende Foto aus dem Golfe du Morbihan in der Bretagne zeigt eine solche Stelle.

Der schlechte Ruf der Biskaya

Wenn unter Seglern von der Biskaya die Rede ist, so schwingt oft im Hintergrund etwas Furcht mit. Grundsätzlich aber ist der Golf von Biskaya, also das Dreieck Brest–Biarritz–La Coruña, zumindest während des Sommerhalbjahrs keineswegs ein gefährlicheres Gewässer als andere Seegebiete in Europa. Das Gebiet ist unterteilt in einen südwestlichen Tiefseebereich, der etwa zwei Drittel der Gesamtfläche ausmacht (Wassertiefen von 1000 bis 5000 Metern), und einen nordöstlichen Schelfmeerbereich (20 bis 150 Meter auf dem Festlandsockel bis etwa 90 Meilen vor der französischen Küste), der etwa ein Drittel der Fläche bedeckt.

Die Übergangszone zwischen flachem Festlandsockel und Tiefsee ist sehr schmal. Auf nur etwa zehn Seemeilen Distanz fällt der Meeresboden von etwa 100 auf 1000 Metern Tiefe und mehr ab.

In diesem schroffen Übergangsbereich zwischen Tiefsee und Festlandsockel liegt das Seegebiet, das den schlechten Ruf der prinzipiell keineswegs so gefährlichen Biskaya begründet.

Wenn sich im Winterhalbjahr auf dem Nordatlantik schwere Stürme austoben, so entstehen bekanntlich Wellenhöhen mit Mittelwerten um die sieben bis acht Meter und einzelne »Kaventsmänner« von bis zu 15 Meter Höhe. Manche sprechen von der Gefahr schwerer Brecher am Rand des Festlandsockels, vergleichbar mit den Brechern vor einem Strand, wenn die Welle in flacheres Wasser läuft. Der Vergleich ist etwas zu simpel. Zwar sind sehr hohe Oberflächenwellen durchaus noch in 50 bis 60 Meter Tiefe nachweisbar, aber sie reichen nicht bis in 150 Meter Wassertiefe, sodass der Brechereffekt am Rand des Festlandsockels so nicht erklärbar ist. Die Ursachen sind komplexer: Am steilen Rand des Festlandsockels kommt es gezeitenbedingt zu Strömungswirbeln, die je nach Tide mit oder gegen die Hauptwellenrichtung setzen. Sie sind vergleichbar mit Auf- oder Abwinden an steilen Hängen von Gebirgen. Somit kommt es bei Schwerwetter am Rand des Festlandsockels zeitweise für ein paar Stunden zu einer Wind/Welle-gegen-Strom-Situation, so wie man es zum Beispiel von Portland Bill vor der englischen Südküste oder vom Raz de Sein vor der Pointe du Raz in der Westbretagne kennt. Die Bewegungsenergie der Welle, physikalisch gekennzeichnet durch Wellenhöhe und Wellenfrequenz, bleibt zwar auch in einer Welle-gegen-Strom-Situation konstant (Energieerhaltungssatz), doch es kommt zu einer Umverteilung der Anteile in den Variablen: Der gegen die Wellenrichtung setzende Strom verkürzt die Wellenlänge, aber gleichzeitig vergrößert sich die Wellenhöhe. Die Folge ist eine kürzere, höhere und steilere See mit rotierenden Wassermassen, sogenannten Brechern. Auf der Seekarte findet man an diesen Stellen als Symbol für diese »Overfalls« mehrere Schlangenlinien übereinander.

Für den Segler bedeutet dies, dass er eine Biskaya-Überquerung auf jeden Fall ins Sommerhalbjahr legen und den Zeitpunkt des Starts – egal ob von Nordost nach Südwest oder umgekehrt – so wählen sollte, dass nicht mit den oben beschriebenen Overfalls zu rechnen ist. Dass in den drei oder vier Tagen der Überquerung nicht mit dem Durchzug eines Tiefs gerechnet werden sollte, ist selbstverständlich. Die Wetterberichte sind durchaus heute am Atlantik auf drei bis vier Tage zuverlässig genug, um dies auszuschließen. **Darüber hinaus ist es sinnvoll, eine Mondphase zu wählen, bei der die Gezeitenströme nur schwach sind**, keinesfalls im Frühjahr oder Herbst zu den Äquinoktien (s. Kap. 1.2 Tagundnachtgleiche). Ferner

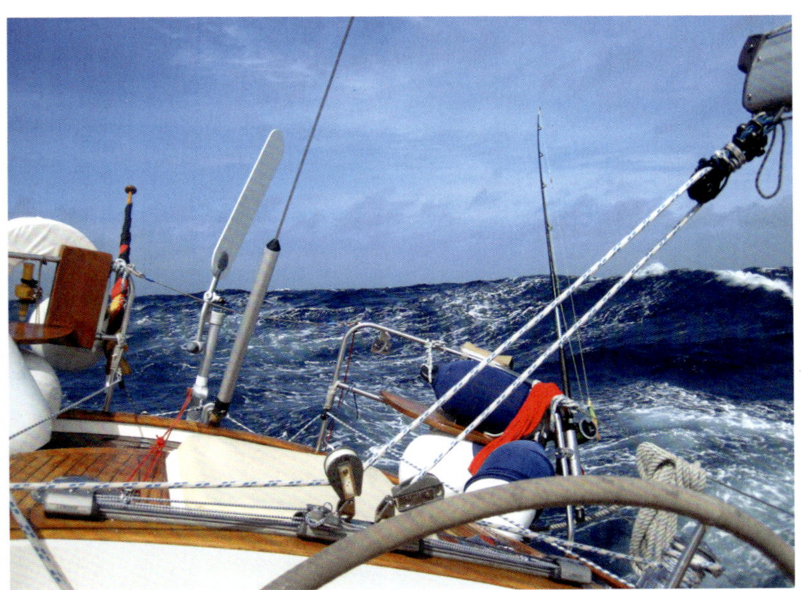

In der Biskaya.

sollte möglichst keine alte Dünung von einem Starkwindtief laufen, das einige Zeit zuvor über England hinweggezogen ist. Zwischen Mai und August kann der Segler mit hoher Wahrscheinlichkeit davon ausgehen, dass diese Bedingungen erfüllt sind. Notfalls muss vielleicht eine Woche in einem der meist sehr reizvollen Häfen gewartet werden. Aber das ist die Ausnahme.

5.3 Extremsituationen

Auf Grund gelaufen

Wenn eine Yacht auf Grund läuft, so ist in den meisten Fällen mangelnde Vorbereitung in der Törnplanung oder ganz einfach Nachlässigkeit beim Rudergehen die Ursache. Im Ausnahmefall kann es auch einfach mal Pech sein. In europäischen Gewässern stehen heutzutage jedem Skipper derartig umfangreiche und leicht erreichbare Informationsquellen zur Verfügung, dass es praktisch keine Untiefe, keine Sandbank, keine Ansteuerung gibt, deren Gefahren nicht dokumentiert sind. Dies ist hingegen zum Beispiel in tropischen Revieren mit Korallenriffen nicht überall so.
Die häufigsten Grundsitzer sieht man komischerweise vor allem im Hochsommer bei bester stabiler Wetterlage, leichtem Wind und knalliger Son-

ne. Die Crew sitzt gut gelaunt im Cockpit, der Skipper macht sich keine Sorgen. Das Ruder wurde dem Autopiloten übergeben, und im Orangensaft ist vielleicht etwas mehr Rum als sonst. Per GPS wurde der Kurs zum Wegpunkt präzise abgesetzt und der Skipper vergaß auch nicht, den Kurs gegen den konstant leicht quer setzenden, aus dem Strömungsatlas genommenen Tidenstrom angemessen zu korrigieren. Das Gespräch im Cockpit ist ausgesprochen angeregt und die Zeit vergeht wie im Flug. Plötzlich geht ein heftiger Ruck durch das Schiff, der Mast neigt sich leicht nach vorn und die Logge zeigt 0 Knoten. Wir sitzen auf Schiet ...

Wie konnte das passieren? Am Anfang stimmte die Navigation, doch im Laufe der letzten Stunde hatte der Wind deutlich nachgelassen, während der quer setzende Tidenstrom gleich geblieben war. Mit anderen Worten: Der Kurskorrekturwinkel zum Gegenhalten war nicht mehr ausreichend, er hätte vergrößert werden müssen. Durch die nun größere Abdrift war die Yacht – stärker als vom Skipper angenommen – vom Sollkurs über Grund abgewichen und dann auf die an der Wasseroberfläche nicht sichtbare Sandbank aufgelaufen. Bei schlechtem Wetter hätte der Skipper vermutlich häufiger die Abdrift kontrolliert, aber unter den ruhigen, hochsommerlichen Umständen war er etwas zu entspannt geworden.

Ob eine solche Grundberührung zu einer wirklichen Havarie mit Schäden führt, kommt auf die Rahmenbedingungen an. Bei Flut und weichem Meeresboden entstehen normalerweise keine strukturellen Schäden, weder am Kiel oder an der Rumpf-Kiel-Verbindung noch an den Schotten unter Deck, denn das Auflaufen wird keinen Schlag verursachen. Und das Wiederfreikommen ist lediglich eine Frage der Zeit, bis der steigende Wasserstand die Yacht aufschwimmen lässt. Meist reicht es zum Freikommen aus, dass sich die gesamte Besatzung auf eine Seite an Deck begibt und der Skipper mit Maschine volle Kraft voraus oder achteraus und gleichzeitiger Ruderlage hin zum tieferen Wasser das Schiff von der Untiefe drückt. Vorausgesetzt das Wasser steigt. Sollte hingegen die Ebbe die Lage des Schiffes stabilisieren, so muss auch dies keine Havarie nach sich ziehen, solange die See ruhig bleibt, also weder Windsee noch Dünung den Rumpf immer wieder anheben und aufschlagen lassen. Dann steht der Crew zwar eine mehrstündige Segelpause in unkomfortabler Schräglage bevor, doch der Mond und die Erddrehung werden die Sache richten ...

Anders sieht es aus bei steinigem Meeresboden und gleichzeitiger Ebbe. Eine gut gebaute Yacht wird mit nur 2 bis 3 Knoten Fahrt bei ordentlich gebauter Rumpf-Kiel-Verbindung bei einer Kollision mit einem Unterwasserfelsen in der Regel – abgesehen von kleinen Schäden an der Kielvorderkante – noch keinen strukturellen Schaden nehmen. Ab etwa 4 Knoten Fahrt und mehr ist hingegen ein Strukturschaden an der Rumpf-Kiel-Ver-

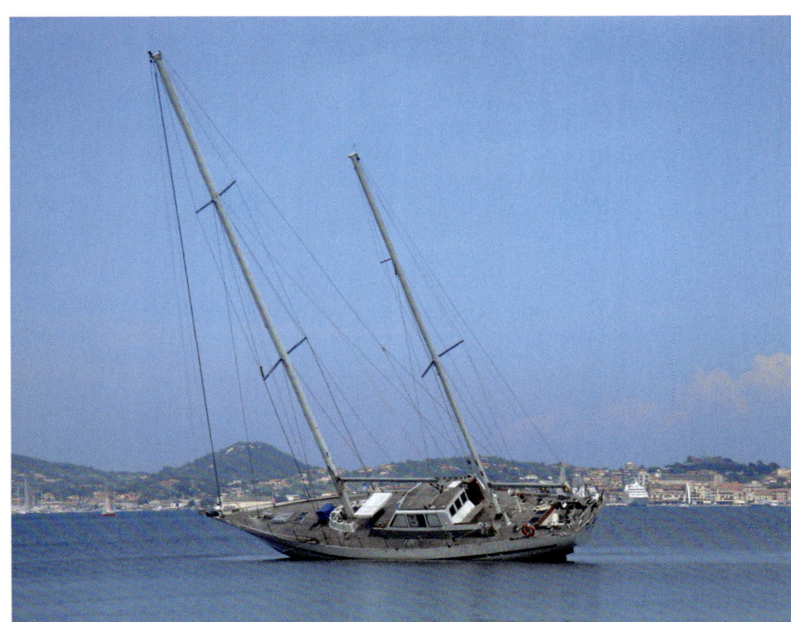

Auf Grund gelaufen. (Foto: Pantaenius)

bindung, am Hauptschott oder an der Struktur um den Mastfuß schon sehr wahrscheinlich bis sicher. Physikalisch gesehen ist es wichtig zu wissen, dass die Verdopplung der Geschwindigkeit eine Vervierfachung der Kollisionsenergie mit sich bringt. Dreifache Fahrt führt zu neunfacher Energieerhöhung. Die Bewegungsenergie wächst quadratisch mit der Geschwindigkeit.

Abgesehen vom Schaden am Schiff wird es bei ablaufendem Wasser natürlich umso schwieriger das Schiff abzubergen, je mehr Zeit seit dem Auflaufen vergangen ist. In der Nordsee bei relativ kleinem Tidenhub mag es auch bei Ebbe binnen einer Viertelstunde noch möglich sein, das Schiff mit Bordmitteln zurück in tiefes Wasser zu bringen, denn selbst bei Springzeit fließen dort in 15 Minuten nur maximal 20 Zentimeter ab. Passiert die Havarie aber in den englischen Kanalinseln bei zehn Meter Tidenhub, so bewegt sich nach einer Viertelstunde mit Sicherheit nichts mehr. Wenn dort eine Yacht auf steinigem Grund aufläuft und gleichzeitig eine mittelhohe Windsee oder gar Dünung läuft, ist ein schwerer Rumpfschaden mit Leck bedingt durch das wiederholte Aufschlagen so gut wie sicher. Je nach Bedrohlichkeit der Situation ist ein PAN-PAN- oder sogar ein MAYDAY-Ruf über UKW sicherlich notwendig.

Egal wie schwer die Grundberührung war, die Bestimmung der Gezeitensituation gehört an den Anfang aller Überlegungen, denn sie bildet die Grundlage für weitere Entscheidungen.

- Herrscht gerade Ebbe oder Flut?
- Wie viele Stunden liegen wir vor oder nach Hochwasser?
- Welche Mondphase? Steigende oder fallende Tidenkoeffizienten?
- Wie groß ist heute, morgen, übermorgen der Tidenhub?

Methoden zum Freikommen mit Bordmitteln

- Feststellen, in welcher Richtung die Wassertiefe zunimmt: Handlot, eventuell tauchen.
- Über Gewichtsverlagerung Krängung verursachen: gesamte Crew auf eine Seite, Wasser- und Dieselkanister alle auf eine Seite, Großbaum weit auffieren und einen oder zwei Mann bis in die Baumnock.
- Beiboot mit Seewasser füllen und am gefierten Großbaum an der Nock aufhängen.
- Sofern der Wind passend steht, Segel dichtholen, um am Wind Krängung zu verursachen.
- Maschine volle Kraft voraus oder achteraus mit Ruderlage zum tiefen Wasser.
- Ruderlage eventuell schnell zwischen hart Bb und hart Stb wechseln, um den Kiel zu bewegen.
- Anker mit Beiboot weit vom Boot in tiefes Wasser bringen und mit der Ankerwinsch Ankertrosse dichtholen.
- Anker mit Trosse am Spifall anschlagen und Anker möglichst weit quer zur Kielrichtung mit Beiboot ausbringen und anschließend Spifall dichtholen.
- Wenn kein Beiboot zur Verfügung steht, mit Fendern und Kanistern ein Floß bauen, Anker mit Kette daran aufhängen und das Ganze schwimmend weit entfernt vom Boot absenken.

Häufig reicht eine einzelne der oben beschriebenen Maßnahmen nicht aus, um das Schiff wieder freizubekommen. Doch unter Einsatz aller Möglichkeiten, miteinander koordiniert, bekommt man das Schiff oft ohne Fremdhilfe frei.

Strandung, Freikommen mit Bordmitteln nicht möglich

- Fremdhilfe über Handy oder UKW anfordern, Hafenschlepper, Barkassen, Fischerboote, Autokran (sofern sehr nah an der Küste).
- Die juristische Lage prüfen. Wenn möglich, nur eigene Schlepptrossen einsetzen.
- Den Rumpf außen eventuell gegen die Beschädigung durch Felsen,

Korallen schützen mit Matratzen, Kissen, Polstern, Fendern, Holzbrettern ...
- Rumpf auf Wassereinbruch prüfen: Kielbolzen, Kielflansch-Struktur, Ruderkoker.
- Bei Wassereinbruch weitestgehende Lecksicherung, Seeventile schließen.
- Besteht die Gefahr der Plünderung? Wache an Bord lassen!
- Bei Niedrigwasser Kiel freigraben, sofern der Meeresboden dies zulässt.
- Bei auflandigem Wind alles tun, um zu vermeiden, dass das Schiff höher auf die Untiefe gesetzt wird. Alle Anker zum tiefen Wasser hin ausbringen.
- Tidenentwicklung berechnen. Mondphase? Wird das nächste Hochwasser höher oder niedriger als das letzte sein?
- Die eigene Versicherung benachrichtigen.
- Fotos zur Dokumentation machen.

Vorsicht: Bei den Arbeiten zum Freikommen, Abschleppen und Bergen werden enorme Kräfte auf Leinen, Ketten, Winschen eingesetzt, die im Extremfall auch zum Ausbrechen eines Beschlags oder Zerreißen einer schweren Trosse führen können.

Bei Strandung in einer Mondphase von Springzeit zur Nippzeit muss mit der Bergung häufig tagelang bis zur nächsten Mondphase mit wieder steigenden Hochwassern gewartet werden. Wenn dann während dieser Zeit Dünung oder auflandiger Wind einsetzen, kann der Totalverlust in der Regel nicht mehr verhindert werden. Der Rumpf wird sich am Meeresboden selbst zerschlagen.

Brecher vor der Hafeneinfahrt

Vielleicht erinnern sich noch einige Leser an den in den Segelmedien spektakulär veröffentlichten Seenotfall mit Todesfolge, der sich im Jahre 2013 auf einer deutschen Yacht vor der portugiesischen Küste zugetragen hatte: Bei kräftigem auflandigem Wind und hoher Windsee auf einer alten drei Meter hohen Dünung hatte der Skipper einer Hochsee-Fahrtenyacht die Entscheidung getroffen, in einen im Prinzip gut geschützten, großen Hafen an einer Flussmündung in Portugal einzulaufen. Vermutlich war er nicht oder ungenau über die Gezeitenverhältnisse informiert, denn zum Zeitpunkt der Havarie war zwar der Wasserstand noch ausreichend hoch zum Einlaufen, aber es lief bereits eine kräftige Springzeit-Ebbe. Der Gezeitenstrom stand mit etwa 2 bis 3 Knoten gegen die Welle in Überlagerung aus Windsee und hoher Dünung. In dieser Konstellation entwickelten sich – wie nicht anders zu erwarten (s. Kap. 5.2) – sehr hohe, kurz aufein-

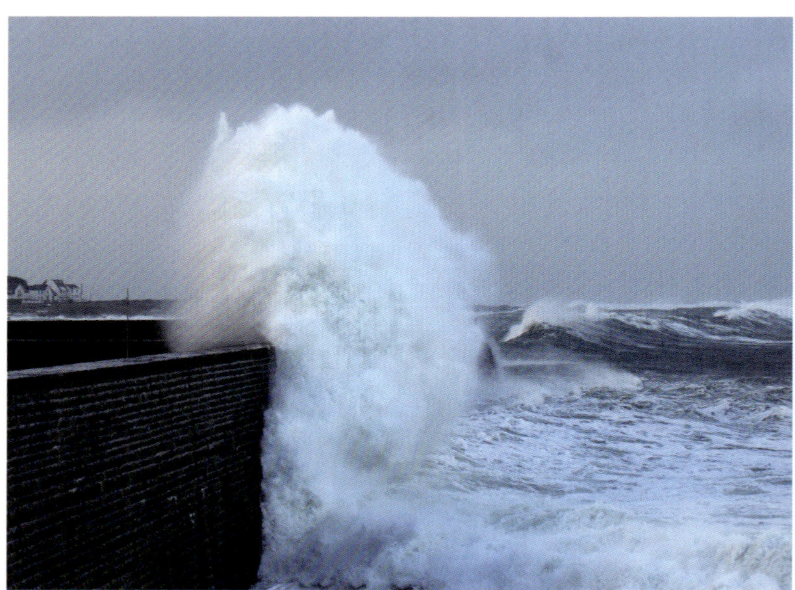

Brecher an der Hafenmole.

anderfolgende Brecher im Bereich direkt vor der Hafeneinfahrt. Die Yacht, technisch in jeder Hinsicht in sehr gutem Zustand und hochseetüchtig bemannt und ausgerüstet, schlug in einem der fünf bis sechs Meter hohen Brecher quer, kenterte, der Mast brach und es ertranken ein Besatzungsmitglied und ein Mann der Crew eines herbeigerufenen Rettungsbootes.
Als Hauptursache für die Havarie muss die Entscheidung des Skippers gesehen werden, bei der gegebenen Wetter- und Tidensituation versucht zu haben, den Hafen anzulaufen. In allen einschlägigen Hafenhandbüchern für die Küste Portugals sind die Häfen genannt, die bei hoher Dünung wegen Brechern vor der Einfahrt nicht von Yachten angelaufen werden sollten, insbesondere nicht bei gleichzeitigem Ebbstrom. Nach dem Bericht der anschließenden Seeamtsverhandlung gab es keinen zwingenden Grund, genau diesen Hafen anzulaufen. Es sollte lediglich eine Nachtfahrt bis zum nächsten Hafen vermieden werden.
Erfahrene Nordsee-Segler kennen diese Situation. In den Seegatten zwischen den friesischen Inseln kann es schnell zu einer vergleichbaren Lage kommen, wenn die Ebbe gegen einen steifen auflandigen Wind steht. Auch dort entstehen dann Brecher, man spricht oft von Grundseen, die einer Yacht gefährlich werden können.

6. Trockenfallen

Programmierte Grundberührung? Das kann durchaus sinnvoll sein, sofern der Skipper die Rahmenbedingungen passend kalkuliert und gezielt die Umstände auswählt.

Wenn hier von Trockenfallen gesprochen wird, so ist damit das bewusst vorbereitete, gezielte Trockenfallen und anschließende Trockenliegen des Bootes unter Berücksichtigung des Reviers, des Bootstyps, des Wetters und der Tide gemeint.

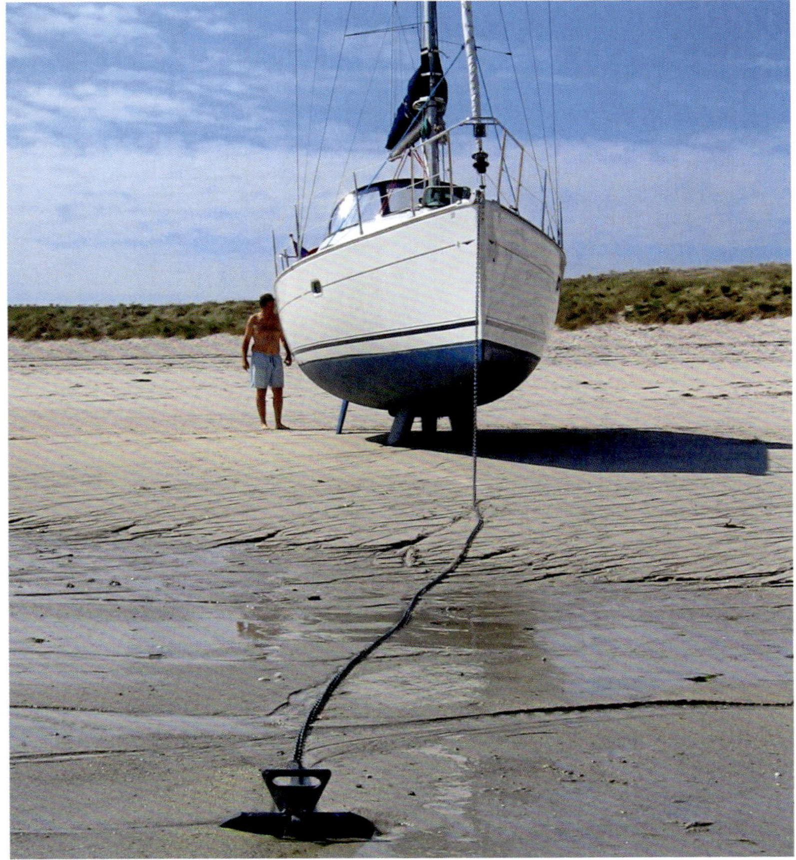

6.1 Geeignete Bootstypen und Kielformen

Dass moderne Kurzkieler nicht zum Trockenfallen geeignet sind, ist wohl jedem Skipper unmittelbar klar. Doch nicht der Tiefgang ist entscheidend, sondern eine ausreichende Kiellänge in der Horizontalen, um das Gewicht des Bootes auf eine größere Länge zu verteilen. Das Ruder sollte möglichst keine Grundberührung bekommen, es sei denn, es ist durch einen durchgehenden Skeg geschützt.

Langkieler wie die Stahlyachten von Feltz aus den 1980er- und 1990er-Jahren und gemäßigte Langkieler wie die klassischen Fahrtenyachten aus Skandinavien sind naturgemäß perfekt zum Trockenfallen, denn selbst wenn der Meeresboden nicht homogen eben ist, weil man den Kiel auf einen Stein oder Buckel gesetzt hat, ist nicht gleich ein Rumpfschaden zu erwarten.

Kimmkieler sind mit ihren zwei Kielen konstruktiv schon speziell zum Trockenfallen vorgesehen. Man sieht sie häufig an der englischen Ostküste und auch in Wattenrevieren der deutschen und holländischen Nordseeküste.

Integralschwerter – viele werden in Frankreich aus Aluminium gebaut – haben entweder innen eingelegten Ballast oder er ist außen unter dem Rumpf großflächig angebolzt. Das Schwert kann als Ballastschwert oder lediglich als leicht gebaute bewegliche Lateralfläche vorgesehen sein. In beiden Fällen wird es jedoch vollständig in den Rumpf hineingezogen, sodass das Schiff mit einem »flachen Bauch« problemlos trockenfallen kann. Aluminium bietet sich deshalb als Baumaterial an, weil es beim Kontakt mit dem Meeresboden keine Beschädigungen durch Steine zu befürchten

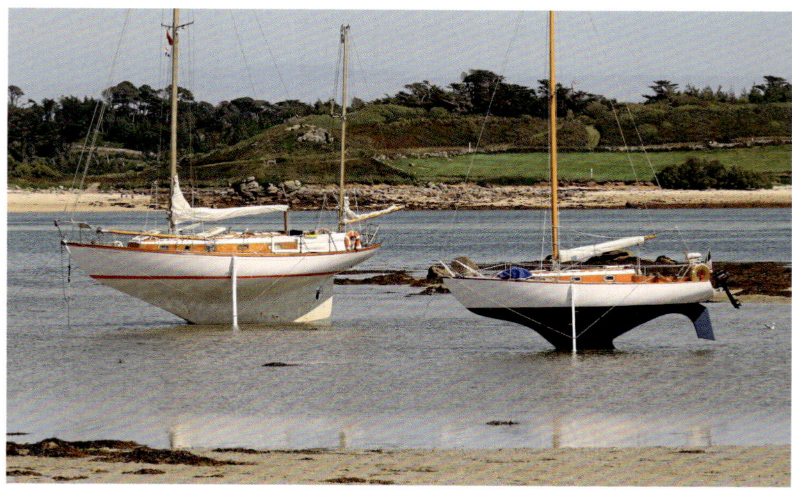

gibt. Nicht selten sieht man diese Schiffe mit einer Doppelruderanlage ausgestattet, sodass ein Trockenfallen ohne Krängung möglich wird. Es versteht sich, dass die Ruderkonstruktion sehr stabil ausgelegt sein muss, denn es können dort hohe Auflagekräfte auftreten.
Trailerboote werden oft als Kielschwerter gebaut, sodass sie mit aufgeholtem Schwert gut auf dem Anhänger transportiert werden konnten. Dies ist auch zum Trockenfallen eine ideale Kielform, denn die Auflagefläche ist lang. Probleme kann es allerdings bei diesen Konstruktionen beim Trockenfallen auf Kies oder Meeresboden mit kleinen Steinen geben. Zu leicht setzen sich die Steinchen im Schwertkasten in den Zwischenraum zwischen Schwert und Kasten und blockieren anschließend das Fieren des Schwerts. Es darf nicht vergessen werden, das Ruder vor dem Trockenfallen hochzunehmen.
Auch Katamarane und Trimarane können im Prinzip trockenfallen, doch ist meist ihre Ruderkonstruktion nicht ausreichend stark gebaut, um die Kräfte, die beim Trockenfallen in den Rumpf eingeleitet werden, ohne Schaden aufzunehmen.

6.2 Wahl des passenden Ortes

Bei der Wahl des Ortes zum Trockenfallen gibt es seemännische aber auch juristische Gesichtspunkte, die zu berücksichtigen sind:
In den deutschen und niederländischen Wattengewässern gibt es zwar zahlreiche Gebiete, die sich von der Bodenbeschaffenheit und der Schönheit der Landschaft her geradezu zum Trockenfallen anbieten, doch gibt es seit vielen Jahren ökologisch begründete Einschränkungen für das Befahren und auch das Trockenfallen in diesen Revieren. Im Internet kann man sich über die deutschen Wattengewässer informieren durch die *Verordnung über das Befahren der Bundeswasserstraßen in Nationalparken im Bereich der Nordsee (NPNordSBefV)*. Es ist auch sinnvoll, sich möglichst direkt vor Ort durch den Hafenmeister des nächstliegenden Hafens und eventuell über UKW bei der nächstliegenden Küstenfunkstelle über Einzelheiten zu informieren. Natürlich geben aktualisierte See- und Hafenhandbücher ebenfalls dazu Auskunft.
Unter seemännisch-technischen Gesichtspunkten ist es zuerst einmal wichtig, dass der für das Trockenfallen auszuwählende Ort einen möglichst gleichmäßig ebenen Meeresboden ohne Steine aufweist. Sandboden oder festes Watt ist am geeignetsten. Schlammiger Boden muss nicht grundsätzlich ein Problem darstellen, sofern der Schlamm so weich ist, dass sich der gesamte Kiel hineinsetzt. Ob dies so ist, wissen aber meist nur Einheimische.

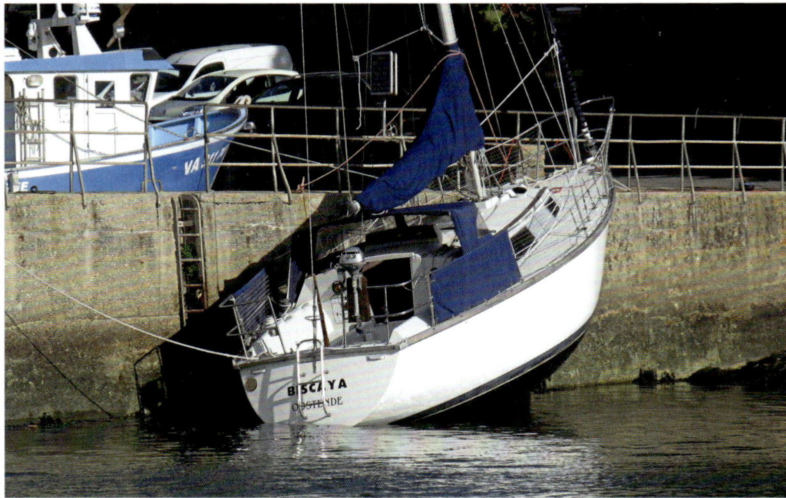

Trockenfallen an der Pier.

Das Echolot gibt bereits einen guten Eindruck von der Oberflächenform des Meeresbodens. Wenn die Anzeige mit Änderungen von weniger als zehn Zentimetern konstant bleibt, kann man davon ausgehen, dass der Boden eben ist. Man sollte das gewählte Gebiet, sofern man es nicht schon kennt, vor dem Trockenfallen über ein kleines Suchmuster ausloten. Sofern das Wasser einigermaßen transparent und nicht zu kalt ist, sind Tauchmaske, Schnorchel und Flossen bei der Beurteilung des Meeresbodens äußerst hilfreich.

Manchmal ist es möglich, das Schiff an die Hafenmauer gelehnt trockenfallen zu lassen. Mehr dazu in Kapitel 6.4.

In jedem Fall sollte der Skipper sicher sein, dass kein Schwell in den See- oder Hafenbereich hineinrollt, wo er trockenfallen will. Fähren, große Motorboote, eventuell auch Dünung von See machen das Trockenfallen manchmal unmöglich, denn der hervorgerufene Schwell lässt das trockengefallene Boot in der Übergangsphase zwischen Schwimmen und Festliegen hart mit dem Kiel aufschlagen.

6.3 Vorbereitungen zum Trockenfallen

Überlegungen zur Tide

Eine wichtige Frage ist: Wie lange will ich trocken liegen bleiben? Für Arbeiten am Unterwasserschiff ist es vielleicht nicht immer notwendig, die längste Zeit auszunutzen. Will ich hingegen eine ruhige Nacht verbringen, so wähle ich eine Wassertiefe, die eine maximale Zeitspanne zwischen erster Grundberührung und Wiederaufschwimmen ermöglicht. Auf jeden Fall muss der Tidenhub größer sein als der Tiefgang des Bootes, um genügend lange Zeit trocken zu liegen. Grundsätzlich gilt: Je länger ich trocken liegen will, umso höher muss ich auf den Sand. Möglichst zeitnah am Hochwasser die Grundberührung gesucht, bringt maximale Dauer zum Trockenfallen.

Der Mond, der mit seiner Gravitationskraft das Trockenfallen ermöglicht, kann dem Segler manchmal aber auch einen Bärendienst erweisen: Bei einer Mondphasenänderung von der Springtide zur Nipptide, also fallenden Tidenkoeffizienten (s. Kap. 2.3), kann es bei Grundberührung zu nahe am Hochwasser unter Umständen zu einer ungewollten Urlaubsverlängerung kommen: Nimmt der Mond von Voll- in Richtung Halbmond ab und kam das letzte Hochwasser noch auf 4,2 Meter, so kommt das folgende Hochwasser vielleicht nur noch auf 3,8 Meter. Das Boot wird dann mit dem kommenden Hochwasser nicht wieder aufschwimmen. Dann hilft nur Warten auf die nächsten Tage mit wieder steigenden Tidenkoeffizienten oder Kiel ausgraben bei Niedrigwasser. Und falls der gestresste Schiffseigner eine garantierte 6-monatige Segelpause braucht, so setzt er sein Schiff im September zum Hochwasser einer extremen Äquinoktialtide auf Grund und ist sich dann sicher, dass sein Schiff erst ein halbes Jahr später im März wieder freikommt. Der Mond lässt grüßen ...

Meteorologische Gesichtspunkte

Wie schon in den Kapiteln 1.3 und 1.4 beschrieben, haben die Windrichtung und der Luftdruck Einfluss auf den Wasserstand. Bei steifem ablandigem Wind und gleichzeitig steigendem Luftdruck kann im Extremfall schon binnen einer Tide der Wasserstand zum folgenden Hochwasser einen halben Meter geringer als berechnet ausfallen. Im Hinblick auf das Wiederaufschwimmen am nächsten Tag hat dies dann den gleichen Effekt wie Trockenfallen zu nah am Hochwasser bei fallenden Tidenkoeffizienten: Das Schiff kommt nicht wieder frei.

Muss deshalb unter diesen Bedingungen auf das Trockenfallen verzichtet werden? Keineswegs! Denn es genügt, diesen Effekt rechnerisch in die Planung mit einzubeziehen. Statt nahe am Hochwasser die Grundberührung zu suchen, wählt der Skipper beispielsweise einen Zeitpunkt zum halben Tidenstand. Wenn er also zum Beispiel bei vier Meter Tidenhub die Grundberührung nach Ablaufen der halben Ebbe sucht, so hat er für den nächsten Tag etwa zwei Meter Reserve im Wasserstand.

Wie wird das Boot stabilisiert?

Integralschwert-Yachten lassen sich ohne weitere Hilfsmittel auf ihrem flachen Rumpfboden trockenfallen. Hingegen benötigen Kielboote und Kielschwerter sogenannte Wattstützen, um beim Trockenfallen nicht umzufallen. Wattstützen werden wie Krücken außen an der breitesten Stelle des Rumpfes an Backbord und Steuerbord angebracht, wobei auf folgende Dinge geachtet werden muss:

Die Länge der Wattstützen sollte etwas geringer sein als der Tiefgang des Bootes, denn nur so ist gewährleistet, dass bei unebenem Meeresboden das Boot wirklich ganz auf dem Kiel aufliegt und die Wattstützen keine zu große Kraft aufnehmen müssen.

Die Wattstützen sollten unten eine Auflageverbreiterung haben, um zu verhindern, dass sie in weichem Boden zu tief einsacken. Außerdem ist es praktisch, wenn leiterähnlich kleine Stufen an ihnen angebracht sind, um zu verhindern, dass die Crew publikumsunterhaltende gymnastische Übungen machen muss, um an Bord zu kommen.

Oft ist die Befestigung am Rumpf ein Problem, denn diese Beschläge müssen einerseits hohe Kräfte aufnehmen können, andererseits sollen sie an Deck keine Stolperfallen bilden. In jedem Fall müssen die Stützen nach vorn und achtern mit Leinen am Bug und am Heck auf Klampen gesichert werden, um zu verhindern, dass sie beim Trockenfallen verrutschen.

Ob der Buganker reicht oder ein zweiter Anker als Heckanker zur Stabilisierung der Position des Bootes notwendig ist, muss davon abhängig gemacht werden, wie viel Platz es in der unmittelbaren Umgebung gibt und ob der Meeresboden über den gesamten Schwojekreis hinweg eben ist. Oft ist zusätzlich zum Buganker der Heckanker notwendig, weil ein ausreichender Abstand zum Nachbarn gewahrt werden muss. Das Ausbringen der beiden Anker geschieht in der Regel folgendermaßen:

Man fiert zuerst den Buganker und gibt auf die Kette mit Fahrt achteraus so viel lose, bis der Heckanker am vorgesehenen Ort fallen gelassen werden kann. Anschließend wird die Bugkette wieder so weit eingeholt und die Heckankerkette gleichzeitig gefiert, bis die optimale Position erreicht ist.

6.4 Trockenfallen an der Hafenmauer

Eine Möglichkeit auch ohne Wattstützen trockenzufallen besteht darin, das Schiff bei Niedrigwasser an die Hafenmauer zu lehnen. Zwar bevorzugen Freizeitskipper heutzutage überwiegend Schwimmstege, aber in vielen kleinen Häfen in England, Irland und Nord- und Westfrankreich ist diese Technik nicht nur bei Fischern nach wie vor recht verbreitet. Ringe, Poller

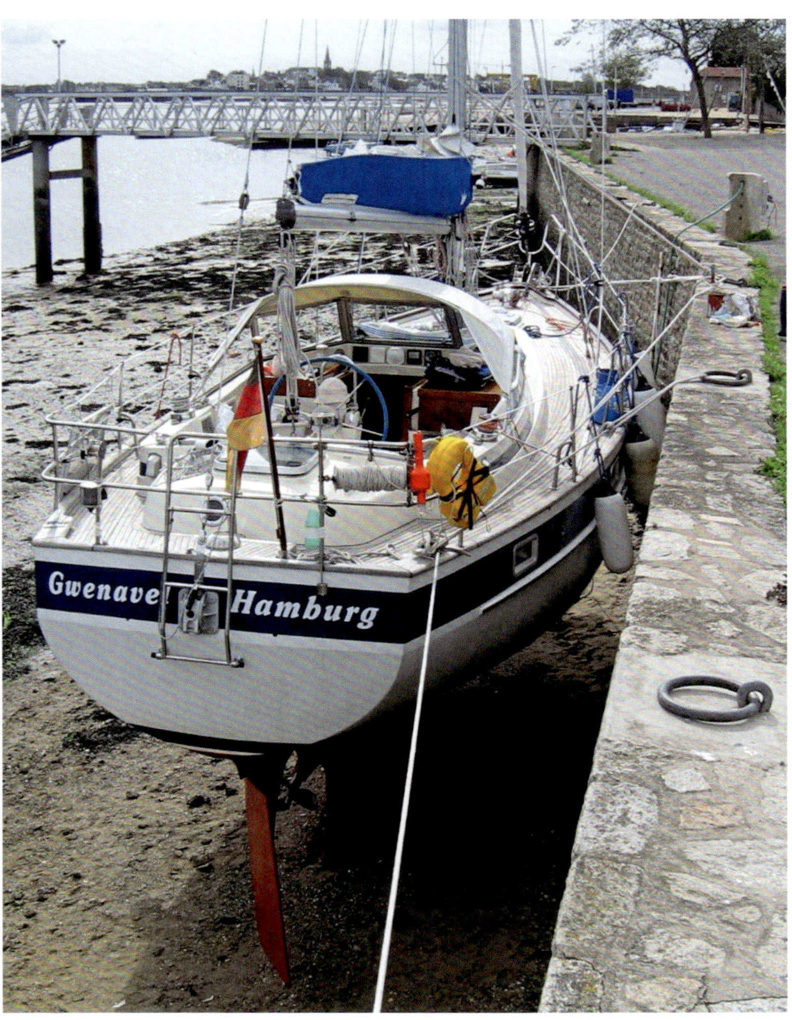

Trockenfallen an der Pier.

und Leitern sind vielerorts an der Pier zu finden, um das Boot festzumachen.
Sofern vom Mast eine beweglich geführte Sicherungsleine zur Pier geführt wurde, ist es nicht notwendig, auf der Seeseite eine Wattstütze auszubringen, um das Umkippen zu verhindern. Geschickt ist es, einen Snatchblock am Oberwant mit einer Leine zum Befestigungspunkt an Land als »laufende Verbindung« flexibel zwischen Rigg und Poller an Land einzusetzen.

Falls das Boot bedingt durch einen leeren Tank unter einer Salonkoje oder eine schwere Ausrüstung nicht völlig waagerecht getrimmt ist, so bietet es sich an, mit der schwereren Seite an die Pier zu gehen.

Je größer der Tidenhub, umso länger müssen natürlich die Festmacher sein, damit die Crew nicht ständig die Leinenlänge der Wassertiefe anpassen muss. Mit einem kleinen Trick lässt sich recht einfach dafür sorgen, dass immer genügend Spannung auf den Festmachern steht, ohne sie zu überlasten: Man hängt mit Wasser gefüllte Eimer oder Bleigürtel der Tauchausrüstung an die etwas zu langen Festmacher. Über das Gewicht werden die Leinen auf Spannung gehalten. Im tidengeprägten Galizien benutzen Fischer dafür wie in alten Zeiten schwere Steinblöcke, die in Netzen am Festmacher angeknotet werden.

Dass zwischen Bordwand und Pier möglichst viele, ausreichend große und stabile Fender ausgebracht werden müssen, ist wohl selbstverständlich. Fischer nehmen Autoreifen. Ein Fenderbrett kann von großem Vorteil sein, insbesondere an Spundwänden.

Selbst gemäßigte Kurzkieler können so an der Pier trockenfallen, sofern z. B. mittels eines passenden Holzbalkens unter dem Bug und/oder dem Heck ein Wegsacken nach vorn oder achtern vermieden wird.

Das Trockenfallen an der Pier dient häufig dazu, kostspieliges Kranen zu vermeiden. Kleinere Arbeiten am Unterwasserschiff können problemlos zwischen zwei Hochwassern erledigt werden. Das Wechseln einer Opferanode, der Anbau eines neuen Propellers, bei guter Vorbereitung auch der Wechsel eines Seeventils sind binnen drei bis vier Stunden zwischen zwei Hochwassern durchaus machbar. Noch vor wenigen Jahren war es in Tidengewässern nicht unüblich, den Unterwasseranstrich im trockengefallenen Zustand zu erneuern. Aus ökologischen Gründen ist dies inzwischen in den meisten europäischen Ländern verboten.

7. Von Cuxhaven nach Lissabon

Törnplanungshilfen für die große Reise durch Gezeitengewässer von Deutschland in den Atlantik

So manch ein Skipper, der sein Schiff seit vielen Jahren in Skandinavien, Norddeutschland oder Holland liegen hat, träumt davon, irgendwann einmal richtig weit in Richtung Westen zu segeln und atlantisches Blauwasser unter den Kiel zu bekommen. Meist scheitert es ganz einfach am Zeitmangel. Die Yacht wäre fit für den großen Törn, aber der Skipper hat nur zwei oder drei Wochen Urlaub. Manch einer hat auch zu viel Respekt vor den ungewohnten Tiden der Nordsee und des Ärmelkanals.

Im letzten Kapitel dieses Buches soll nun versucht werden, dem neue Horizonte suchenden Skipper eine Möglichkeit aufzuzeigen, wie er ohne Stress den langen Weg durch den Ärmelkanal bis in die Biskaya und weiter bis Portugal geschickt planen, bewältigen und genießen kann, und zwar überwiegend in Tagesetappen. Den tidenbezogenen Aspekten der Törnplanung soll dabei besondere Beachtung geschenkt werden. Ich habe diese Strecke mehrfach besegelt und kenne dort so gut wie jeden Hafen aus eigener Erfahrung.

Von Cuxhaven bis Lissabon sind es etwa 1300 Seemeilen auf kürzestem Weg. Wenn allerdings, statt die Biskaya direkt diagonal von Brest nach La Coruña zu überqueren, die reizvolle Atlantikküste Frankreichs und Spaniens ebenfalls besegelt werden soll, dann kommen noch einmal etwa 600 Meilen hinzu.

Auf dem langen Weg bis Lissabon liegen nicht nur etwa 70 meist gut geschützte, kleinere und größere Fischerei-, Handels- und Yachthäfen, die in der Regel eine ruhige Nacht ermöglichen, sondern es gibt auch etwa ein Dutzend hervorragend organisierter Häfen mit freien Liegeplätzen, die geeignet sind, das Schiff längere Zeit liegen zu lassen. So kann der fernwehgeplagte, aber zeitarme Skipper diese wunderbare Reise machen, indem er sie in mehrere stressfreie 14-Tages-Etappen aufteilt. Im Folgenden werden die möglichen Etappen beschrieben, sodass sich der Skipper entsprechend seiner verfügbaren Zeit die ihm passende Strecke selbst zusammenstellen kann. Es werden nicht alle Häfen genannt, sondern nur die, die auf dem Weg nach West günstig liegen.

Erfahrungsgemäß muss je nach Jahreszeit und vorherrschender Windrichtung die unter »normalen« Bedingungen notwendige Segelzeit über

eine Woche gemittelt und mindestens mit dem Faktor 1,5 multipliziert werden, um eine realistische Planung zu erreichen.
Die Angaben für den Tidenhub beziehen sich auf mittlere Springtide und mittlere Nipptide. Die Angaben für den Tidenstrom zwischen den genannten Häfen sind Mittelwerte zu Nipp- und Springzeit. Zwischen den genannten Häfen gibt es vielerorts weitere kleinere Häfen, die aber entweder tidentechnisch schwierig anzulaufen sind oder deren Ansteuerung einen unangemessenen Umweg bedeuten würde.

7.1 Von Cuxhaven nach Calais (370 sm)

Auf dieser Strecke liegen mehrere Verkehrstrennungsgebiete, die allerdings nicht überquert werden müssen, denn überall ist das Seegebiet zwischen dem Festland und dem Verkehrstrennungsgebiet (in den *KVR* »Küstenverkehrszone« genannt) breit genug, um dort auch kreuzend segeln zu können. Die Gezeitenströme variieren zeit- und ortsabhängig im Mittel zwischen 0,5 und 1,5 Knoten, selten erreichen sie bis zu 3 Knoten. Der maximale Tidenhub nimmt von Ost nach West von etwa 3,5 Metern bis auf 6 Meter zu. Details dazu im folgenden Text.
Cuxhaven: Tidenhub 2,5 m/3,3 m; zwei Yachthäfen: a) tidenunabhängig anzusteuernder großer Vereins-Yachthafen mit Schwimmstegen. Zeitwei-

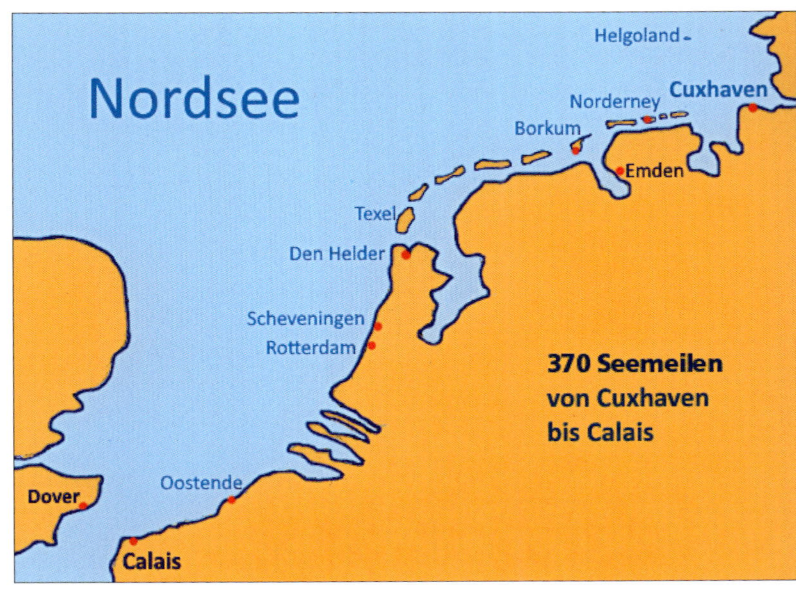

se stark quer setzender Tidenstrom direkt vor der Einfahrt. b) City Marina hinter Schleusentor, gute Versorgung, Stadtnähe.

↓ 65 sm; Tidenstrom 1–2 kn

Norderney: Tidenhub 1,9 m / 2,8 m; strömungsreiche, flache Zufahrt zwischen Sandbänken, tidenunabhängig nur bei geringem Tiefgang, wechselnde Betonnung wegen wechselnder Wassertiefen, Yachthafen mit Schwimmstegen, weicher Schlamm, akzeptable Versorgung; Alternative: **Helgoland.**

↓ 32 sm; Tidenstrom 0,5–1,5 kn

Borkum: Tidenhub 1,9 m / 2,8 m; strömungsreiche, aber tiefe Zufahrt; kleiner verlandender Yachthafen, tidenunabhängig für flach gehende Yachten, weicher Schlamm, akzeptable Versorgung.

↓ 100 sm mit Nachtfahrt; Tidenstrom 0,5–1,5 kn

Den Helder: Tidenhub 1,8 m / 2,9 m; tidenunabhängiger Yacht-, Fischerei- und Handelshafen mit unproblematischer Zufahrt, mehrere Marinas, gute Versorgung; sichere Dauerliegeplätze; Alternative: **Vlieland**, liegt aber weit abseits.

↓ 50 sm; Tidenstrom 0,5–1,5 kn

Scheveningen: Tidenhub 3 m / 4,5 m; tidenunabhängiger, sehr geschützter, großer Yacht- und Fischereihafen mit unproblematischer Zufahrt; gute Marina, gute Versorgung; gute Verkehrsanbindung; Alternative: **IJmuiden.**

↓ 80 sm; Tidenstrom 0,5–2,1 kn; Vorsicht beim Queren des Fahrwassers der Großschifffahrt nach Rotterdam.

Oostende: Tidenhub 2,9 m / 4,3 m; großer geschützter Yacht-, Fischerei- und Handelshafen mit bei jedem Wetter sicherer Zufahrt; zwei Alternativen: a) tidenunabhängiger kleiner Yachthafen mit Schwimmstegen nahe

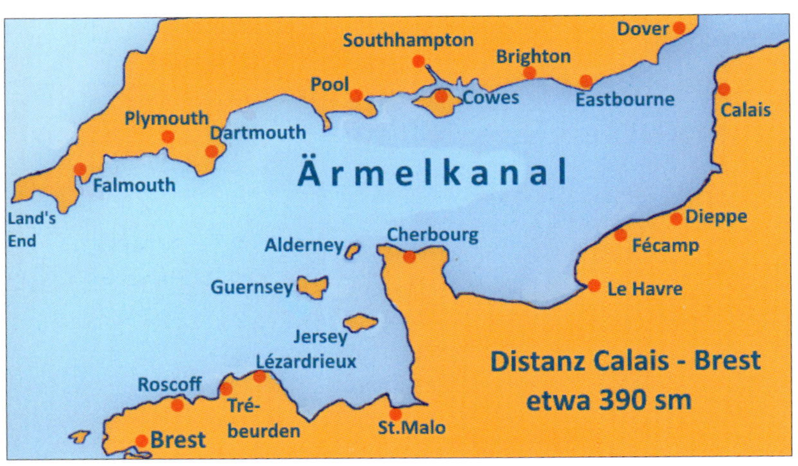

der Einfahrt, Tiefgang max. 2 m oder b) Innenstadt-Marina hinter Schleuse; gute Versorgung; gute Verkehrsanbindung; sichere Dauerliegeplätze.

↓ 40 sm; Tidenstrom 1,5–3,5 kn

Calais: Tidenhub 1,5 m / 6 m; sichere Zufahrt; VHF-Anmeldepflicht! Großer Fischerei-, Fähr- und Yachthafen; tidenabhängige Marina hinter Schleusentor, nahe am Fährhafen; gute Versorgung, Stadtnähe, zahlreiche Schwimmstege; Alternative: **Dunkerque**.

Planungsfrage: Frankreich oder England?

Um von Calais nach Brest zu segeln, gibt es zwei Alternativen. Statt im Ärmelkanal auf der französischen Seite von Calais bis Brest zu segeln, kann der Kurs nach Westen natürlich auch auf der englischen Kanalseite abgesteckt werden. Ich halte den nördlicheren Weg entlang der englischen Küste allerdings aus folgenden Gründen nicht für vorteilhaft:

- Die Gesamtstrecke bis La Coruña verlängert sich um etwa 120 Meilen.
- Es muss der meistbefahrene Schifffahrtsweg Europas als Verkehrstrennungsgebiet im extrem strömungsreichen Flaschenhals zwischen Nordsee und Ärmelkanal gequert werden.
- Egal ob von Cornwall Brest angelaufen oder die Biskaya von Cornwall direkt auf kürzestem Weg überquert werden soll, in beiden Fällen muss die viel befahrene Schiene der Großschifffahrt ein weiteres Mal in ungünstigem Winkel gequert werden.
- Die Versorgung ist in England überwiegend schlechter als in Frankreich.
- Man verpasst die landschaftlich wie navigatorisch interessanten englischen Kanalinseln.

Dennoch für anglophile Segler im Folgenden eine Kurzbeschreibung der Südengland-Route:

7.2 Alternative GB: von Dover nach Penzance auf englischer Seite (340 sm)

Entlang der südenglischen Küste zwischen Dover und Land's End verringert sich der maximale Tidenhub von Ost nach West von etwa 6 Metern auf Werte um 4,5 Meter. Die Tidenströme liegen gemittelt zwischen 0,5 und 2 Knoten, doch können sie vor einigen Kaps und an Engstellen zwischen dem Festland und vorgelagerten Inseln Werte von bis zu 6 Knoten und mehr annehmen. Details dazu im folgenden Text.

Dover: Tidenhub 3,2 m / 6 m; sichere Zufahrt; VHF-Anmeldepflicht! Großer Fähr- und Yachthafen; drei tidenabhängige Marinas: a) den Tiden ausgesetzte Schwimmstege vor Schleusentor; Tiefgang max. 1,5 m; b) Marina mit Zufahrt durch Schleusentor; c) Marina hinter Schleuse mit Drehbrücke; gute Versorgung, da Stadtnähe.

↓ 20 sm; Tidenstrom 0,5–2,5 kn

Eastbourne: Tidenhub 3 m/6 m; tidenabhängige Doppel-Marina hinter Schleusentoren mit zahlreichen Schwimmstegen; flache Zufahrt, gefährlich bei starkem SE-Wind; gute Versorgung, Stadtnähe.

↓ 25 sm; Tidenstrom 0,5–2,5 kn

Brighton: Tidenhub 2,8 m/5,7 m; tidenunabhängige, große, moderne Mega-Marina mit flacher Einfahrt; gefährlich bei NW- und kräftigem S- oder SE-Wind; gute Versorgung, Stadtnähe.

↓ 40 sm; Tidenstrom 1,5–3,5 kn; kräftiger Tidenstrom im Solent bis 5 kn

Cowes/Isle of Wight: Tidenhub 2,8 m/5,7 m; tidenunabhängiger renommierter Yachthafen; Einfahrt sehr flach; unproblematisch ab halber Flut; zwei tidenunabhängige Marinas mit zahlreichen Schwimmstegen; Alternativen: zahlreiche weitere Marinas bei **Gosport-Portsmouth** und **Southampton**; Vorsicht bei Wind gegen Strom im Solent, besonders im Westausgang!

↓ 40 sm; Tidenstrom 1,5–3,5 kn

Poole: Tidenhub 1,5 m/2,0 m; lang gestreckte Einfahrt im Fluss; drei tidenunabhängige Marinas; gute Versorgung, Stadtnähe; eventuell hier Zwischenstopp zum günstigen Tiden-Timing vor der oft problematischen Passage des Kaps von **Portland Bill.**

↓ 25 sm; Tidenstrom 1,5–3,5 kn

Lulworth Cove: gute Ankerbucht außer bei südlichen Winden, manchmal Schwell; möglicher Zwischenstopp zum günstigen Tiden-Timing vor der oft problematischen Passage des Kaps von **Portland Bill.**

↓ 52 sm; Tidenstrom 1,5–3,5 kn; bei **Portland Bill** bis zu 7 kn; mindestens 3–4 Meilen südlich umfahren; gefährliche Overfalls bei Wind gegen Strom!

Dartmouth: Tidenhub 1,8 m/4,3 m; einfache Ansteuerung bei jedem Wetter und jeder Tide; tidenunabhängige Marina im Fluss; auch Bojen im Fluss; gute Versorgung.

Alternative: **Torquay;** tidenunabhängige moderne Mega-Marina.

↓ 40 sm; Tidenstrom 1,5–3 kn; Vorsicht am Kap: **Start Point** bei Wind gegen Strom vermeiden; mindestens 2 sm südlich umfahren

Plymouth: Tidenhub 2,2 m/4,7 m; unproblematische Ansteuerung und Einfahrt bei jedem Wetter und jeder Tide; mehrere tidenunabhängige Marinas; sehr gute Versorgung; sichere Dauerliegeplätze.

↓ 35 sm; Tidenstrom 1,5–3 kn

Falmouth: Tidenhub 2,3 m/4,6 m; unproblematische Ansteuerung und Einfahrt bei jedem Wetter und jeder Tide; tidenunabhängiger Yacht-, Han-

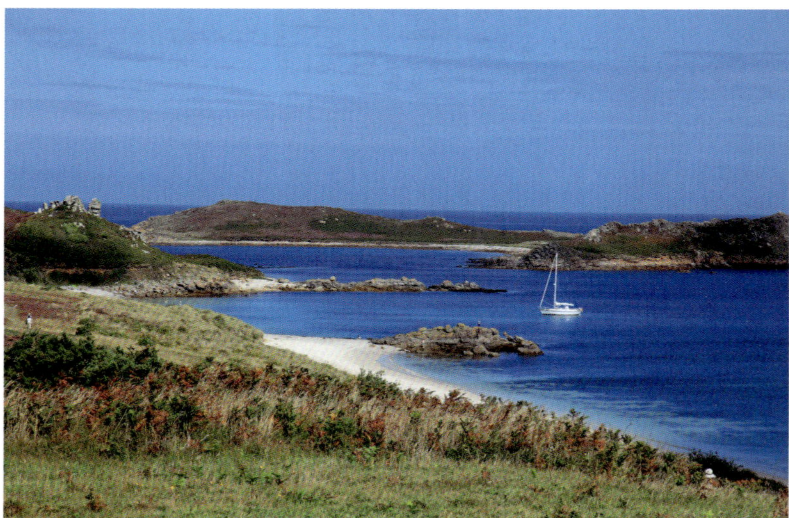

Isles of Scilly.

dels- und Fischereihafen; kleine Marina mit Schwimmstegen, auch Bojenplätze im Fluss; gute Versorgung; Alternative: Bojen im **Helford River; letzter tidenunabhängiger Hafen vor Land's End!**

↓ 32 sm; Tidenstrom 1–2,5 kn; Vorsicht am **Cape Lizard:** bei Wind gegen Strom mindestens 2 sm südlich umfahren

Penzance: Tidenhub 2,2 m / 4,8 m; flache Zufahrt, am besten ab halber Flut; tidenabhängiger Hafen hinter Schleusentor für Yachten, kleine Frachter und Fischer; keine Schwimmstege; Päckchen; gute Versorgung.

↓ 32 sm; Tidenstrom 1–2,5 kn; vor **Land's End** bis zu 3 kn quer; zwei Verkehrstrennungsgebiete: a) in N-S-Richtung und b) in E-W-Richtung

Isles of Scilly / St. Mary's: Tidenhub 2,2 m / 4,7 m; einfache tidenunabhängige Ansteuerung, aber schlecht geschützte Hafenbucht mit Bojen; kleiner Warteponton; gute Ankermöglichkeiten bei den nahe gelegenen Inseln **Tresco, Bryher, St. Agnes, St. Martins.**

Mit Ziel **La Coruña** werden die meisten Skipper dann von Penzance oder den Isles of Scilly vermutlich nicht südöstlich zurück nach Frankreich segeln, sondern direkt den Kurs südwestlich auf das 420 Seemeilen entfernte **Cabo Ortegal** in Nordwest-Spanien abstecken. Weiterer Verlauf ab La Coruña siehe weiter unten.

7.3 Alternative F: von Calais nach Brest auf französischer Seite (390 sm)

Entscheidet sich der Skipper für die Fortsetzung der Reise auf französischer Seite, so erwartet ihn ein etwas größerer Tidenhub als auf englischer Seite. Die Maximalwerte variieren zwischen 5 und 13 Meter. Die Tidenströme liegen gemittelt meist zwischen 0,5 und 2 Knoten, doch können sie vor einigen Kaps und an Engstellen zwischen dem Festland und vorgelagerten Inseln auf bis zu 8 Knoten anwachsen. Details dazu im folgenden Text.

Boulogne: Tidenhub 3,5 m / 5,4 m; sichere tiefe Zufahrt; VHF-Anmeldepflicht! Großer Fischerei-, Fähr- und Yachthafen; tidenabhängige Marina hinter Schleuse, nahe am Fährhafen; gute Versorgung, Stadtnähe, zahlreiche Schwimmstege.

↓ 55 sm; Tidenstrom 0,8–2 kn

Dieppe: Tidenhub 4 m / 10 m; sichere tiefe Zufahrt; zwei Alternativen: a) tidenunabhängiger Yacht- und Fischereihafen mit Schwimmstegen nahe der Einfahrt, Tiefgang max. 3 m oder b) Marina hinter Schleuse; gute Versorgung, da mitten in der Stadt.

↓ 30 sm; Tidenstrom 0,5–2 kn

Fécamp: Tidenhub 4,5 m / 8,5 m; Einfahrt Kartennull 1 m; sichere Zufahrt nur ab halber Flut, zwei Alternativen: a) Yacht- und Fischereihafen mit Schwimmstegen nahe der Einfahrt, Tiefgang max. 2 m oder b) Marina hinter Schleuse; gute Versorgung, da mitten in der Stadt; Alternative: Le Havre.

↓ 80 sm; Tidenstrom 1–4 kn

Cherbourg: Tidenhub 3 m / 6 m; sehr sichere Einfahrt bei jedem Wetter; großer Fischerei- und Handelshafen mit großer tidenunabhängiger Marina; zweite Marina hinter Schleusentor, sehr gute Versorgung da Stadtnähe; TGV-Bahnhof; sichere Dauerliegeplätze.

↓ 26 sm; Tidenstrom 2–6 kn; bis zu 8 kn im Race of Alderney; guter Stromatlas erforderlich!

Alderney: Tidenhub 5 m / 10 m; Insel mit rundum, außer von N, geschützter, großer Ankerbucht hinter langer Mole; guter Ausgangspunkt, um andere Kanalinseln mit passendem Tidentiming anzulaufen; schlechte Versorgung.

↓ 25 sm; Tidenstrom 2–5 kn; streckenweise bis zu 7 kn im Little Russel und Great Russel; Wind gegen Strom vermeiden! Guter Stromatlas erforderlich!

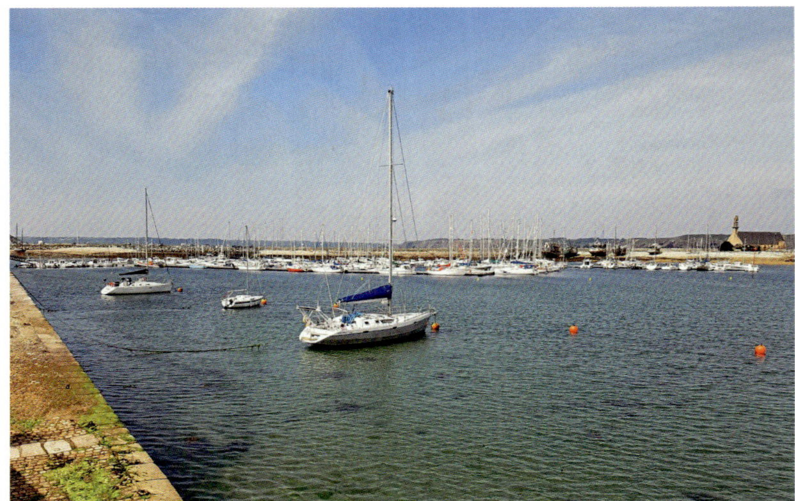

Guernsey, St. Peter Port: Tidenhub 3 m/9 m; großer, geschützter Inselhafen (Fischerei, Fähren und Yachten) mit Schwimmstegen hinter Sill; davor Warteponton; quer setzender Strom vor der Einfahrt; Marina mit kompletter Infrastruktur hinter Sill; Alternative: Ankern bei Sark.

↓ 45 sm; Tidenstrom 1–4 kn; vor Guernsey bis 5 kn; guter Stromatlas erforderlich!

Lézardrieux: Tidenhub 5 m/10 m; Ansteuerung ab halber Flut; sehr geschützter Yachthafen tief im Fluss; Marina mit Schwimmstegen hinter Sill; kleine Stadt, gute Versorgung; tidenunabhängige Liegeplätze auch im Fluss. Alternative: Ankern bei Ile de Bréhat.

↓ 30 sm; Tidenstrom 1–3 kn

Trébeurden: Tidenhub 3 m/6 m; Ansteuerung ab halber Flut; sehr geschützter Yachthafen mit Schwimmstegen hinter Sill; kleine Stadt, mäßige Versorgung. Geschütztes Ankern etwa 1 sm vor dem Hafen möglich.

↓ 18 sm; Tidenstrom 1–2 kn

Roscoff: Tidenhub 3 m/6 m; Fischerei-, Fähr- und Yachthafen; große, tidenunabhängige Marina mit Schwimmstegen; Ansteuerung bei jeder Tide und jedem Wetter; etwas außerhalb, Versorgung mäßig; Bahnhof; sichere Dauerliegeplätze; Alternative: Ankern bei **Ile de Batz** oder Boje.

↓ 36 sm; Tidenstrom 1,5–2,5 kn

L'Aber-Wrac'h: Tidenhub 3 m/6 m; tidenunabhängiger Yacht- und Fischereihafen im Fluss; quer setzender Strom in felsenreicher Ansteuerung; geschützte Marina mit Schwimmstegen; auch Bojen im Fluss; Versorgung schlecht, Läden in 4 km Entfernung.

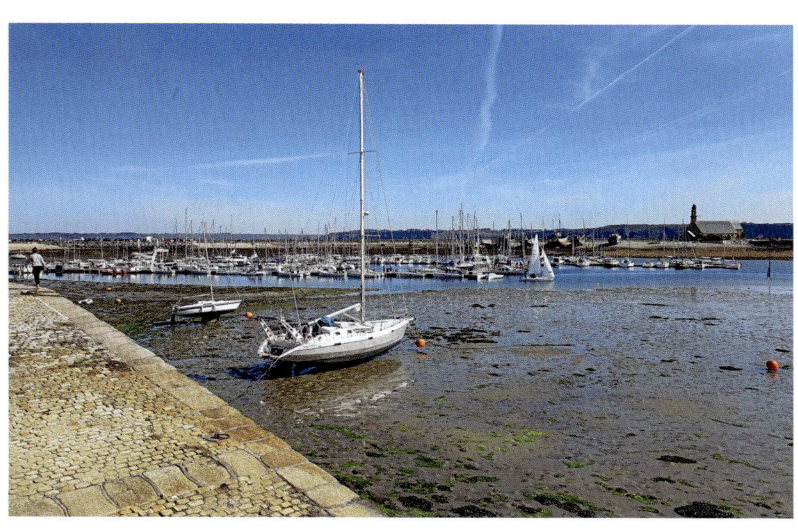

↓ 36 sm; Tidenstrom 2–4 kn, im Chenal du Four 6 kn; guter Stromatlas für **Chenal du Four** erforderlich! Wind gegen Strom unbedingt vermeiden!

Camaret: Tidenhub 2,8 m / 6,3 m; tidenunabhängiger Fischerei- und Yachthafen; Ansteuerung bei jeder Tide und jedem Wetter; zwei sehr gut geschützte Marinas mit Schwimmstegen; Bojen in der Bucht; sehr gute Versorgung.

↓ 9 sm; Tidenstrom 1–3 kn; Wind gegen Strom vermeiden!

Brest: Tidenhub 3 m / 7,5 m; sichere Tiefwasser-Ansteuerung, aber 2–4 kn Gezeitenstrom; bei Springzeit Brecher im Ansteuerungsbereich bei Flut gegen steifen Ostwind und Ebbe gegen steifen Westwind. Großer Militär-, Handels- und Yachthafen mit zwei großen Marinas mit Schwimmstegen mit kompletter Infrastruktur: a) Stadtmitte Port du Chateau, b) 2 km östlich der Stadt, Port Moulin Blanc; sehr gute Versorgung; TGV-Bahnhof (4 h bis Paris); sichere Dauerliegeplätze in beiden Marinas.

7.4 Trans-Biskaya oder Harbourhopping in Frankreich und Spanien?

In Brest muss der Skipper entscheiden, ob er den 350 Seemeilen langen Schlag diagonal über die Biskaya direkt bis La Coruña in nur drei oder vier Tagen segeln will oder ob er entspannter, aber auch zeitaufwendiger die zahlreichen, sehr reizvollen Fischerei- und Yachthäfen an der franzö-

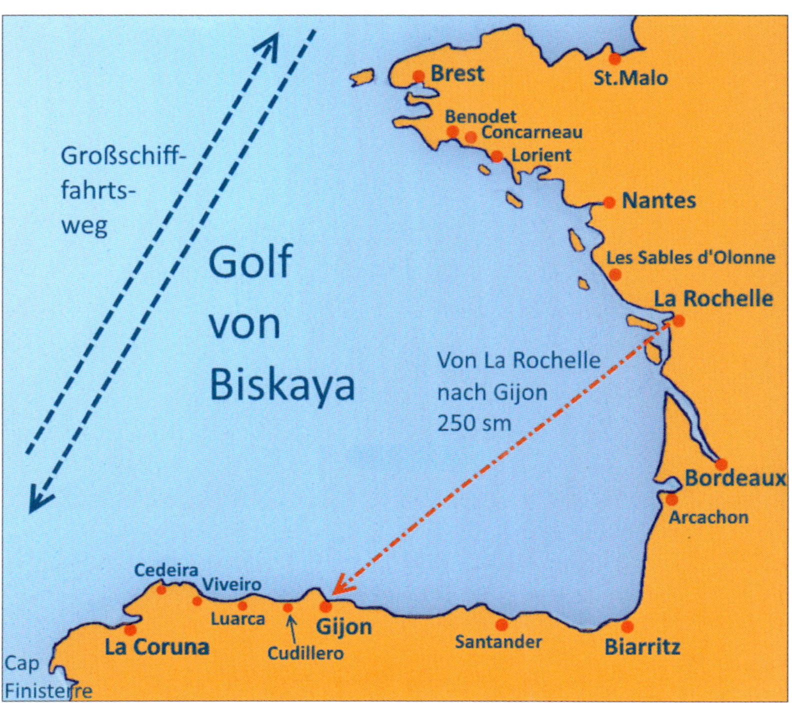

sischen und spanischen Atlantikküste anlaufen möchte. Zu bedenken ist, dass die Großschifffahrt aus dem Kanal ebenfalls den SW-Kurs geradlinig vom Verkehrstrennungsgebiet bei Ile d'Ouessant zum Verkehrstrennungsgebiet vor Galizien wählt. Um dazu ausreichend Abstand zu bekommen, ist es sinnvoll, zu Anfang etwa 50 Meilen nach Süden zu segeln, bevor der Kurs auf La Coruña abgesetzt wird. Entscheidet sich der Skipper für diese Variante, so werden, abgesehen von einigen Begegnungen mit Fischern auf dem französischen und spanischen Festlandsockel, keine oder nur sehr wenige Fahrzeuge der Großschifffahrt seinen Kurs kreuzen.

Der Einfluss der Gezeiten auf die Oberflächenströmungen in der offenen Biskaya ist eher schwach, im Mittel weniger als 1 Knoten. Wichtiger für die Entscheidung, wann die Überquerung gestartet werden soll, ist die Überlegung, ob es eine alte Dünung gibt und in welchem Winkel sie zu der zu erwartenden Windrichtung steht. Wenn beispielsweise ein prinzipiell günstiger, frischer Wind von N bläst, andererseits aber eine alte, vielleicht zwei bis drei Meter hohe Dünung von SW dagegen läuft, so sollte sich der Skipper auf Bullenreiten einstellen oder besser zwei Tage warten, bis sich die Dünung gelegt hat. In Küstennähe wird unter dem Einfluss der Ge-

zeiten eine zusätzliche Problematik aus einer möglichen Dünung-gegen-Tidenstrom-Situation entstehen (dazu s.a. Kap. 5.2 **Der schlechte Ruf der Biskaya**).
Eine überlegenswerte Alternative zur Direktüberquerung ist es, entlang der inselreichen französischen Atlantikküste bis La Rochelle zu segeln, dann auf SW-Kurs die Biskaya auf relativ kurzer Strecke (250 Seemeilen) mit Landfall in Gijón / Nordspanien zu überqueren und anschließend in fünf bis sechs Tagesetappen entlang der nordspanischen Küste schließlich La Coruña zu erreichen. Streckenlänge etwa 580 Meilen. Als Zeitbedarf sollte man angesichts der Attraktivität der Küste sinnvollerweise mindestens zwei, besser drei Wochen ansetzen. Auch in vier Wochen kommt auf dieser Strecke sicherlich keine Langeweile auf.
Die Mehrzahl der Häfen an der französischen und spanischen Atlantikküste sind tidenunabhängig anzulaufen. Der Tidenstrom entlang der Küste ist zwar nicht immer vernachlässigbar (meist etwa 1–2 Knoten), aber er kann häufig während der Tagesetappe positiv genutzt werden. Gefährliche Wind-gegen-Strom-Probleme sind – mit einer Ausnahme – nicht zu erwarten. Die Ausnahme trägt den bei allen Seglern Westfrankreichs hochrespektierten Namen **»Raz de Sein«**. In der Meerenge zwischen der Insel **Sein** und dem Festlandskap **Pointe du Raz**, etwa 30 Meilen südwestlich von Brest, setzen bei Springzeit bis zu 7 Knoten Tidenstrom über einen sehr ungleichmäßig geformten, felsigen Meeresboden. Schon bei nur 5 Windstärken aus SW wird die Passage für Yachten wegen brechender See gefährlich, wenn gleichzeitig eine Springzeit-Ebbe dagegen steht. Das Gleiche gilt für einen Wind aus nördlichen Richtungen gegen den Flutstrom bei hohen Gezeitenkoeffizienten (s. Kap. 2.3). Mit Direktkurs in Richtung La Coruña kann das Raz de Sein durchaus westlich der Ile de Sein im tiefen Wasser umfahren werden, aber mit Kurs La Rochelle würde sich dadurch ein etwa 50 Meilen langer Umweg ergeben.
Entscheidet sich der Skipper von der Pointe du Raz aus seinen weiteren Kurs entlang der Küste bis La Rochelle abzusetzen, so bleiben zwar die Einflüsse der Gezeiten spürbar, aber es liegen keine weiteren gefährlichen Passagen oder Kaps vor ihm. Der Tidenstrom entlang der Küste liegt im Mittel zwischen 0,5 und 1,5 Knoten. Lediglich im Bereich Quiberon, Belle-Ile und im Golfe du Morbihan ist er an einigen Stellen stärker. Doch ist es beruhigend zu wissen, dass selbst bei Wind gegen Strom nirgendwo so bedrohliche Brecher auftreten wie im Raz de Sein. Der maximale Tidenhub nimmt von Nord nach Süd stetig ab (Brest 7,5 Meter; La Rochelle 4,5 Meter).
Folgende Häfen zwischen Brest und La Rochelle sind allesamt tidenunabhängig anzulaufen, gut geschützt und für den Landgang attraktiv, immer

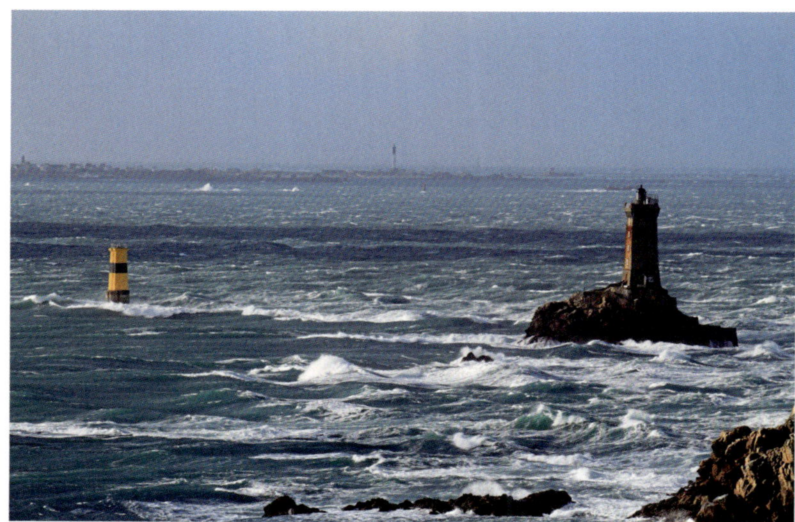

Pointe du Raz bei Wind gegen Strom.

auch mit guten Versorgungsmöglichkeiten. Darüber hinaus gibt es unzählige gute Ankermöglichkeiten entlang dieser Küste.

- **Camaret:** ehemaliger Fischerhafen weitgehend umgewandelt zum Yachthafen
- **Bénodet:** Yachthafen in Flussmündung mit zwei Marinas
- **Concarneau:** mittelgroßer Fischerei- und Yachthafen mit zwei Marinas
- **Port Tudy / Ile de Groix:** Fischerei- und Yachthafen mit Stegen und Bojen
- **Lorient:** großer Fischerei-, Handels- und Yachthafen mit fünf Marinas

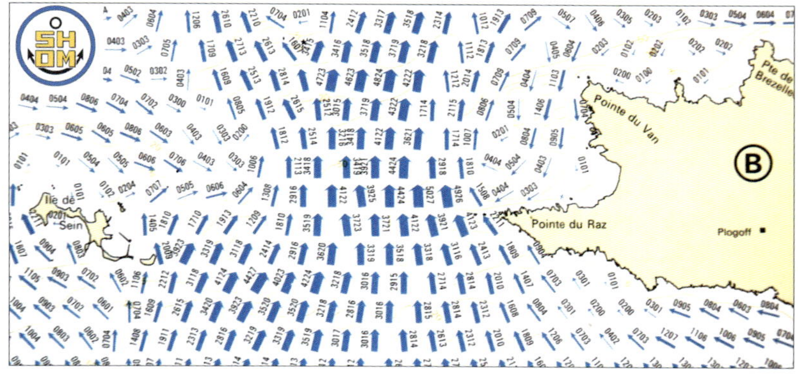

Strömungskarte Raz de Sein.

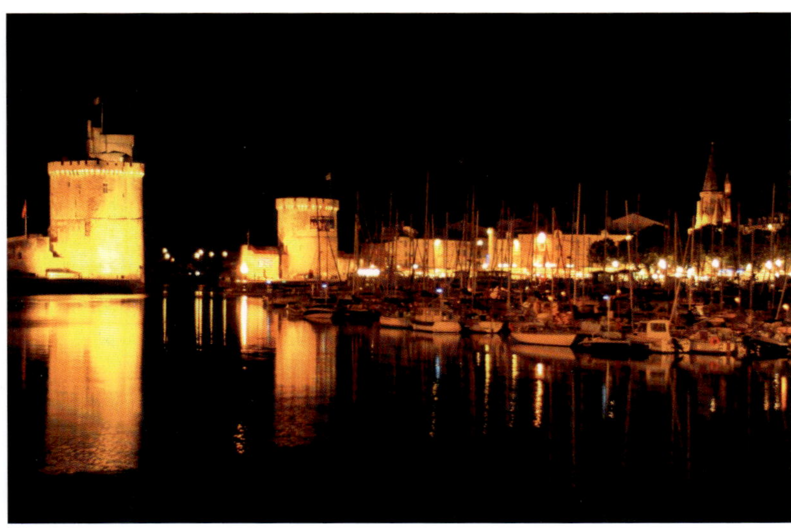

La Rochelle bei Nacht.

- **Le Palais / Belle-Ile:** kleiner Fischerei-, Fähr- und Yachthafen
- **Port Joinville / Ile d'Yeu:** mittelgroßer Fischerei-, Fähr- und Yachthafen mit Marina
- **Les Sables d'Olonne:** mittelgroßer Fischerei-, Handels- und Yachthafen mit zwei Marinas

Alle ohne Sill oder Schleusentor und bei jedem Wetter anzulaufen. Eine erwähnenswerte Ausnahme: Der Haupthafen von Ile de Ré, St. Martin-en-Ré, nur sechs Meilen vor La Rochelle, ist zwar nur durch ein Schleusentor erreichbar, aber dennoch ohne jede Frage einen Besuch wert.

La Rochelle

Tidenhub 2 m / 4,5 m. Eine moderne Mega-Marina, die größte Frankreichs, liegt eine Meile vor der Stadt und ist zwar bei jedem Wetter, aber leider nicht bei jedem Tidenstand anzulaufen. Die Ansteuerung verlandet kontinuierlich und wird auf etwa einen Meter LAT regelmäßig ausgebaggert. Drei weitere ebenfalls tidenabhängige Häfen stehen in der Innenstadt zur Verfügung: Zwei sind als Schleusenbecken angelegt, die sich insbesondere mit sicheren Dauerliegeplätzen anbieten. Der dritte, der alte historisch gewachsene Innenstadthafen Vieux Port, ist atmosphärisch ohne Zweifel der reizvollste der vier Häfen, fällt aber bei Springzeit teilweise trocken. Sehr gute Versorgung; TGV Bahnhof (nur drei Stunden bis Paris) im Stadtzentrum.

Die Biskayaküste weiter südlich bis Biarritz bietet dem Segler wenig, ist oft windarm, aber dennoch dünungsreich. Nach Bordeaux die Gironde hinaufzufahren, kann reizvoll sein, doch ob die 50 Meilen Flussfahrt – in der Regel unter Motor – es wert sind, mag infrage gestellt werden. Die Flussmündung der Gironde kann zeitweise bei Wind oder Dünung gegen den Tidenstrom für Yachten sehr gefährlich werden, denn es bilden sich dann an einigen Stellen schwere Brecher, selbst in tieferem Wasser. Die recht große Stadt **Arcachon** mit ihrer Mega-Marina weiter südlich ist ebenfalls kein wirklich lohnendes Ziel, zumal bei Wind oder Dünung gegen Strom die Passagen zwischen Sandbänken in der Ansteuerung meist gefährlich sind. Das Gleiche gilt für den Fischerei- und Yachthafen Cap Breton 40 Meilen südlich von Arcachon auf halbem Weg bis Biarritz.

Auch der sich **ab Biarritz westlich anschließende spanische Küstenabschnitt** im Baskenland und in Cantabrien ist segeltechnisch oft problematisch, denn häufig ist dort der Wind zu schwach zum Segeln, dafür aber die weit aus dem Norden heranrollende Dünung umso höher. Dennoch soll nicht unerwähnt bleiben, dass es einige reizvolle, tidenunabhängige Häfen gibt: St. Jean de Luz, Guetaria, San Sebastian, Bilbao, Santander, Ribadesella und Lastres. Der Tidenhub im südöstlichen Scheitel der Biskaya beträgt bei Nippzeit etwa 2 Meter und bei Springzeit 4,5 Meter. Die Gezeitenströme entlang dieser Küste sind schwach und erreichen selten mehr als 1,0 Knoten.

Die geschilderten Verhältnisse sind der Grund dafür, dass ich es empfehle, die Biskaya von La Rochelle nach Gijón zu überqueren (s. Karte). Die Blauwasserstrecke ist nur 250 Meilen lang, im Unterschied zur Direktüberquerung von Brest nach La Coruña mit etwa 350 Meilen. Die Gezeitenströme sind im freien Wasser schwach und können vernachlässigt werden.

Gijón ist ein großer Handels- und Yachthafen, der bei jeder Tide und jedem Wetter problemlos anzulaufen ist. Tidenhub 2,2 Meter/4,3 Meter. Die tidenunabhängige, große Marina liegt in der Nähe der sehenswerten Altstadt. In der Umgebung gibt es hervorragende Versorgungsmöglichkeiten. Gijón bietet sich auch als Dauerliegeplatz an.

An der sich anschließenden Küste westlich von Gijón bis La Coruña herrschen meist bessere Segelbedingungen als im Südostteil der Biskaya. Der Tidenhub beträgt vor diesem Teil der spanischen Küste bei Nippzeit nur etwa 1,5 Meter und bei Springzeit maximal 3,5 Meter. Die Tidenströme sind schwach und liegen zwischen 0,5 und 1,5 Knoten. Die **120 Meilen bis La Coruña** lassen sich stressfrei auf folgende Etappen verteilen:

- **Cudillero:** kleiner Fischerei- und Yachthafen mit wenigen Schwimmpontons, dazu Bojen
- **Luarca:** kleiner Fischereihafen mit einigen Gästebojen im Vorhafen

- **Ribadeo:** mittelgroßer Fischerei- und Yachthafen mit kleiner Marina; gute Versorgung
- **Viveiro:** mittelgroßer Fischerei- und Yachthafen mit kleiner Marina und nahe gelegener Ankerbucht
- **Bares:** kleiner Fischereihafen ohne Stege, aber in grandioser Ankerbucht; Landgang mit Beiboot
- **Cedeira:** kleiner Fischereihafen mit wenigen Pontons, aber – außer nach N – gut geschützte Ankerbucht; Landgang mit Beiboot

Zwischen diesen genannten Häfen gibt es noch einige weitere kleine Industriehäfen und sehr kleine Fischerhäfen, die jedoch für Yachten mangels Liegemöglichkeiten uninteressant sind.

- **La Coruña ... die Biskaya liegt hinter uns!**

La Coruña hat einen Tidenhub zwischen ein Meter und vier Meter. Der große Fischerei-, Handels- und Yachthafen ist bei jeder Tide und jedem Wetter problemlos anzulaufen. Nachts weisen die vier Blitze von **Torre de Hercules**, dem ältesten Leuchtturm Europas (römisch!), dem Skipper den Weg in die Ansteuerung. Es gibt zwei tidenunabhängige, große Marinas in Stadtnähe. Die Versorgungsmöglichkeiten sind in jeder Hinsicht hervorragend. La Coruña bietet sich wie Cherbourg, Brest, La Rochelle und Gijón für eine längere Dauerliegezeit an, perfekt geschützt und sehr gute Verkehrsanbindung per Zug und Flieger. Santiago de Compostela liegt nur 75 Kilometer entfernt.

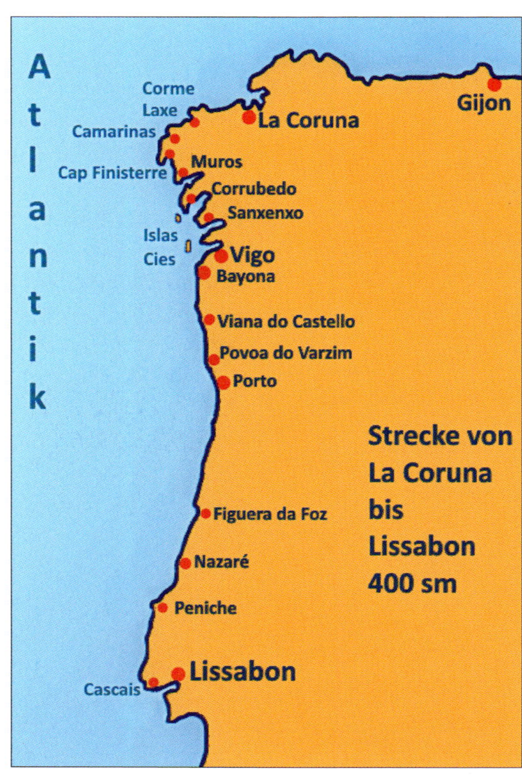

Karte Galizien – Portugal.

7.5 Von La Coruña nach Lissabon (380 sm)

Skipper unter Zeitdruck segeln die 380 Meilen nach Süden bis Lissabon meist direkt. Dies nicht zuletzt wegen der oft nicht nur tidenbedingt problematischen Ansteuerungen einiger portugiesischer Häfen (s. Kap. 5.3 S. 129). Dass dies in Galizien, nördlich der portugiesischen Grenze völlig anders ist, wird von vielen Skippern übersehen. Wer etwas mehr Zeit in der Bilge hat, der wird beim Studium der Seekarten und Hafenhandbücher schnell bemerken, dass es ausgesprochen bedauerlich wäre, diesen Küstenabschnitt in weniger als zwei Wochen abzusegeln. Die überwiegend felsige, stark zerklüftete Küste Galiziens bietet eine Unzahl von hervorragenden Ankermöglichkeiten vor zum Teil traumhaften Sandstränden. Und die Zahl der bei jeder Tide und jedem Wetter anzulaufenden Fischerei- und Yachthäfen bis zur portugiesischen Grenze macht es selten notwendig, länger als sechs Stunden am Tag zu segeln. Darüber hinaus ist die Versorgung insbesondere mit Fisch und Meeresfrüchten einfach schlaraffenlandähnlich. Der maximale Tidenhub verändert sich auf dem Weg nach Süden bis Lissabon nur unwesentlich. Von vier Metern in La Coruña verringert er sich auf 3,5 Meter in Lissabon. Die Gezeitenströme in Küstennähe bewegen sich im Mittel zwischen 0,5 und 2 Knoten. Lediglich in den Ansteuerungen einiger portugiesischer Flusshäfen kann der Tidenstrom bis auf 4 Knoten zunehmen. Details dazu s. u.

Auf den etwa **160 Seemeilen von La Coruña bis zur Mündung des Río Miño,** dem Grenzfluss zwischen Spanien und Portugal, liegen u. a. folgende tidenunabhängig und bei jedem Wetter anzulaufende Häfen:

- **Corme:** kleiner Fischerhafen mit wenigen Pontons, aber sehr guten Ankermöglichkeiten
- **Laxe:** kleiner Fischerhafen ohne Pontons, aber mit Bojen und sehr guten Ankermöglichkeiten
- **Camarinias:** kleiner Fischerei- und Yachthafen mit kleiner Marina und sehr guten Ankermöglichkeiten
- **Muxia:** kleiner Fischerei- und Yachthafen mit neuer, recht großer Marina; gute Versorgung
- **Fisterra:** mittelgroßer Fischereihafen direkt hinter dem berühmten Cap Finisterre, der im inneren Bereich einen Ponton für kleinere Yachten hat; ansonsten sehr gute Ankermöglichkeiten vor dem Hafen
- **Muros:** mittelgroßer Fischerei- und Yachthafen mit neuer, großer Marina; ebenfalls sehr gute Ankermöglichkeiten vor dem Hafen; gute Versorgung
- **Portosín:** Fischerei- und Yachthafen mit moderner, großer Marina; gute Versorgung

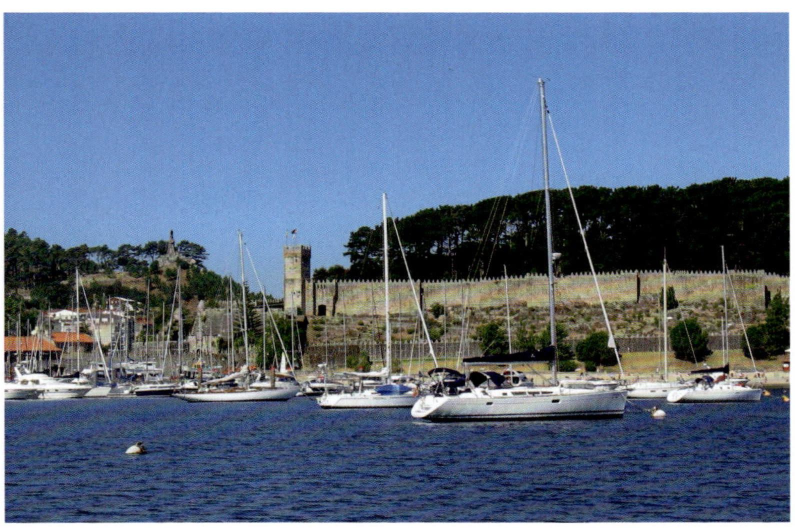

Bayona / Galizien.

- **Corrubedo:** kleiner Fischerhafen ohne Pontons, aber mit guten Ankermöglichkeiten
- **Sanxenxo:** große, moderne Marina mit kompletter Infrastruktur
- **Illas Cíes:** kein Hafen, sondern ein bei Westwind perfekter Ankerplatz; Naturschutzgebiet, daher längeres Ankern genehmigungspflichtig
- **Vigo:** großer Fischerei-, Handels- und Yachthafen mit zwei Marinas; sehr gute Versorgung, guter Dauerliegeplatz, gute Verkehrsanbindung
- **Bayona:** Yachthafen in historisch gewachsener Umgebung mit zwei Marinas; sehr gute Versorgung; sehenswerte Altstadt

Südlich der Mündung des Río Miño, dem Grenzfluss zwischen Galizien und Portugal, ändert sich die Küstenlandschaft deutlich. Felsen mit weichen Sandstränden und die Hügel im Hinterland werden umso flacher, je weiter man nach Süden segelt. Von Bayona bis Lissabon sind es nun noch etwa 240 Seemeilen. Der Tidenhub beträgt zur Springzeit etwa 3,5 Meter und die Tidenströme sind vor der fast geradlinig verlaufenden Küste meist schwächer als 1,5 Knoten. Dies gilt allerdings nicht in den Mündungsbereichen einiger Flüsse, die gleichzeitig Ansteuerungen verschiedener Häfen sind. Dort kann der Strom zur Springzeit insbesondere bei Ebbe auf bis zu 7 Knoten zunehmen.

Wenn dieser Tidenstrom gegen die Windsee eines steifen Westwinds und / oder gegen eine hohe Dünung setzt, so entstehen vor einigen Hafeneinfahrten Grundseen mit schweren Brechern. Eine alte, lang gezogene,

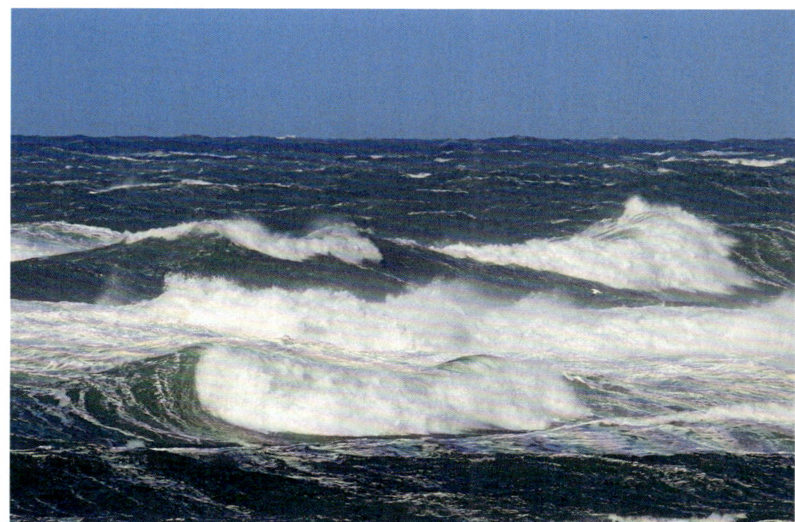

Brecher in Küstennähe.

zwei Meter hohe Dünung, die auf hoher See keinerlei Probleme bereitet, macht einer Yacht das Einlaufen in die meisten portugiesischen Häfen unmöglich. Eine Segelyacht sollte dann auf See im tiefen Wasser bleiben, auch wenn die Nacht durchgesegelt werden muss, um einen sicheren Hafen zu erreichen.

- **Viana do Castelo:** unproblematische Einfahrt bei jeder Tide, außer bei stürmischem Wind aus S oder SW; mittelgroßer Fischerei-, Handels- und Yachthafen mit sehr geschützter Marina; gute Versorgung in interessanter Altstadt; geeignet als Dauerliegeplatz.
- **Póvoa de Varzim:** nur bei ruhiger See und wenig Dünung anlaufen, da sonst Gefahr von Grundseen vor der Hafeneinfahrt: mittelgroßer Fischerei- und Yachthafen mit Marina; gute Versorgung, da in Stadtnähe.
- **Vila do Conde:** nur anlaufen bei sehr ruhiger See, ohne Dünung und bei HW; ansonsten nicht anlaufen wegen Gefahr von Brechern vor der Einfahrt; kleiner Fischerei- und Yachthafen; gute Versorgung.
- **Leixões:** problemlose Einfahrt bei jeder Tide und jedem Wetter; großer Fischerei- Handels- und Yachthafen mit Marina; mäßige Versorgung; gute Verkehrsanbindung, nah am Flughafen Porto.
- **Porto:** problemlose Einfahrt bei jeder Tide und jedem Wetter; keine Liegemöglichkeiten nah der Innenstadt, aber moderne Marina zwei Kilometer vor der Stadt; gute Versorgung; gute Verkehrsanbindung; als Dauerliegeplatz geeignet.

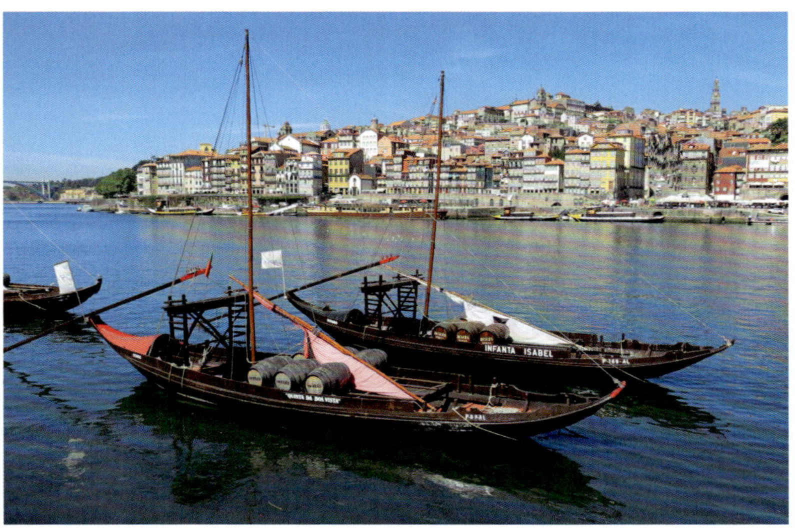

Porto.

- **Aveiro:** nur bei ruhiger See, jedoch keinesfalls bei Ebbe gegen Wind aus W anlaufen; Industriehafen mit wenig Liegemöglichkeiten für Yachten; schlechte Versorgung.
- **Figueira da Foz:** nur bei ruhiger See anlaufen, keinesfalls bei kräftiger Ebbe gegen steifen Wind aus S bis W; mittelgroßer Handels- und Yachthafen; gute Marina nah der Altstadt; gute Versorgung.
- **Nazaré:** problemlose Einfahrt bei jeder Tide und jedem Wetter; kleiner Fischerei- und Yachthafen mit guter Marina außerhalb der Stadt; gute Versorgung; weitläufige Sandstrände.
- **Peniche:** problemlose Einfahrt bei jeder Tide und jedem Wetter; kleiner Fischerei- und Yachthafen mit kleiner Marina nahe der Stadt; gute Versorgung.
- **Cascais:** problemlose Einfahrt bei jeder Tide und jedem Wetter; große, moderne Marina nahe der hübschen, kleinen Stadt; gute Ankermöglichkeiten in der Bucht; gute Versorgung; gute Verkehrsanbindung nach Lissabon; geeignet als Dauerliegeplatz.

Lissabon: Ansteuerung in den Fluss Tejo bei jedem Wetter und jeder Tide möglich, wenngleich bei steifem Wind aus W gegen die Ebbe im Fluss die See sehr kurz und steil werden kann. Auf den zwölf Seemeilen zwischen Cascais und dem Zentrum von Lissabon liegen drei weitere Marinas, allesamt tidenunabhängig, mit S-Bahn-Anschluss zum Stadtzentrum.

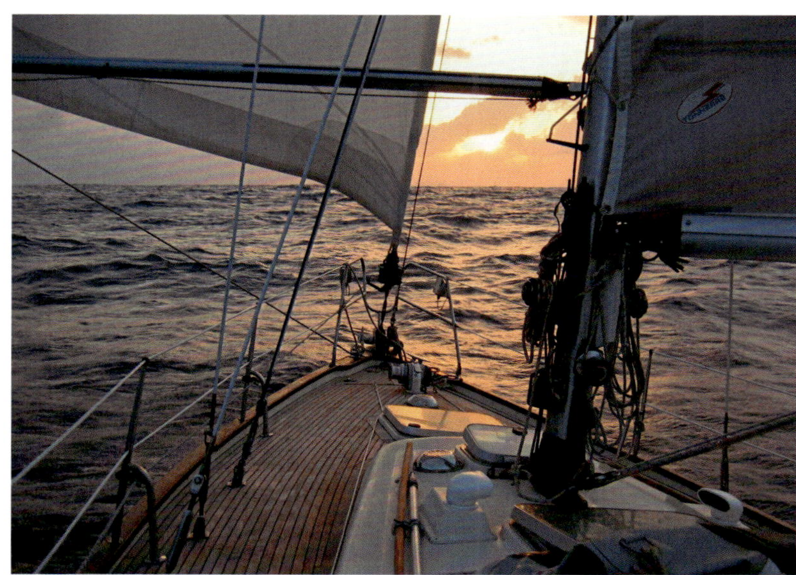

... und wie geht es nun weiter???

Cádiz	270 sm
Gibraltar	320 sm
Madeira	580 sm
La Gomera	780 sm
Kapverden	1600 sm
Saba	3100 sm
Havanna	3800 sm

Weiterführende Literatur

- *KVR. SeeSchStrO: Kollisionsverhütungsregeln, Seeschifffahrtsstraßen-Ordnung und Schifffahrtsordnung Emsmündung*, Delius Klasing, 2016

Allgemeines zu Tiden

- *Ebbe und Flut des Meeres, der Atmosphäre und der Erdfeste*, Albert Defant, Springer 1953
- *Ebbe und Flut*, Wolfgang Glebe, Delius Klasing Verlag 2010
- *Gezeitentafeln*, erscheint jährlich neu, Bundesamt für Seeschifffahrt und Hydrographie (BSH)

Jährlich aktualisierte Informationen für Gezeiten und Tidenstrom

- *Almanac du Marin Breton*, Edition Oeuvre du Marin Breton, Brest, Frankreich
- *Atlas der Gezeitenströme Nordsee, Kanal und britische Gewässer*, BSH
- *Bloc Marine*, Figaro Nautisme, französisch und englisch
- *Gezeitenkalender*, erscheint jährlich neu, BSH
- *Gezeitentafeln*, erscheint jährlich neu, Bundesamt für Seeschifffahrt und Hydrographie (BSH)
- *Reeds Nautical Almanac*, Thomas Reeds Publications, englisch

See- und Hafenhandbücher mit Tideninformationen

- *Reeds Nautical Almanac*, Thomas Reeds Publications, erscheint jährlich neu
- *Törnführer Ärmelkanal: Shell Channel Pilot*, Tom Cunliff, Imray 2014
- *Törnführer Biskaya/französische Atlantikküste: Atlantic France*, J. Parkinson, Imray 2010
- *Törnführer Biskaya, Spanien-Portugal: Atlantic Spain and Portugal*, H. Buchanan, Imray 2015
- *Törnführer Kanalinseln: Channel Islands, North-Brittany*, Peter Carnegie, Imray 2015
- *Törnführer Nordseeküste*, Teil 1 und 2, Jan Werner, Delius Klasing 2016
- *Törnführer Süd-Bretagne*, Ralf Paschold, Selbstverlag 2016 s.a. www.france-sail.com

Informative Websites

- Begriffsbestimmungen beim BSH: www.bsh.de/de/Meeresdaten/Vorhersagen/Gezeiten/808.jsp
- Bestimmung der Tidenströme vor der deutschen Küste; BSH: www.bsh.de/de/Meeresdaten/Vorhersagen/Gezeiten/
- Englisches Hydrografisches Institut, allgemeine Publikationen: www.ukho.gov.uk/Pages/home.aspx
- Französisches Hydrografisches Institut SHOM, allgemein: www.shom.fr
- Seekarten, Strömungsangaben und Tidenhub für Frankreich vom SHOM: http://data.shom.fr/#donnees/catalogue
- Wasserstandsvorhersagen des BSH auch mit Windeinfluss: www.bsh.de/aktdat/wvd/wahome.htm#oben
- Weltweite Tidenvorhersagen, kostenlos für die kommenden 7 Tage: www.ukho.gov.uk/easytide/EasyTide/index.aspx
- www.nationalpark-wattenmeer.de

Register

T

Folgende Bücher von Wilfried Krusekopf sind bislang
im Delius Klasing Verlag erschienen:
Praxiswissen für Chartersegler
Der Yachtskipper – Training für die optimale Schiffsführung

Bibliografische Information der Deutschen Nationalbibliothek
Die Deutsche Nationalbibliothek verzeichnet diese Publikation
in der Deutschen Nationalbibliografie; detaillierte bibliografische
Daten sind im Internet über http://dnb.dnb.de abrufbar.

2. Auflage
ISBN 978-3-667-10912-5

Lektorat: Felix Wagner, Kerstin Hug
Abbildungen: alle Wilfried Krusekopf, außer Seiten 14, 41 (Bloc Marine), Seite 42 (Almanac du Marin Breton), Seiten 47, 48, 74, 90, 104, 111, 115, 150 (SHOM) und Seite 84 (Wasserschutzpolizei Bremen)
Fotos (einschließlich Titel): alle Wilfried Krusekopf, außer Seite 83 (Ralf Paschold) und Seite 127 (Pantaenius)
Umschlaggestaltung und Layout: Gabriele Engel
Lithografie: Mohn Media, Gütersloh
Druck: DZA Druckerei zu Altenburg, Altenburg
Printed in Germany 2020

Abbildungen aus den Karten des SHOM
nicht für die Navigation zu verwenden.
Genehmigungsnummer S-48/2016

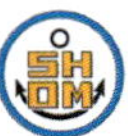

Delius Klasing Verlag, Siekerwall 21, D - 33602 Bielefeld
Tel.: 0521/559-0, Fax: 0521/559-115
E-Mail: info@delius-klasing.de
www.delius-klasing.de

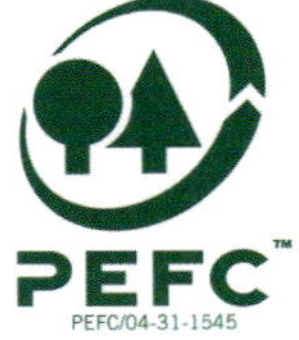